U0142352

徐彪豪

Bobby Hsu
Piao-Hao 著

歐盟被遺忘權
發展及其
影響

The Development of the EU Right
To Be Forgotten and Its Implications

　　資料（數據）的重要性在現代社會與日俱增。常見民間部門憑藉大數據分析及預測使用者的行為，人工智慧的發展則憑藉大量的資料供機器學習，故資料對於人類未來科技應用與發展，實有舉足輕重的地位。因此，論者現多稱資料為新一代的「石油」，並不為過。

　　然而，隨著現代權利意識的高漲，資料的蒐集與應用等，也出現了許多隱私相關議題的探討。筆者身為執業律師，為任職事務所的「數位產業、通訊傳播及個資保護」專業領域成員，基於過往對各類業者提供法律服務，以及就相關議題向政府、立法機關提供法規調適及治理政策建議及諮詢的經驗，深刻體會資料的重要性，特別是其跨領域的特性。舉例來說，生醫產業所著重者可能是健保資料庫開放使用的議題；金融或金融科技產業可能側重開放銀行（open banking）所涉及的資料可攜議題；網路行銷領域業者可能特別關心「去識別化」的認定標準；數位平台則可能更關注競爭與隱私間的拉鋸及政府的政策態度。

　　「被遺忘權」是歐盟《一般資料保護規則》（GDPR）中非常重要，且被廣為討論的議題。本書作者徐彪豪博士對於被遺忘權進行了非常深刻的分析及整理，內容涵蓋其學理基礎、案例發展，甚至論及被遺忘權在歐盟層級以外的影響等。GDPR號稱是全世界對各資保護最周全的個資法，而GDPR的研究也成為資料及隱私法律領域的顯學。台灣政府、學術單位及民間團體既已多有參考GDPR而持續檢討現行《個人資料保護法》的呼聲及倡議，故本書當有相當的參考價值。基於上述背景，而我國「數位發展部」也將正式掛牌運作，相信本書對於我國未來的個資隱私、數位經濟與治理領域相關的立法、修法、政策討論與制定等，都可帶來相當的引領作用。本書適合以下類型的讀者：政府的個資隱私、數位發展相關權責單位人員、學術研究者，法律實務工作者，及任何其他對於歐盟及台灣個資隱私法律領域有興趣者。

（僅代表個人觀點，非事務所立場）

理律法律事務所

熊全迪 律師

2022年7月

　　隱私是一個古老的議題，無數知名法學家、哲學家都對之探討並提出理論，而以電子方式蒐集之個人資料保護概念亦於20世紀下半即已存在。但在這大家高度依賴網路互動的時代，隱私及個人資料的保護得到史無前例的關注。在其中，被遺忘權顯然是最被關注及熱烈討論的話題之一。從2014年西班牙Mario Costeja González案件歐洲開始肯認被遺忘權後，此議題不僅在歐洲被熱烈討論並實行，全球各國無不密切關注歐洲被遺忘權的發展，並討論本國中實行之可能。

　　乍看之下，被遺忘權似乎是一個顯而易懂的概念─被遺忘權即是賦予人能控制並刪除網路上關於其資訊的權利。在網路資訊傳播無遠弗屆的情況下，被遺忘權應受到保護，似乎也是無庸置疑之事。但是否真如此？當我們看到我們不願顯示、關於自身之資訊顯示在網路上時，想必多數的我們對於人民需要有被遺忘權，都會極力捍衛。但若我們從當事人變成局外人，開始從公眾的（communal）角度，重新思考網路上資訊對我們個人、社會的價值時，我們或許開始會有不同的觀點。被遺忘權的複雜也是其美妙之處，其與我們每個人的價值觀息息相關。不同的價值觀，讓我們對於何人、於何時應受到被遺忘權的保護，有不同的判斷。而不同的世代，對於隱私的內涵、社會公益的價值，都可能與其上下世代的人有截然不同的看法。在網路時代長大的人，與在傳真時代長大的人，對於資訊應如何流通、隱私應如何定義，也可能有著截然不同的看法。不同的文化、不同的國家，對於公、私益的界線如何界定，無法避免地也會有迥異的觀點。此讓被遺忘權內涵開始模糊不清，也彰顯到底誰才是最終決定何人應有被遺忘權此議題的重要性。

　　不僅如此，我們也可以發現被遺忘權的主張往往與傳統上妨害名譽的主張有所重疊。從法律的觀點而言，不僅被遺忘權的定位到底應放在隱私、或是個人資料保護的概念中加以理解，似乎尚待進一步討論，而被遺忘權與傳統上我們對於名譽保護所建構起的理論如何互動、或是如何區別，也是值得進一步審思的問題。然而這些重要的議題，很遺憾地，我們都尚未能於目前法院判決中尋得解答。

　　與彪豪係因因緣際會認識，但在認識前，就有幸於我長期參與的台灣第一個被遺忘權案件中，拜讀彪豪有關被遺忘權的文章。該文章屢屢於訴訟中被提及，且被法院於判決中引用。也因此，很高興得知彪豪以歐洲被遺忘權發展及其影響作為其博士班研究題目，並撰寫此論文，讓我們得於其單篇文章外，能更完整、全面了解歐洲對於被遺忘權的討論及發展，並得以更清楚梳理被遺忘權的內涵及脈絡。此於台灣尚在討論是否需對於被遺忘權進行立法之際，具有重大的參考價值。相信各位讀者也會如我一般，從本書中受益良多並受到更多啟發。

國際通商法律事務所合夥人

余若凡

2022年夏於台北

第一次有完整參與書籍出版的機會，是2013年筆者服務於資策會科技法律研究所期間。當時作爲政府法制幕僚平日所進行產業國際政策與管制策略觀察的兩支主軸中的其中一支——物聯網技術與商業應用發展所需環境——成爲我的博士論文，也是本書的生成背景。

本書在台灣出版比較特別的地方，應該是花了相當篇幅去介紹關於歐盟被遺忘權在歐盟法院層級受理的相關書類，包括法院判決前的總辯官意見與各會員國、甚至是執委會所提交的書面意見。筆者做出這樣的選擇與安排係因歐盟法研究在台灣仍是一個相對所獲資源與關注較爲缺乏的學門，雖然這也是跨出歐陸地域外普遍的現象。就像在2014年*Google Spain*案判決出台後，部分國際期刊中對該判決的討論或多或少也是出自於對歐盟法制與司法實務較少理解的背景。

論文的完成及本書的出版，因作者個人能力的不足，晚了五年左右。好處是等到了2019年法國*Google LLC v. CNIL*案的判決。但以前述物聯網與大數據的法規環境而言，時間除了來到2022年的後中國個人信息保護法時代，資料經濟的推動及管制也無疑從各國政府消極的資料保護，開展到企業積極地重新審視自我的資料管理制度與治理策略。

熊律師在爲本書所寫的推薦序中，透過其豐富的執業經驗，點出目前世界各國風風火火推動數據治理政策的前提：資料是金礦。但對包括大型跨國企業（MNC）在內的多數公司來說，面對如何有效開發、重新利用自身所擁有的資料價值，所需的不僅僅是各種管顧的methodology，更多時候可能還是必須有最高管理層及BU leads有意識到：獲得先機的團隊會是未來任何產業的幸存者。

　　那麼人們所關注的隱私呢？誠如余律師於推薦序中所言，不同時代對隱私有不同的理解方式。小時候（其實到今天也是）我媽媽還會跟我們說不要在網路上多發言、六至七年前我在公開演講還會提歐洲人和亞洲人對隱私的觀點相異，但今日——好友在菲律賓長大的小孩從6歲就開始tiktoking、有自己的ig帳號。這些背景下，於法學論述中不變的或許是資料主體對自身資料控制的權利，但什麼是「自身的」，在各種平台支配我們注意力與生活的現在、甚至三個月後，在您閱讀本書時，都不斷變化著。

　　紙本、紙本書一直是一種我個人非常喜愛的閱讀方式，一部分是因為它是很個人的。在Kindle剛問世時，有論者評論它疏離了人與人的關係，因為你無法知道在捷運或地鐵中，對面男孩在閱讀什麼（或聽什麼podcast）。但是，如果你願意在網路上分享自己的愛好（自我揭露過往認為的隱私），演算法有機會把喜歡同一本書的人帶到您的面前。誇張一點：科技有機會讓我們的生命更美好。

　　一切都是取捨。

　　感恩妳拾起這本書，希望裡面的梳理（或封面設計）有讓您感覺到一些美好。

徐彪豪

2022年8月21日於台中

目　錄

表目錄

圖目錄

第一節　研究動機與目的

　　妳是ig限動上的妳？FB上朋友眼中的妳？還是Dcard版上被討論的你？Linkedin上的你？隔壁班同學、隔壁棟上班族眼中的妳？還是每天下班後面對鏡子、家人的自己？

　　在手持裝置與網路占據幾乎醒著的每一刻的今天，我們每個人每分每秒都在虛擬的世界留下無數的足跡。然而與人類自然遺忘的功能不同的是，電磁紀錄只要有足夠的空間就會一直記得、幫你我記得。但真實世界的我們也許不希望自己、甚至不認識的陌生人，都能藉由無遠弗界的網路了解我們自己都想忘卻的過去。

　　在這個巨量資料，以及各種依附網路所衍生新興服務因著物聯網與手持裝置普及而不斷蓬勃發展的時代，個人對於隨著種種的服務所產生的資料，究竟有何種程度的控制，是數位時代下無論男女老少皆須面對的議題。不過，值得注意的是，學者Ambrose留意到在巨量資料的時代，85%的內容在一年內會自動消失，而59%則會在一週內消失。[1]

　　另一方面，隱私的觀念亦隨著科技的進展不斷地變動。如果我們相信保護隱私的法益的其中之一，是協助自我認同（identity）之形成，那如何在物聯網的時代下，協助個人保有網路自我形象形塑的自由，同時促進倚賴資料經濟之商業模式的健全發展，即為政府、產業與個人，在此時代下皆須面對

---

[1]　Meg Leta Ambrose, "It's About Time: Privacy, Information Lifecycles, and the Right to be Forgotten," *Stanford Technology Law Review*, Vol. 16, No. 2, May 2013, pp. 369-380.

之議題。

2014年5月13日，歐盟法院（Court of Justice of the European Union）針對沸騰已久的*Google Spain SL, Google Inc. v. Agencia Española de Protección de Datos*（以下簡稱*Google Spain*案）[2]做出判決。該判決[3]對於原來1995年歐盟《個人資料保護指令》（Directive 95/46/EC，以下簡稱《個資保護指令》）[4]的保護範圍做出解釋，媒體並認為此為「被遺忘權」（the right to be forgotten）[5]的確立。[6]實務經驗豐富、任教於德州大學法學院的Jeffrey Abramson教授等學者也認為，該判決進一步擴大了美國與歐盟言論自由法制的差異。[7]其實早在本案發展之初，就有美國學者，如Bennett反對此一將

2　關於該案中文的詳細介紹，可參考：徐彪豪，〈從歐盟法院實務看資料保護在智慧聯網時代下發展──以資料保存指令無效案和西班牙Google案為例〉，《科技法律透析》，第26卷第8期，2014年8月，頁60-66；許炳華，〈被遺忘的權利：比較法之觀察〉，《東吳法律學報》，第27卷第1期，2015年7月，頁125-163；楊立新／韓煦，〈被遺忘權的中國本土化及法律適用〉，《法律適用》，第2卷第24期，2015年2月，頁24；范姜真媺，〈網路時代個人資料保護之強化──被遺忘權利之主張〉，《興大法學》，第19期，2016年5月，頁61-106；蘇慧婕，〈歐盟被遺忘權的概念發展──以歐盟法院Google Spain v. AEPD判決分析為中心〉，《憲政時代》，第41卷第4期，2016年5月，頁490-504。

3　Case C-131/12, Google Spain SL, Google Inc. v. Agencia Española de Protección de Datos (AEPD), 2014 ECR 317.

4　Directive 95/46/EC of the European Parliament and of the Council of 24 October 1995 "on the protection of individuals with regard to the processing of personal data and on the free movement of such data," OJ L 281, 23 November 1995, pp. 31-50.

5　針對本案中所確立權利之描述與稱謂，除了最常見的「被遺忘權」（right to be forgotten），亦有稱「使資訊遺忘權」（the right to have information forgotten）；或如Voss/Castets-Renard將其討論限縮在去列表權（right to delisting/right to be delisted），或少數學者如Padova稱「去編排索引權」（right to be deindexed）；或如Google在*Google LLC v. CNIL*案中稱之為「去被參考的權利」（right to be de-referencing）。參見：W. Gregory Voss/Céline Castets-Renard, "Proposal for an International Taxonomy on the Various Forms of the 'Right to Be Forgotten': A Study on the Convergence of Norms," *Colorado Technology Law Journal*, Vol. 14, No. 2, June 2016, p. 324; Yann Padova, "Is The Right to Be Forgotten A Universal, Regional, or 'Glocal' Right?" *Internattional Data Privacy Law*, Vol. 9, Iss. 1, February 2019, pp. 18-19; Case C-507/17, Google LLC v. Commission nationale de l'informatique et des libertés (CNIL), ECLI:EU: C: 2019, p. 772.
本文為使讀者易於閱讀，仍以「被遺忘權」作為中文的討論用語。但讀者應至少留意在歐盟法院於2014年判決所建立「被遺忘權」與2016年通過《一般資料保護規則》（*General Data Protection Regulation*, GDPR）中所規範「被遺忘權」內容並不相同。

6　Alan Travis/Charles Arthur, "EU court backs 'right to be forgotten': Google must amend results on request," *The Guardian*, 13 May 2014, available from: http://www.theguardian.com/technology/2014/may/13/right-to-be-forgotten-eu-court-google-search-results (Accessed 15 April 2022).

7　Jeffrey Abramson, "Searching for Reputation: Reconciling Free Speech and the 'Right to Be Forgotten'," *North Carolina Journal of Law & Technology*, Vol. 17, No. 1, June 2015, p. 6.

資訊財產權化的趨勢。[8]Bartolini和Siry則認為，歐盟法院此案判決僅為對於同意要件解釋的發展。[9]

　　該判決指出：當與資料主體有關的特定資料因時間之流逝有變得「不適當、不相關或不再相關、或過當」（inadequate, irrelevantor no longer relevant, or excessive）之情形，且該資料可藉由在搜尋引擎鍵入資料主體[10]姓名而經特定連結近取時，即便系爭資料之公開為合法，搜尋引擎的營運者有義務個案衡量資料主體提出的要求，刪除特定連結，以避免對資料主體隱私與資料保護權利之侵害。

　　在該判決宣布不到五個月內，搜尋引擎營運業者谷歌（Google Inc.，以下多簡稱Google）光是在英國就收到1萬8,000、德國2萬9,000、法國2萬5,000多個在搜尋結果中刪除連結的要求，而在全歐更是高達14萬5,000個要求，平均每日有上千個刪除連結的要求。[11]在該判決被宣告四年後，Google與微軟的Bing搜尋引擎共收到近26億個刪除url連結的請求，並刪除了其中的約100萬個。[12]

　　目前在Google的網頁上，若欲行使歐盟法院所肯認的「被遺忘權」，在經過數層引導後，會來到相關申請填寫的頁面。[13]諸如Bing等類似的搜尋

---

[8]　Steven C. Bennett, "The 'Right to Be Forgotten': Reconciling EU and US Perspectives," *Berkeley Journal of International Law*, Vol. 30, Iss. 1, April 2012, p. 165.

[9]　Cesare Bartolini/Lawrence Siry, "The Right to Be Forgotten in the Light of the Consent of the Data Subject," *Computer Law & Security Review*, Vol. 32, Iss. 2, April 2016, pp. 218-237.

[10]　關於歐盟資料保護法制中的用語「data subjects」，國內或有循個人資料保護法翻譯成「資料當事人」：參彭金隆等著，〈巨量資料應用在台灣個資法架構下的法律風險〉，《臺大管理論叢》，第27卷第2期特刊，2017年10月，頁96。本書循過往我國多數學術文章暫選譯為「資料主體」，同時欲貼合歐盟法欲赴予data subjects更多主動權限的意旨。參如：劉靜怡，〈淺談GDPR的國際衝擊及其可能的因應之道〉，《月旦法學雜誌》，2019年3月，頁7；蔡昀臻／樊國楨，〈個人資料管理系統驗證要求事項標準化進程初探：根基於ISO/IEC JTC 1/SC 27在2017-01公布的框架〉，《資訊安全通訊》，第23卷第4期，2017年，頁15、17、23；葉志良，〈大數據應用下個人資料定義的檢討：以我國法院判決為例〉，《資訊社會研究》，第31期，2016年7月，頁1-33；許炳華，前揭文，頁125-163。

[11]　"Britons ask Google to delete 60,000 links under 'right to be forgotten'," *The Guardian*, 12 October 2014, available from: http://www.theguardian.com/technology/2014/oct/12/google-60000-links-right-to-be-forgotten-britons (Accessed 1 October 2021)；更詳盡數據可參見本書第五章第二節「Google透明性報告」。

[12]　Daphne Keller, "The Right Tools: Europe's Intermediary Liability Laws And The EU 2016 General Data Protection Regulation," *Berkeley Technology Law Journal*, Vol. 33, Iss. 1, June 2018, p. 315.

[13]　Search removal request under data protection law in Europe, available from: https://support.google.

引擎，也提供歐洲居民申請從搜尋結果刪除姓名請求的頁面。[14]此外，包括美國、[15]加拿大、[16]巴西、[17]日本、[18]南韓、[19]香港、[20]印度、[21]印尼、[22]台灣等非歐盟地區也都持續出現對被遺忘權的探討。[23]2015年的5月，全球80位學者並連名要求Google公開其究竟如何處理25萬筆以上被遺忘權權利行使申請的資料。[24]

com/legal/contact/lr_eudpa?product=websearch (Accessed 15 April 2022).

[14] "Request to Block Bing Search Results In Europe," *Bing.com*, available from: https://www.bing.com/webmaster/tools/eu-privacy-request (Accessed 15 October 2021).

[15] Debate, "Should The U.S. Adopt The 'Right To Be Forgotten' Online?" *National Public Radio*, 18 March 2015, available from: http://www.npr.org/2015/03/18/393643901/debate-should-the-u-s-adopt-the-right-to-be-forgotten-online (Accessed 15 April 2022).

[16] "Andre Mayer: 'Right to be forgotten': How Canada could adopt similar law for online privacy," *CBC News*, 16 June 2014, available from: http://www.cbc.ca/news/technology/right-to-be-forgotten-how-canada-could-adopt-similar-law-for-online-privacy-1.2676880 (Accessed 15 April 2022).

[17] Gabriel Di Blasi, "A twist on the brazilian right to be forgotten," 31 May 2018, available from: https://www.lexology.com/library/detail.aspx?g=4284eba6-69d2-42fa-816d-7439733146ca (Accessed 15 April 2022).

[18] 〈『忘れられる権利』認められるべきか　グーグル検索結果『違法決定』の妥当性は〉，《産経ニュース電子網站》，2014年10月29日，資料引自：http://www.sankei.com/economy/news/141029/ecn1410290004-n1.html（檢索日期：2022年4月15日）。

[19] "Colleen Theresa Brown/Tasha D. Manoranjan: South Korea Releases Guidance on Right to Be Forgotten," *Lexology*, 9 May 2016, available from: https://www.lexology.com/library/detail.aspx?g=21be3837-0c43-4047-b8b5-9e863960b0b9 (Accessed 15 October 2021)

[20] 〈私隱專員欲推「被遺忘權」憂打壓言論及新聞自由〉，《獨立媒體電子網站》，2015年4月16日，資料引自：http://www.inmediahk.net/node/1033436（檢索日期：2022年4月15日）。

[21] "Trai wants you to have right to be forgotten: What that means for your data," *Business Standard*, 18 July 2018, available from: https://www.business-standard.com/article/current-affairs/trai-wants-you-to-have-right-to-be-forgotten-what-that-means-for-your-data-118071800401_1.html (Accessed 15 April 2022).

[22] Resty Woro Yuniar, "Indonesia's 'Right to Be Forgotten' Raises Press Freedom Issues," 31 October 2016, available from: http://www.wsj.com/articles/indonesias-right-to-be-forgotten-raises-press-freedom-issues-1477908348 (Accessed 15 October 2021).

[23] 楊智傑，〈個人資料保護法制上「被遺忘權利」與「個人反對權」：從2014年西班牙Google v. AEPD案判決出發〉，《國會月刊》，第43卷第7期，2015年7月，頁24-35；英文文獻可參考：Piao- Hao, Hsu, "The Right To Be Forgotten And Its Ramifications in Taiwan, China And Japan," *blogdroiteuropéen*, 30 June 2017, available from: https://blogdroiteuropeen.files.wordpress.com/2017/06/bobby-article-taiwan-final-version.pdf (Accessed 15 November 2021); Wen-Tsong, Chiu, "Limits and Prospects of the Right to Be Forgorrten in Taiwan," in Werro, Franz (ed.), *The Right To Be Forgotten: A Comparative Study of the Emergent Right's Evolution and Application in Europe, the Americas, and Asia*, Cham: Springer, pp. 311-318.

[24] Ellen P. Goodman, "Open Letter to Google From 80 Internet Scholars: Release RTBF Compliance Data," *Medium*, 13 May 2015, available from: https://medium.com/@ellgood/open-letter-to-google-

　　2015年，法國資料保護主管機關國家資訊自由委員會（Commission nationale de l'informatique et des libertés, CNIL）對Google再度裁罰，企圖擴張被遺忘權的保護範圍。在Google對系爭決議提起異議、法國中央行政法院（Conseil d'Etat）[25]提起預先裁判之訴[26]後，維基媒體基金會（Wikimedia Foundation Inc.）在2016年也對歐盟擴張被遺忘權效力提除出嚴正抗議。[27]2020年3月Google則在瑞典又因未能確實遵循被遺忘權的保護而被瑞典資料保護機關裁罰近700萬歐元，[28]且被斯德哥爾摩行政法院駁回異議。[29]同年7月，Google則在比利時再次因被遺忘權受罰。[30]

　　承上，「被遺忘權」所觸及的，除了有前述資料隱私、資訊自主權、資訊近取自由的議題，還涉及與其他基本權利，諸如言論自由、新聞自由衝突的省思。在未來將如何發展與對我國在內的其他國家有何影響，皆為各界所關心注目的焦點。

---

from-80-internet-scholars-release-rtbf-compliance-data-cbfc6d59f1bd (Accessed 15 April 2022).

[25] 本文選擇學者黃源浩的翻譯，參見：黃源浩，〈法國行政第三人撤銷訴訟之研究〉，《台大法學論叢》，第48卷第4期，2019年12月，頁1863-1926；國內又稱法國最高行政法院。

[26] 關於《歐洲聯盟運作條約》（*Treaty on the Functioning of the European Union*, TFEU）第267條的primary ruling：國內有譯作「預先裁判之訴」，如：何明瑜，〈歐盟競爭法調查程序中當事人權利之保障——以歐盟水泥案為中心〉，《公平交易季刊》，第16卷第2期，2008年4月，頁1-42。亦有譯作「先決裁判之訴」，如：吳志光，〈歐盟法院訴訟類型〉，刊載於洪德欽／陳淳文（編），《歐盟法之基礎原則與實務發展（上）》，台北：國立臺灣大學出版中心，2015年，頁190以下；中國翻譯德國學者著作、台灣學者則有譯作「預先裁判程序」，參見如：Mattias Herdegen著／張恩民譯，《歐洲法》，台北：韋伯文化國際出版有限公司，2006年，頁205-207。Primiary ruling原則上雖應僅就歐盟法之適用為統一見解之解釋，但因對原聲請法院仍有拘束力，本書建議仍將其譯作「預先裁判之訴」。

[27] Aeryn Palmer, "Wikimedia Foundation files petition against decision to extend the 'right to be forgotten' globally," *Wikimedia Foundation*, 19 October 2016, https://diff.wikimedia.org/2016/10/19/petition-right-to-be-forgotten/ (Accessed 15 April 2022).

[28] "Tillsyn enligt EU: s dataskyddsförordning 2016/679 – Googles hantering av begärandenom borttagande från dess söktjänster," *Swedish Authority for Privacy Protection*, 10 March 2020, https://www.imy.se/globalassets/dokument/beslut/2020-03-11-beslut-google.pdf (Accessed 15 April 2022).

[29] Sindhu Ajay, "Sweden court rejects Google's appeal in data privacy case," *Jurist*, 24 November 2020, https://www.jurist.org/news/2020/11/sweden-court-rejects-googles-appeal-in-data-privacy-case/ (Accessed 15 April 2022).

[30] "Belgian DPA imposes €600.000 fine on Google Belgium for not respecting the right to be forgotten of a Belgian citizen, and for lack of transparency in its request form to delist," *EDPB*, 16 July 2020, available from: https://edpb.europa.eu/news/national-news/2020/belgian-dpa-imposes-eu600000-fine-google-belgium-not-respecting-right-be_en (Accessed 15 April 2022).

　　本書欲達成以下目的：

一、探尋歐盟被遺忘權的發展基礎。

二、觀察被遺忘權在歐盟作為可能權利形式的發展脈絡，透過彙整與歐盟被遺忘權相關影響與探討在法規與判決的演進，包括在2014年前*Google Spain*案前的歐盟法院以及歐洲人權法院（European Court of Human Rights）判決等，釐清現行歐盟法院與網路平台實務決定被遺忘權行使請求之判斷標準。

第二節　研究方法

　　本書將以歷史分析法、文獻分析法方式進行。

　　首先以歷史分析法為主軸，依時序介紹歐盟「被遺忘權」相關之發展，包括早期的理論、成文法規與司法實務的演進與相關判決之形成等。

　　再以文獻分析法，細部探究諸如在*Google Spain*案前，2012年歐盟執委會（European Commission，以下皆簡稱執委會）就GDPR[31]中「被遺忘權」之設置、歐洲人權法院之判決，探詢其發展背景。次就本書核心，2014年5月歐盟法院所宣布*Google Spain*案判決，以及其後於2017年就義大利*Lecce v. Manni*案[32]、2019年法國的*Google LLC v. CNIL*案[33]所建立的「被遺忘權」，詳細介紹其內涵與判斷標準。而針對*Google Spain*案所發展出的「去列表權」（right to be delisted），再從2014年歐盟資料保護第29條工作小組（Working Party on the Protection of Individuals with Regard to the Processing

---

[31] 歐盟法源中的Regulation在國內亦有譯作「規章」。關於「規則」與「指令」效力的不同處請參閱：王泰銓，《歐洲共同體法總論》，台北：三民書局，1997年，頁190-193；陳麗娟，《歐洲共同體經濟法》，2版，台北：五南圖書出版，2005年，頁22-23。
　　GDPR國內亦有譯作《個資保護命令》，參見：劉定基，〈大數據與物聯網時代的個人資料自主權〉，《憲政時代季刊》，第42卷第3期，2017年1月，頁279。或〈資訊保護一般規則〉，參見：蘇慧婕，前揭文，頁502。

[32] Case C-398/15, Camera di Commercio, Industria, Artigianato e Agricoltura di Lecce v. Salvatore Manni, ECLI:EU: C: 2017, p. 197.

[33] Case C-507/17, *op. cit.*

of Personal Data, Article 29 Data Protection Working Party，以下簡稱第29條工作小組）[34]專家指引、Google的2015年專家獨立報告與2017年透明性報告分析觀察、以及CNIL與Google間個案的裁罰與爭訟過程，探討該判決所創立此一新權利於歐陸的發展情形。

　　本文並將在整理相關文獻後，對照歐盟現行立法例與實務判決，提供分析，希冀能作爲未來法制或司法實務發展之參考。

第三節　研究範圍與限制

壹、文獻回顧

　　台灣在過去數年有許多關於被遺忘權的繁體中文文獻，尤其是學位論文的部分，在此僅以時間序就不同觀察面向節錄部分文獻，以茲作爲本書研究重點的脈絡補充。

　　首先在期刊論文的部分，2014年筆者首次對*Google Spain*案做簡扼的介紹，鋪陳了歐盟法院中關於搜尋引擎人是否爲控制人，以及《個資保護指令》管轄權範圍等重點議題的討論。[35]2015年7月，許炳華博士也對被遺忘權此一議題做了完整的介紹。除了從各種面向探討其可實現性，特別值得注意的是：其在我國實務方面引用行政法院的判決，提醒法院見解係允許限制

---

[34] Article 29 Working Party，中國多譯作歐洲聯盟第29條資料保護工作組，如：〈歐洲聯盟第29條資料保護工作組的相關文件〉，澳門個人資料保護辦公室，2018年5月4日，資料引自：https://www.gpdp.gov.mo/index.php?m=content&c=index&a=show&catid=19&id=7（檢索日期：2021年10月15日）；台灣有譯作「歐盟個人資料保護工作小組」，如樓一琳／何之行，〈個人資料保護於雲端運算時代之法律爭議初探暨比較法分析：以健保資料爲例〉，《台大法學論叢》，第46卷第2期，2017年6月，頁340，但一般多譯作「歐盟第29條工作小組」，如：〈歐盟第29條工作小組適足性參考文件〉，國家發展委員會，2021年5月26日，資料引自：https://ws.ndc.gov.tw/Download.ashx?u=LzAwMS9hZG1pbmlzdHJhdG9yL3JlbGZpbGUvMC8xMTY5MS80Njk5OGUwUwYi05NDRhLTQ5MDQtYTFiOS03Y2U4ZTI4YmM4ODcucGRm&n=V1AyNTTpganotrPmgKflj4PogIPmlofku7bkuK3oi7Hnv7vora%2FlsI3nhacucGRm&icon=..pdf（檢索日期：2021年10月15日）；本書爲行文發便，皆簡稱「第29條工作小組」。

[35] 徐彪豪，前揭文，頁60-66、67-69。

個人隱私權下之事後排除權。[36]

2015年11月，筆者再對被遺忘權整體就諸如被遺忘權法理、2012年GDPR草案版本與2014年歐盟議會版本比較、第29條工作小組與Google獨立專家報告等*Google Spain*案後當時的新發展做更詳盡的介紹。[37]

2016年學者蘇慧婕在其4月出版的文章則就歐盟會員國德國的內國法案例與歐洲人權法院被遺忘權相關案例做了詳盡的介紹。[38]同年5月，學者范姜眞媄的文章並詳盡介紹了英、美、日等國對被遺忘權作為權利在當時的批評，[39]並提出在我國《個人資料保護法》的脈絡下，可區分當事人自行公開之個資、已合法公開之個資、取得自於一般可得來源之資料探討。[40]

學者張志偉亦在其專文中介紹了台灣職棒案等被遺忘權問題意識案例、許多德國學者對於相關議題的見解、被遺忘權在德國與我國在資料保護與憲法上的基礎與衡量模式。[41]

2016年11月筆者再對GDPR草案中的「被遺忘權」草案條文做了比較介紹分析[42]。2019年，廖欣柔律師並整理了台灣的被遺忘權實務案例。[43]2020年，蔡孟芩律師並介紹了歐盟法院的*GC and Others v. CNIL*案與*Google LLC v. CNIL*案。[44]

在學位論文的部分，楊柏宏2017年的碩士論文相當程度對Google Spain案與GDPR的相關條文做了較概括完整的整理。[45]2018年，彭麟之的碩士論

36 許炳華，前揭文，頁145。
37 徐彪豪，〈被遺忘權近期發展——歐盟法院判決週年後回顧與本土觀察〉，《科技法律透析》，第27卷第11期，2015年11月，頁50-70。
38 蘇慧婕，前揭文，頁486-490。
39 范姜眞媄，前揭文，頁75-79。
40 范姜眞媄，前揭文，頁94-96。
41 張志偉，〈記憶或遺忘，抑或相忘於網路——從歐洲法院被遺忘權判決，檢視資訊時代下的個人資料保護〉，《政大法學評論》，第148期，2017年3月，頁1-68。
42 徐彪豪，〈M2M時代下的資料保護權利之進展——歐盟與日本觀察〉，《科技法律透析》，第25卷第11期，2013年11月，頁47-62。
43 廖欣柔，〈歐盟被遺忘權簡介暨我國實務見解觀察整理〉，《萬國法律》，第223期，2019年2月，頁46-59。
44 蔡孟芩，〈如何「被遺忘」？——歐盟法院2019年9月24日C 136/17及C 507/17兩件Google案對「被遺忘權」的闡釋〉，《月旦裁判時報》，第93期，2020年3月，頁79-90。
45 楊柏宏，《被遺忘權之研究——以歐盟個資保護規章及歐盟法院Google Spain SL案為中心》，

文處理了被遺忘權與言論自由衝突調和的部分，同時並對台灣司法實務五件相關判決做了介紹與分析。[46]2019年劉孟涵的碩士論文則對被遺忘權在美國憲法上的權利基礎有深度剖析，[47]並主張將被遺忘權在台灣的建構提升到憲法層次。[48]2020年孔德澔的碩士論文則主張以包含「寬恕」與「時間」要素的「數位上改過自新權」補充被遺忘權內涵的缺失。[49]

貳、研究範圍

　　本書除〈緒論〉與〈結論〉外，第二章至第五章分別為〈被遺忘權學理基礎〉、〈歐盟被遺忘權案例發展〉、〈歐盟資料保護立法的被遺忘權〉與〈被遺忘權在歐盟層級以外影響〉。

　　在第二章，特別從隱私、資料保護與資訊隱私這些被遺忘權的法理基礎，介紹2003年的*Lindqvist*案、2012年的*Hannover v. Germany*二號案、*Gardel v. France*案，希冀讓讀者理解歐盟被遺忘權的判決並非完全憑空出現，也透過對於過去歐盟相關案例是如何開展，期許對於未來又該如何推進的方向能有更全面的參考基礎。

　　在第三章，則除了介紹前述*Google Spain*案、*Lecce v. Manni*案，以及*Google LLC v. CNIL*案外，並就歐盟機構所公布的政策文件，諸如2011年歐盟網路與資訊安全局（European Union Agency for Network and Information Security, ENISA）的報告與2014年「第29條工作小組」專家指導意見做說明。同時，針對*Google Spain*案後歐盟被遺忘權的執行現況，以Google在2015年所發布的專家獨立報告、2017年所公開的透明性報告為例，作為各界反應的補充。

　　在第四章，則先從成文法的部分出發，介紹*Google Spain*案宣判當時

國立交通大學科技法律研究所碩士論文，2017年6月，頁19-51。

[46] 彭麟之，《數位化時代下被遺忘權之探討與建構：兼論與言論自由之衝突》，東吳大學法律學系碩士班碩士論文，2018年1月，頁73-117、118-141。

[47] 劉孟涵，《論被遺忘權之發展與在我國建構之可能性》，國立臺灣大學法律學研究所，2019年7月，頁67-115。

[48] 劉孟涵，前揭文，頁150。

[49] 孔德澔，《被遺忘權的實然與應然：以數位上改過自新權的理論為中心》，國立政治大學法律學系碩士論文，2020年6月，頁204-205。

有效、同時也是現今歐盟資料保護法制主要奠基基礎的歐盟《個資保護指令》，簡述其架構。再依時序介紹後來在2012年由執委會提出、2016年由歐洲議會通過的GDPR的生成背景，與其中和被遺忘權有關之條文。透過兩者之介紹，讓我們更能理解歐盟被遺忘權的司法實務發展原本的架構背景與相應的立法發展。

在第五章，則以兩個面向為觀察，其一是檢視被遺忘「權」在法國作為歐盟會員國的2014年*Google Spain*案後展開，以及以Google作為搜尋引擎產業為例，就其所公布的透明性報告，分析去列表權在現今眞實的實踐樣貌。

參、研究限制

本書受限於時間、經費、資料取得與作者語文能力等限制，在研究資料與撰寫架構上有部分取捨，茲按章節順序分述如下：在被遺忘權的理論基礎方面，於第二章研究架構的次標題安排上，本書在第二節除「資訊隱私」外，不再以「資訊自決」為次標題另闢段落討論，理由如下：

在探討資訊隱私的相關理論前，必須先注意到有學者認為應留意資訊自決與資訊隱私概念之區分。學者李震山在2004年即提出，在個人資料保護法制的脈絡下，資訊隱私權（information privacy）是美國法上的用語；資訊自決權（informationelles Selbstbestimmungsrecht）是德國法上的用語。根據學者李震山在當時的見解：於美國法的脈絡下，隱私保護的範圍包括身體隱私（physical privacy）、具財產價值之隱私（proprietary privacy）、自主決定隱私（decisional privacy）等，而其中與個人資料有關的，往往被稱為資訊隱私權。[50]

另一方面，關於資訊自決權，根據李前大法官在當時的觀察，德國法上的個人資料雖然不一定與隱私有關，但經立法明定應予保障之個人資料大多與隱私有關。而所謂資訊自決權之用語，則在1983年的「人口普查判決」

---

[50] 李震山，〈基因資訊利用與資訊隱私權之保障〉，刊載於法治斌教授紀念論文集編輯委員會（編），《法治與現代行政法學：法治斌教授紀念論文集》，台北：元照出版，2004年，頁93。

案後受到廣泛的應用。[51]該判決主文第一段提即，在現代資料處理的條件下，應保護每個人之個人資料免遭無限制之蒐集、儲存、運用、傳遞，此係屬《德國基本法》第2條第1項（一般人格權）與第1項（人性尊嚴）保護範圍。

同樣針對資訊之保護，學者邱文聰則在2009年[52]指出：保護個人資訊之用意在於透過對資訊流通之管制，以賦予個人對於與其自身相關之資訊，能決定於何時、向何人，以何種方式加以揭露或處分之自主權。而資訊自決乃「自我決定權」（Selbstentscheidigungsbefugnis）的一種特殊狀態，其對象為與個人相關之資訊。

而針對資訊隱私，邱副研究員曾從美國判例法的脈絡中指出，資訊隱私雖然亦以個人資訊之保護為其權利外顯態樣，然其所關切的卻是特定之個人資訊與該個人的人格（personhood）或主體性（subjectivity）之間所形成的緊密關聯性。[53]綜言之，其指出資訊自決保障個人外在行動的自由，資訊隱私則維護個人人格內在形成的彈性空間；兩者不同因其不同的內涵與性質形成各自不完全相同的保護射程範圍。

本書同意上述觀察，惟誠如美國學者Charles Fried在1968年即表達，「資訊隱私似不應侷限於不讓他人取得我們的個人資訊，而應擴張到我們自己個人資訊的使用與流向。」[54]本書認為，若細究資訊隱私與資訊自決的保護法益、射程雖不盡相同，但就諸如被遺忘權等在以保護個人人格形成與主體性為核心概念出發權利的情形，本書認為單純以資訊隱私為用語的涵蓋即可；易言之，在此種法益保護的實踐中，資訊自決實為資訊隱私的保護手段而非單純僅為其目的。爰此，本書第二章學理基礎部分就不針對「資訊自決」另闢段落討論。

另外，在歐盟法院的程序中，各國政府有在訴訟程序中提供各自立場的

---

51 同前註，頁96。
52 邱文聰，〈從資訊自決與資訊隱私的概念區分──評「電腦處理個人資料保護法修正草案」的結構性問題〉，《月旦法學》，第168期，2009年5月，頁174。
53 同前註，頁176。
54 Charles Fried, "Privacy," *The Yale Law Journal*, Vol. 77, No. 3, January 1968, pp. 475-493.

書面意見陳述（written observation/observations écrites）之機會。在2017年7月以前，包括執委會與各國政府所提供的此類書面陳述並非第1049/2001號「資訊公開」規則的範圍之內；惟於*Commission v. Patrick*案後，歐盟法院確立由第三方向法院所提交之書類應於判決後公開。在*Google Spain*案中，目前於網路上公開可取得的書面意見陳述包括執委會[55]、Google[56]、希臘政府[57]、西班牙政府[58]、義大利政府[59]、奧地利政府[60]與波蘭政府[61]所提供書類皆為法文。上開資料雖然與理解*Google Spain*案所確立之去列表權背景有高度相關，惟限於本書經費以及作者法文程度，暫無法納入第三章第一節討論。另關於2020年Google在瑞典被裁罰案件，暫因英文資料有限，亦不納入介紹討論範圍。

　　另外，在研究資料蒐集採納方面，本書目前主要僅就2021年11月15日前所發生之事件、公布之判決與立法、發布之報告為討論。

---

[55] Commission Europeenne, "À Monsieur Le Président Et Aux Membres De La Cour De Justice De L'Union Européenne－Observations Écrites," *European Commission*, 27 June 2012, available from: http://ec.europa.eu/dgs/legal_service/submissions/c2012_131_obs_fr.pdf (Accessed 15 April 2022).

[56] Google Spain, S.L. et Google, Inc., "Résumé Des Observations Écrites Présentées Le 2 Juillet 2012 Par Google Spain, S.L. Et Google Inc. Dans L'Affaire C-131/12 Conformément À L'Article 23, Paragraphe 2, Du Protocole Sur Le Statut De La Cour De Justice De L'Union Européenne," *FP Logue*, 22 October 2012, available from: http://www.fplogue.com/wp-content/uploads/2017/12/Google-Spain-C-131-12fr_Redacted.pdf (Accessed 15 April 2022).

[57] Gouvernement hellénique, "Observations de la Grèce Affaire C-131/12," *FP Logue*, 22 October 2012, available from: http://www.fplogue.com/wp-content/uploads/2017/12/Greece-C-131-12fr.pdf (Accessed 15 April 2022).

[58] Royaume D'Espagne, "Observations de l'Espagne Dans L'Affaire C-131/12," *FP Logue*, 22 October 2012, available from: http://www.fplogue.com/wp-content/uploads/2017/12/Spain-C-131-12fr.pdf (Accessed 15 April 2022).

[59] La République italienne, "Avvocatura generale dello stato Cour de justice de l'Union européenne－Observations," *FP Logue*, 22 October 2012, available from: http://www.fplogue.com/wp-content/uploads/2017/12/Italy-C-131-12fr_Redacted.pdf (Accessed 15 April 2022).

[60] L'Autriche, "Observations de l'Autriche Affaire C-131/12," *FP Logue*, 22 October 2012, available from: http://www.fplogue.com/wp-content/uploads/2017/12/Austria-C-131-12fr_Redacted.pdf (Accessed 15 April 2022).

[61] La République de Pologne, "Observations de la Pologne Affaire C-131/12," *FP Logue*, 22 October 2012, available from: http://www.fplogue.com/wp-content/uploads/2017/12/Poland-C-131-12fr_Redacted.pdf (Accessed 15 April 2022).

第一節　前言

關於被遺忘權的討論可溯源至1990年代，除了權利的形式外，亦有論者認其為一種道德、社會價值或政策目標。[1]本書則以其權利面向為主進行討論。

本章從歐盟被遺忘權的源頭——隱私的概念出發，並延伸探討資訊隱私、資料保護及與隱私的發展互動，再介紹被遺忘權的法理基礎，同時探討歐盟被遺忘權案件中常見的重要討論——歐盟法域外效力的議題。

第二節　歐盟被遺忘權發展基礎

由於被遺忘權仍在各國發展中，各國對隱私的保護亦有其不同的發展背景。本章為行文方便，首先以「隱私」、「資訊隱私」、「被遺忘權」等構面展開。

壹、隱私

一、隱私的理論發展

隱私的重要性雖然舉世公認，但作為一抽象概念，其定義的難以捉模與

---

[1] Bert-Jaap Koops, "Forgetting Footprints, Shunning Shadows. A Critical Analysis of the 'Right to Be Forgotten' in Big Data Practice," *SCRIPTED*, Vol. 8, No. 3, December 2011, pp. 230-231.

掌握亦爲多數學者所肯認。[2]

　　在歐陸的脈絡中，法國對私生活保護的概念至少可以溯源到中世紀早期貴族或上層社會家族數世紀透過爭取其房地產的貸款不用揭櫫於公開登記。[3]

　　在英格蘭，1361年生效的《和平正義法》即納入了逮捕偷窺與竊聽者的規範。[4]而1849年英國的*Pince Albert v. Strange*案中，法院即就個人肖像指出其屬當事人的隱私與財產權，未經其同意不得將肖像公開發行。[5]而在非英語系國家，諸如在法國（la vie privée）、德國（die Privatsphäre）、丹麥與挪威（privatlivets fred）等，1970年後亦開始有較多關於私生活、私人領域的公眾討論。[6]在2004年，美國耶魯大學的Whitman教授則指出，歐洲人在隱私的脈絡下首重自然人之尊嚴，以及其控制揭露其自身資訊之能力，此謂「控制個人公開形象之權利」（right to control one's public image）。[7]

---

[2]　James Q. Whitman, "The Two Western Cultures of Privacy: Dignity versus Liberty," *The Yale Law Journal*, Vol. 113, No. 6, April 2014, p. 1153; Anna Berlee, *Access to Personal Data in Public Land Registers: Balancing Publicity of Property Rights with the Rights to Privacy and Data Protection*, The Hague: Eleven International Publishing, 2018, p. 135.

[3]　Whitman, *ibid.*, p. 1151.

[4]　Peter Swire/DeBrae Kennedy-Mayo, *U.S. Private-sector Privacy*, Portsmouth: International Association of Privacy Professional, 2020, p. 2.

[5]　詹文凱，〈美國法上個人資訊隱私的相關判決〉，《律師雜誌》，第233期，1999年2月，頁31。

[6]　Lee A. Bygrave, "Privacy Protection in A Global Context－A Comparative Overview," *Scandinavian Studies in Law*, Vol. 47, 2004, p. 321.

[7]　Whitman, *op. cit.*, p. 1161；相較之下，美國人則主要認爲隱私爲不受政府入侵之自由，特別是其住家之領域（right to freedom from intrusions by the state, especially in one's home）。關於歐美對於隱私保護的不同，比較簡拢的説明可參照：Ioanna Tourkochoriti, "The Snowden Revelations, the Transatlantic Trade and Investment Partnership and the Divide between U.S.-E.U. in Data Privacy Protection," *University of Arkansas at Little Rock Law Review*, Vol. 36, No. 2, 2014, pp. 164-168.
　　針對歐盟資料保護的特色，學者Tourkochoriti於2014年在分析跨國資料傳輸下歸整分析歐盟與美國大致在其保護有以下差異，包括：1.基本假設之差異；2.契約自由限制之差異；3.保護範圍之差異；4.利益衝突中價值權衡之差異；5.對受保護資料定義之差異；6.執行機關之差異。在「基本假設之差異」方面：Tourkochoriti提出在美國，基本的假設爲個人資料的處理原則上是被允許的，除非其造成損害（harm）或爲法律所限制。而在歐盟對於個人資料的處理則是原則禁止，僅在有法定基礎的例外時允許；在資料的儲存上，歐洲人權法院亦曾認定單純就資料的儲存已構成對《歐洲人權公約》（*Convention for the Protection of Human Rights and Fundamental Freedoms*，以下簡稱《公約》）第8條第1項的干預，即便未有證據顯示系爭資料將爲有損於資料主體之用。

　　Whitman並歸納：歐陸的隱私保護的核心在於尊重的權利（right to respect）與個人的尊嚴（personal dignity）。[8]Whitman從17世紀至18世紀的歐洲開始觀察，認為歐陸國家的隱私法制係從對人我間尊重（interpersonal respect）的法律保護所擴張而來。[9]

　　在隱私的定義方面，奧斯陸大學的Bygrave教授在2004年整理出四種主要定義隱私的方式，包括：

（一）不受干擾（non-interference）：這與多數論者所指Warren和Brandeis在1890年代首先將隱私視為法律權利論述中，獨處的權利（the right to be left alone）似有某程度之契合。[10]

（二）有限制的近取（limited accessbility）。

（三）資訊控制（information control）。

在「契約自由限制」方面，Tourkochoriti則指出若從歐盟《個人資料保護指令》（以下簡稱《個資保護指令》）第6條與第12條等條文觀之，歐盟雖允許在資料主體為明確同意時可進行資料處理，但卻不允許資料主體進入讓資料控制人就資料品質與資料主體針對其資料具近取權限等其所負基本義務有嚴重違反之契約。相較之下，美國的資料保護體系就資料隱私標準的設定，賦予契約與市場機制提供相當的空間，允許以契約的方式「僭越」（override）資料主體的相關隱私利益。

在「保護範圍之差異」方面，Tourkochoriti認為歐盟《個資保護指令》的保護範圍相較較廣，包括公部門與私部門的資料；除了有比例原則的適用，並賦予資料主體控制其資料之使用的權利。相較之下，美國法的保護範圍僅限於特定產業中的敏感性資訊，同時鼓勵企業嘗試新型態的資料處理、推展創新。

在「利益衝突中價值權衡」，Tourkochoriti則指出當隱私與其他諸如言論自由等其他權利產生衝突時，歐盟諸如資料保護機關或法院的執行機制，通常偏好於保護隱私。而在美國，當隱私訴求與《第一修正案》權利相權衡時，通常是《第一修正案》權利勝出。

在「對受保護資料定義」方面，Tourkochoriti則提醒，歐盟保護可識別個人之資訊（information that is identifiable to a person），而美國則是保護與已被識別個人相連結之資訊（information that is actually liked to an identified person）。她認為歐盟的途徑包含過廣（over-inclusive），而美式做法又包含過窄（under-inclusive）。

在「執行機關之差異」方面，Tourkochoriti指出，為執行《個資保護指令》，歐盟會員國皆建置監控並執行資料保護法律之獨立主管機關。這些獨立之機關被賦予一定權限以促進歐盟對於指令一致性之適用，並依職權或依資料主體之申訴進行調查。系爭機關不但監管個人資料之保護，並對相關發展有相當程度之影響力。

相較之下，在美國，聯邦貿易委員會（Federal Trade Commission, FTC）亦有部分上述權力。而在過去二十年間，FTC在隱私的保護上漸漸地扮演起更重要的角色。然而，其在執行隱私保護過程中所能進行之活動仍有所限制。舉例而言，其並未就所有公司皆有管轄權。

[8]　Whitman, *op. cit.*, p. 1161.

[9]　*Ibid.*, p. 1164.

[10]　可參見：Berlee, *op.cit.*, p. 136.

（四）第四種則爲前三種方式的結合，但將隱私限縮在個人生活親密或敏感的層面（intimate or sensitive aspects of person's lives）。[11]

　　Bygrave教授繼續指出，以資訊控制來定義隱私在資料隱私（data privacy）的法律與政策論述最受歡迎。並且，資訊控制也常爲美國等其他世界各地討論。在歐洲，相關的概念卻不見得總是和隱私的概念相連結；它可能是與其他概念連結，如在瑞典論述是與個人完整性（personal integrity）的概念相繫，或獨立爲另一概念，如德國的資訊自決（informationelle Selbstbestimmung）。[12]

　　相較於上述Bygrave在2004年所提出四種面向，Berlee則在2018年綜整過去的學說，提出六種隱私作爲單純概念以及權利（privacy as a concept and as a right）的理論模型，分別爲：

（一）不受打擾之權利（the right to be let alone）。除了點出Warren和Brandeis爲最早提出隱私作爲個人法律的概念，Berlee也介紹當時隱私概念的論述背景爲消費者攝影（consumer photography）之發展。當照相技術不再侷限於少數擁有高度技巧與獨立工作室的攝影師時，也意味著人們的照片可能爲不認識的人所攝。[13]

　　Warren和Brandeis指出，不受打擾的權利可以被理解爲個人豁免的一種一般性權利（a general right to the immunity of the perspn）、一個人的人格權（the right to one's personality）。[14]

（二）隱私作爲（資訊）之控制（privacy as control (of information)）。在資訊作爲控制方面，Berlee補充在1960年代，隨著電腦技術之發展，掀起另一波對隱私之關注。隱私的概念在此一時期由物理性侵入的保護，延伸至個人一生資料的蒐集，並允許資料處理的電腦化。

（三）隱私作爲祕密或隱蔽（privacy as secrecy or concealment）。此理論之主張者爲美國芝加哥大學的Richard Posner。Posner同時亦爲美國

---

[11] Bygrave, *op.cit.*, 2004, pp. 319-348.

[12] *Ibid.*, p. 323.

[13] Berlee, *op.cit.*, pp. 136-137.

[14] Samuel D. Warren/Louis D. Brandeis, "The Right to Privacy," *Harvard Law Review*, Vol. 4, 1890, pp. 205, 207.

第七巡迴上訴法院（United States Seventh Circuit Court of Appeals）
之法官。

Posner雖然未直接對隱私下定義，卻點出隱私的一個面向爲資訊之保
留或隱蔽（the withholding or concealment of information）。

但亦有批評指出，Posner上述隱私爲祕密與隱蔽之主張與隱私作爲控
制之理論類似，認爲隱蔽係控制他人對其觀感的工具（control anoth-
ers' perception about them），而此工具亦可能對系爭個人人格的誤
解。

（四）隱私作爲認同建構或人格之理論（privacy as identity building or per-
sonhood theory）。Hildebrandt在2006年提出，隱私的核心在認同的
概念。由於認同並非靜止，而係一過程；而此一過程之發生，必須
有某種形式的自主或諸如親密關係的眞實接觸，以及一定按照個人
過去、同時展望其未來進而重建自我的空間。在這些前提下，隱私
代表不受任何對能夠創造重建個人認同自由造成不合理限制之自由
（the freedom from unreasonable constraints that creates the freedom to
reconstruct one's identity）。

（五）隱私作爲分類（privacy as a taxonomy）。Solove在此處所提倡的分
類認爲，應以隱私所遭遇的困境爲主，而非拘泥在何謂私人事務或活
動。Solove將有損害隱私的活動大致分爲下面四類：1.資訊蒐集（in-
formation collection）；2.資訊處理（information processing）；3.資
訊傳播（information dissemination）；4.侵入（invasion）。

（六）脈絡中的隱私（limited privacy in context）。在理論的層次，美國
學者Nissenbum則於2010年提出「脈絡完整性架構」（framework of
contextual integrity）來處理人們對於新興科技與系統對隱私可能帶
來威脅的反應。[15]

Berlee整理Nissenbum的學說，認爲其所主張係爲一種「讓個人

---

[15] Helen Nissenbum, *Privacy in Context: Technology, Policy, and the Integrity of Social Life*, California: Stanford University Press, 2010, p. 2.

權利適切地流動的權利」（a right to appropriate flow of personal information）。[16]

Nissenbum所提議的架構試圖回應，並找出專家與一般民眾（non-expert）在對於定義隱私所產生困難時所表達的困惑、抵抗、甚至放棄的根源。藉由提供關於決定人們對新興科技與系統對隱私可能產生威脅之認知的各種因素的實質與詳細說明，「脈絡完整性架構」預測人們將如何對上述系統為反應，並同時形塑評估上述系統之方式，以及提出合理回應上述系統之方式。[17]

二、歐盟法下隱私權利保護之發展

關於隱私在歐盟境內的具體保護，現階段成文立法可見諸《歐洲聯盟基本權利憲章》（*Charter of Fundamental Rights of the European Union*，以下簡稱《憲章》）第7條。該條條文謂：每個人皆有就其私生活（private

---

[16] Berlee, *op.cit.*, p. 147.

[17] Nissenbum, *op. cit.*, pp. 2-3；具體而言，Nissenbum所提出的「啓發式脈絡完整性增強決策法」（augmented contextual integrity decision heuristic）含有下列幾個步驟來評估由新興科技觸發的系統或實踐（system or practice）對隱私造成的影響。
第一個步驟為：以資訊流（information flows）的角度描述系爭新的系統或實踐；其次，第二個步驟則為：辨認出主要脈絡（prevailing context）——先建立起一層概括的脈絡（舉例而言：健康照護產業），再從中找出可能的潛在影響（例如：教學醫院的影響）；第三個步驟為：找出資訊主體、資訊的傳送者與接收人；第四個步驟則是：辨認出資訊傳輸的原則；第五個步驟乃：找出（在此脈絡下）深植的資訊性規範（informational norms），並辨認出與前述規範悖離的重要之點；第六個步驟為：初步評估（prima facie assessment）。Nissenbum指出，一個系統或實踐可能以各式各樣的形式違反深植規範（entrenched norms）。最常見的為與既有規範的一個或數個重要面向之歧異，另一種情形則為，系爭脈絡下的既有規範架構對於系爭活動而言其實「並不完整」（incomplete）。而新興的科技極有可能觸發尚未有規範的系統或實踐；而對資訊性規範之違反會產生一種脈絡完整性已被違反的表象判斷，因為（既有脈絡的）假設其實都偏好既有的深植慣行（entrenched practice）。第七個步驟則為：第一層評量（evaluation I）——考量可能因系爭系統或實踐所影響的道德或政治因素；諸如是否會有可能的損害？是否會對自主性或自由帶來威脅？對既有權力結構的影響為何？對正義、公正、公平、社會階級、民主或其他可能的衍生意涵為何？第八個步驟為：第二層評估（evaluation II）——探詢系爭系統或實踐如何直接衝擊系爭脈絡的價值、目標或目的，並同時在脈絡價值的思考下，考量道德或政治因素的重要性或意義。換言之，必須評估損害、對自主性或自由帶來威脅、對既有權力結構和政治的穿透在系爭脈絡的意義究竟為何。在最後的第九個步驟則為：鑑於上述步驟所發現的結果，脈絡完整性是否對系爭系統或實踐做出正面或負面的評價？

life）、家庭生活（family life）、居所（home）、通訊受尊重之權利。[18]

此外，針對歐盟隱私保護的特色，挪威學者Bygrave教授亦指出，相較於美國脈絡下的隱私與隱私權利保護之論述則著重在個人的利益，包括：個體性、自主性、尊嚴、情感釋放（emotional release）、自我評量，以及諸如愛、友誼、信任等人際關係間的利益；歐陸諸如德國法院1983年的判決將保護資料隱私的基礎奠基在促進民主社會等集體性、社會性的價值。[19]在實體法的規範方面，1996年歐盟則通過了《個資保護指令》，該指令內容於本書第四章第一節有較為詳細之介紹。

2000年則公布了《憲章》。《憲章》在歐盟法發展上的重要性自不待言，而原因之一係其起草過程除有各會員國代表的投入，更融入了歐洲議會代表之參與。[20]

關於《憲章》的適用範圍，因其規範對象為歐盟機構，則包括歐盟法院、歐盟執委會（以下簡稱執委會）等歐盟機構，無論是否在執行歐盟法範圍之任務，皆受《憲章》之拘束。而以歐盟法院為例，其在審視各歐盟機構之行為時，其亦將於可能範圍內將系爭行為以符合基本權利之方式解釋各行為。[21]

《憲章》第8條規範共有三項：第1項規定指出，人人皆就與其本身相關的個人資料受保護之權利。第2項則明訂，前述資料應依特定目的（specific purposes）並在當事人同意或其他法定正當基礎上為處理。任何人並就其自身所蒐集之資料有資料近取權（the right of access to data）並與使之為更正之權利（the right to have it rectified）。第3項則補充，上述規範之遵循

---

[18] 相較之下，在美國，最早提出隱私權概念的Warren和Brandeis，在1890年12月出版的文章〈隱私的權利〉（The Right to Privacy）指出，該權利的演變脈絡係從生命權、到身體不受傷害、到妨害（nuisance）觀念的發展，再到Cooley法官所稱「不受打擾之權利」（the right "to be let alone"）。面對當時的社會環境，Warren和Brandeis寫到：「生活隨著文明演進而演變出的複雜度與強度，讓從世界進行片刻的逃離變得必須；而人們在文化的調整影響下，對公開性（publicity）變得更為敏感，而獨處與隱私（solitude and privacy）也因此對個人變得更加重要」，參見：Warren/Brandeis, *op. cite*, p. 196；中文資料可參見：謝祥揚，〈論「資訊隱私權」〉，《東吳法研論集》，第3期，2007年，頁128。

[19] Bygrave, *op.cit.*, 2004, pp. 324-325.

[20] Barnard, Catherine/Peers Steve, *European Union Law*, Oxford: Oxford University Press, 2017. p. 239.

[21] *Ibid.*, p. 243.

應由獨立機關掌控。

關於《憲章》的第8條，Vested-Hansen提到，該條的基礎除奠基在《歐洲共同體條約》的第286條與前述《個資保護指令》外，尚包括《公約》的第8條與歐洲理事會1981年的《個人資料保護公約》。[22]

值得注意的是，無論是《憲章》第7條所規範的隱私或第8條規範的資料保護，其皆非完全不受限制，而非絕對性之權利（absolute rights）。[23]《憲章》的第52條第1項規定，對本《憲章》任何權利與自由之限制應以法律為之，並尊重該等權利與自由之本質。該項後段並補充，上述之限制僅得在必要時並真實滿足歐盟所認可之一般性利益或保護他人權利與自由時，以符合比例原則之方式為之。

貳、資訊隱私、資料保護及與隱私發展之互動

在探討資訊隱私的相關理論前，必須先注意到有學者認為應留意資訊自決與資訊隱私概念之區分。惟本書為行文之便，暫以資訊隱私為概括之討論，已在第一章緒論第三節研究限制說明，合先敘明。

從隱私的發展過程觀察，Berlee等學者指出，隨著電腦科技之發展，資訊隱私的字詞在1960年代開始普見於文獻。[24]

在英國以外的歐陸，關於針對資通訊科技對隱私帶來的威脅，在政策與法律的初期，學術專業論述刻意避免明確地使用「隱私」等相關詞語，而選擇了來自德文「Datenschutz」的「資料保護」（data protection）。惟「資料保護」或許較無法正確表述其所欲保護的核心價值，於是日後無論是在歐洲還是美國，「資料隱私」（data privacy）成為一個較受歡迎而被更多人所用之詞語。[25]

此外，挪威學者Bygrave教授也針對隱私與資料隱私或保護（data pri-

---

[22] Vested-Hansen, Jens, "Article 7－Respect for Private and Family Life (Private Life, Home and Communications)," in Steve, Peers (ed.), *The EU Charter of Fundamental Rights: A Commentary*, Baden-Baden/Munich/Oxford: Nomos/C.H.Beck/Hart Publishing, 2014, p. 223.

[23] Hijmans, *op. cit.*, pp. 32-33.

[24] Berlee, *op.cit.*, p.139.

[25] Bygrave, *op. cit.*, 2004, p. 321.

vacy or data protection）的歧異，歸納出下列幾點不同之處，包括：[26]一、
資料隱私法大多為成文立法；二、上述資料隱私成文法（data privacy stat-
ues）通常會建置監管其執行的獨立機關；三、資料隱私成文法通常以架構
（framework）的形式呈現；四、前述資料保護主管機關就資料隱私法制的
理解與運用位居領導角色；以英國、法國、挪威、丹麥與紐西蘭為例，這些
國家的資料保護主管機關對於資料隱私法制理解與運用扮演領導角色，甚至
到少有能由法院注入修正建議空間的程度。

　　關於歐洲資料保護法制的起源，Paul Schwartz教授等學者指出，其係
起源自德國黑森邦（Hesse）1970年的立法。隨後，瑞典、德國聯邦、奧地
利、丹麥、法國、挪威等國，亦於1979年前完成國家層級的立法。[27]而執
委會也在共同體時代的1973年，曾考量過整個歐洲經濟共同體層級針對資
料處理作為產業的整體政策。[28]Bygrave也注意到即便在2000年到2014年左
右，將近近百個國家開始施行國家或聯邦這層級的資料隱私成文法，在那之
前的三十年，該領域有成文國家級立法的多為歐洲國家。[29]

　　惟論者如Lynskey也提醒，即便在歐洲各國之間，資料隱私之法制亦有
不同的憲法傳統。如德國的資料保護法律與人性尊嚴的概念實不可分；法國
的資料保護則根源於個體自由（individual liberty）的觀念；而比利時的資
料法制則有隱私之基礎。[30]

　　而針對該如何理解隱私與資料保護之間的關係，Lynskey提出三種可能
的觀察模式，分別為：一、資料保護與隱私互為輔助工具；二、資料保護為
隱私權的一個面向；三、資料保護為一具有多重目的之權利，其中的一個目
的為隱私，但不僅侷限於此。

---

[26] Bygrave, Lee A., *Data Privacy in Context*, Oxford: Oxford University Press, 2014, pp. 3-4.

[27] Paul M. Schwartz, "The EU-US Privacy Collision: A Turn to Institutions and Procedures," *Harvard Law Review*, Vol. 126, No. 7, May 2013, p. 1969; Fred H. Cate, "The EU Data Protection Directive, Information Privacy, and the Public Interest," *Iowa Law Review*, Vol. 80, No. 3, March 1995, p. 431; Orla Lynskey, *The Foundations of EU Data Protection Law*, Oxford: Oxford University Press, 2016, p. 47.

[28] Communiation SEC (73) 4300 final, *op. cit*.

[29] Bygrave, *op. cit*., 2014, p. 99.

[30] Lynskey, *op. cit*., p. 104.

　　在第一種「資料保護與隱私互為輔助工具」的模式下，資料保護與隱私為達成對人性尊嚴（human dignity）尊重之目標下相輔相成的工具。而關於資料保護為達成人性尊嚴之手段，Lynskey則指出在歐盟脈絡下支持此種模式論點的幾個面向，包括：一、人性尊嚴作為資料保護權利之基礎；二、歐盟法院判例法（jurisprodence）對於人性尊嚴之納入；三、《憲章》對於人性尊嚴權（a right to human dignity）之認可。

　　而對於資料保護最狹隘但也是在公眾認知與學者間最為被接受的看法為第二種模式，即認為資料保護為隱私權的一個面向。此種理論之支持者認為資料保護為隱私權（right to privacy）最近的一個演化階段。他們主張儘管隱私在最初是以僻居（seclusion）、獨處之權利（right to be left alone）的脈絡下被理解，其現已進化成包含資訊控制（informational control）等元素。

　　在第三種觀察模式下，資料保護與隱私權則有高度的重複。此種論點認為儘管兩者皆確保資訊隱私或資料隱私（informational or data privacy），但資料保護仍為達成許多非隱私所欲達成之目的。此種模式解釋了為何隱私法（privacy law）並未包含資料保護的所有元素，也對歐盟會員國不同的憲法傳統顯示出更多的尊重。

參、歐盟法院暨歐洲人權法院關於隱私與資料保護概念建構的經典實務案例

一、前言

　　在歐盟被遺忘權的發展上，在歐盟法院於2014年*Google Spain*案判決前，其實已有諸如《個資保護指令》、《一般資料保護規則》（GDPR）草案等成文立法之發展，和歐盟法院及歐洲人權法院等司法實務界中，關於隱私或資料保護權利與言論自由或媒體自由等權利衝突權衡之案例。以下僅做梗要介紹，以作為後續討論被遺忘權發展的基礎。

　　被遺忘權涉及資料保護、隱私與言論自由等權利與價值間的衝突；歐盟法法源的派生法中，原不乏類似的案例。

　　並且，《歐洲聯盟條約》第6條第2項規範：歐洲聯盟應尊重於1950年4月於羅馬所簽屬之《公約》所保障之基本權利，因其係由會員國所共通之憲法傳統所生成，亦屬共同體法（Community law）之基本原則。

　　爰此，以下僅就歐盟法體系中的兩大支柱，歐盟法院與歐洲人權法院過往與被遺忘權相關的重要判決做介紹。

二、*Lindqvist*案

　　2003年的*Lindqvist*案[31]可謂歐盟《個資保護指令》適用案例的始祖；在該指令通過的短短數年間，各會員國在當時對於個人資料的範圍、怎麼樣的行為才構成該指令所謂的處理、健康資料的範圍，以及資料境外傳輸的定義與適用範圍，皆為本案的爭點。針對上述爭點，包括執委會、瑞典政府、荷蘭政府與英國政府也都遞交書面意見（written observations）。

　　而在*Google Spain*案的判決中，CJEU則是引用*Lindqvist*案的判決說明將個人資料上傳至網頁無疑屬於《個資保護指令》第2條第(b)款所謂的「處理」（processing）。[32]

（一）本案事實

　　本案當事人Linqvist女士是瑞典Alseda天主教堂區的教理教導員。1998年末，Linqvist女士於修習完資料處理課程後，利用自家電腦設立的為提供教友使其能獲得所需資訊確認回復之網站，並在Linqvist女士的要求下，與瑞典教會的網站相連結。

　　惟Linqvist女士所設置之網站含有18位同仁資訊。這些資訊包括部分同事涵蓋姓與名的全名或名字、並由Linqvist女士自己以詼諧方式所介紹其同事所擔任之職務與興趣之描述，也因此包含了部分同事的電話號碼、家庭電話，與其他事項。舉例而言，同事因腳受傷而擔任兼職等。

　　但Linqvist女士並未告知其同事系爭網站之設置，亦未取得他們的同

---

[31] Case C-101/01,*op. cit.*
[32] Case C-131/12, *op. cit.*, §26.

意。Linqvist女士就其所進行之活動亦未通知監管電子傳輸資料之保護的瑞典內國資料保護機關（Datainspektionen）。在Linqvist女士得知部分同事對該網站有所不滿時即移除系爭網頁。

　　但事後Linqvist仍因違反轉換歐盟《個資保護指令》的瑞典《個人資料保護法》（*Personuppigift*, PUL）受到公訴檢察官所提起之刑事追訴與罰金。

（二）本案爭點

1. 個資指令下「處理」之範圍

　　由於本案發生於網路剛剛興起、搜尋引擎亦尚未普及的年代，Goeta上訴法院提出以下七個問題：第(1)個問題為：在某一個網頁提及一個人之全名或名字是否落入《個資保護指令》之範圍？

　　針對上述問題，瑞典政府指出：指令第3條第1項所稱「以全部或部分自動之方式處理個人資料」（the processing of personal data wholly or partly by automatic means）包含以電腦形式的所有處理，無論是以word所做的文書處理，抑或是將資料放置於網頁。

　　與之相對，荷蘭政府則指出，由於此案中的個人資料係透過電腦與伺服器上傳至網頁，而電腦與伺服器皆為自動化之重要元素，因此須認定本案中之資料皆受自動化處理。

　　而針對此議題，執委會則指出：《個資保護指令》應適用於該指令第3條所稱所有個人資料之處理，無論其所使用的技術方式為何。而就本案而言，使個人資料在網路上為人所得近用，自屬以全部或部分自動之方式處理，除非有其他技術性之方式將系爭處理限制在純人工之運作（purely manual operation）。

　　第(2)個問題則為：若第(1)個問題的答案為否定時，架設與其他網站相連，而包含其他15人資訊之網頁，而使其能透過僅以名字而搜得，是否構成《個資保護指令》第3條第1項之處理？

2. 本案情形是否屬《個資保護指令》第3條第2項之例外

　　第(3)個問題為：問題(1)中的所描述個人資料之處理，是否屬於《個資保護指令》第3條第2項[33]所列之例外之範疇？

　　針對上述問題，Linqvist女士所提出的抗辯爲：私人在行使其言論自由，於其閒暇期間所創置的非營利性網頁，非屬歐洲共同體法（Community Law）之範疇。

　　就此議題，瑞典政府的書面意見指出：《個資保護指令》必須透過內國法來執行，而瑞典的立法機關認爲若一自然人爲將不特定多數人的資料透過網路公開之個人資料處理，系爭處理則不可能爲指令第3條第2項所稱「純粹個人或家戶之活動」（a purely personal or household activity）。

　　與瑞典政府的意見類似，荷蘭政府針對上述議題亦認爲，系爭資料之處理並無任何第3條第2項所列除外之適用。而針對所謂「純粹個人或家戶之活動」的部分，荷蘭政府指出：本案中網頁的設置者將系爭資料公開爲一群不特定多數人所知悉。

　　針對此議題，執委會則認爲，本案雖未有第3條第2項所列例外之情形，卻有可能落入第9條所規範藝術與文學的創作。同時，執委會亦主張歐洲共同體法並不僅限於四大基礎自由相關之經濟活動；執委會指出，《個資保護指令》所欲管制的，非僅僅限縮在**經濟活動**中的個人資料自由流動，更包括共同市場整合與運作中，**社會活動**的個人資料自由流動。

3. 本案情形是否涉及健康資料

　　第(4)個問題則爲Linqvist女士對於同事因腳受傷而擔任兼職之描述是否屬於指令第8條第1項所謂「健康相關資料」（data concerning health）。

4. 本案情形是否涉及資料之傳輸

　　在第(5)個問題方面，提出先決裁判之訴的瑞典法院則試圖就下列疑問請當時的歐洲法院釋疑。亦即：本案中，歐盟會員國之個人將個人資料上傳至網頁的行爲，而使得包括第三國之人等透過網路皆可對系爭資料爲近

---

[33] 指令第3條第2項謂：「下列資料處理之情形，不在本指令適用範圍之列：
　　—在共同體法範圍外之活動，如歐洲聯盟條約第五章與第六章（Titles V and VI）所舉以及關於安全、國防、國家安全（包括當系爭處理運作與國家安全事務相關時之國家經濟福祉）之處理運作與刑法領域的國家活動
　　—由自然人所進行單純私人或家戶活動（a purely personal or household activity）」。

用（accessible），是否涉及指令第25條所謂「往第三國之（資料）傳輸」（transfer [of data] to a third country）。

針對上述問題，瑞典政府認為：將個人資料上傳至網路，使其為第三國國民得為近取，構成指令所稱往第三國之資料傳輸。

荷蘭政府則首先指出：指令並未就傳輸（transfer）為定義。在此基礎上，荷蘭政府主張：指令中「傳輸」一詞應指涉將個人資料刻意從一會員國之領土傳輸至第三國之行為（the act of intentionally transferring personal data from the territory of a Member State to a third country）。並且，使資料為第三人得為近用的方式並無甚大區別。爰此，其並不認為將個人資料上傳至網頁的行為構成指令第25條所稱將個人資料送往第三國之傳輸。

另外一方面，英國政府則指出：指令第25條所規範為資料往第三國之傳輸而非其於第三國之可近用性（accessibility）。而所謂傳輸（transfer）之意涵應只從某一地的某一人，傳送至另一地之另一人。也因此僅有在上述意義下之傳輸，始有要求會員國確保所傳輸至之第三國對於個人資料有適切水平之保護（an adequate level of protection of personal data）。

（三）法院判決

針對第(1)個問題，法院指出：根據指令第2條第(a)款，指令第3條第1項所稱「個人資料」包含「與特定已受辨識或可得辨識自然人相關之任何資訊」（any information relating to an identified or identifiable natural person），一人之姓名與其電話自然屬上述規範所涵蓋。爰此，法院亦認為無須再回覆第(2)個問題。

針對第(3)個問題，法院指出：由於Linqvist女士在本案中所從事之系爭活動主要係非經濟，而屬慈善與宗教性質，確須考量是否構成指令第3條第2項第一段（indent）所稱「共同體法範疇外活動之個人資料處理」（the processing of personal data in the course of an activity which fall outside the scope of Community law）之例外。

就第(4)個問題，法院則指出：指令第8條第1項所謂「健康相關資料」之理解應採取較寬廣之解釋，使其能**包含個人生理與心理健康的各式方面之**

資訊。而本案中Linqvist女士同事因腳受傷而擔任兼職之資訊自屬健康資訊無疑。

針對第(5)個問題，法院亦重申，指令包括第2條名詞定義在內，都未就「傳輸至第三國」（transfer to a third country）為定義。而為判斷將個人資料上傳至網頁致使身處第三國之人得為近取，是否構成指令第25條所謂之傳輸，應考量系爭執行運作的技術本質與第25條所在的指令第四章的目的與架構。

歐洲人權法院接著衡量Linqvist女士在90年代製作網頁時所使用之技術。在當時，個人若欲製作網頁，必須將該網頁組成內容之資料傳送給網頁寄存服務提供人（hosting provider）。而該網頁寄存服務提供人所使用的電腦基礎設施（computer infrastrcture）可能且事實上亦常位於一個或數個非該提供人所在之國家。

因此，法院認定本案中，有可能出現位於第三國之人電腦上的個人資料，雖來自將系爭資料上傳至網路的網頁製作人，*但實非該兩人間之直接傳輸所致*，而係透過網頁寄存服務提供人所使用的電腦基礎設施。

此外，關於指令第四章的目的與架構，法院指出該章建構起一特別規範機制，以允許會員國監控（monitor）往第三國之個人資料傳輸為目的，作為同指令第二章所規範個人資料處理合法性（lawfulness）一般機制之補充機制。

最後，法院則補充：資料保護以及諸如言論自由等其他基本權利必須互相調和（balanced），由內國機關負責適用落實《個資保護指令》之內國法律，來確保包括共同體法律體系所保護的基本權利等系爭權利與利益間的公平與平衡。

（四）小結

由上述案例介紹可知，*Lindqvist*案為歐盟《個資保護指令》於1996年後甫通過與施行後之指標性案例。在網路尚未如今日無所不在的十五年前，歐盟法院實已就個人資料指令之適用範圍、將個人資料上傳至網路是否構成指令所謂國際傳輸等關鍵議題為判斷適用。

三、*Hannover v. Germany*案

　　2012年的*Hannover v. Germany*案在歐洲人權案例法針對言論自由與隱私衝突時的法益平衡判斷中有重要的地位；在被遺忘權的發展上，2014年11月第29條工作小組所提出的判準亦引用該案中，對於判斷報導公衆人物私生活，是否能夠促進民主社會中討論之標準。[34]

（一）本案事實

　　本案的案件聲請人爲卡洛琳公主（Princess Caroline von Hannover，摩納哥人）與其夫漢諾威親王（Prince Ernst August von Hannover，德國人）。在90年代初期，本案的第一聲請人卡洛琳公主即嘗試透過司法救濟途徑，尋求預防其私生活照片曝光於媒體。在前述同爲歐洲人權法院所受理的*Hannover v. Germany*一號案[35]中，聲請人在德國針對三本德國雜誌分別於1993年與1997年公開其與法國男演員Vincent Lindon或與漢諾威親王一同入鏡的照片，已由歐洲人權法院於2004年6月認定其有《公約》第8條之違反。[36]

　　而以該歐洲人權法院2004年的判決爲基礎，本案件聲請人就由出版商Ehrlich & Sohn所發行*Frau im Spiegel*及由西德新聞社（WZV Westdesutsche Zeitschriftenverlag, WZV）所發行*Frau Aktuell*兩本德國雜誌分別於2002年至2004年間所刊登的多組照片，在德國內國法院請求停止續行散布之禁制令。在歷經多場訴訟後，德國憲法法院（Bundesverfassungsgericht）於2008年2月的判決中，對分別由卡洛琳公主與Ehrlich & Sohn所提起的聲請諭知不受理，但允許了另一家出版商Klambt-Verlag公司就聯邦最高法院（Bundes-gerichtshof）對其發行《7日周刊》（*7 Tage*）雜誌中含有聲請人照片的禁止續行散布的禁制令所提起之聲請。

---

[34] Von Hannover v. Germany (no. 2), no. 40660/08 and 60641/08 (2012).

[35] Von Hannover v. Germany, no. 59320/00 (2005).

[36] 卡洛琳公主的第二任丈夫於1990年因車禍身亡，而本案兩組照片皆攝於其與第三任丈夫1999年展開至今的婚姻前；可參見："Princess Caroline's Husband Killed as Boat Flips Over: Monaco: Tragedy revisits the royal family: Princess Grace died in car accident eight years ago," *Los Angeles Times*, 4 October 1990, available from: https://www.latimes.com/archives/la-xpm-1990-10-04-mn-2171-story.html (Accessed 15 April 2022).

其中，本案所爭執在*Frau im Spiegel*中所刊登的照片共三張，分述如下。第一張爲滑雪勝地聖莫里茲（St. Moritz）所攝，並刊於2002年2月20日所發行第9/02期。同時附上「Rainier王子非獨自在家」（Fuerst Rainier – Nicht allein zu Haus）的標題與附圖說明。第二張亦於聖莫里茲所攝，並刊於2003年2月20日所發行第9/03期，標題則爲「漢諾威親王與其妻摩洛哥卡洛琳公主，享受聖莫里茲的雪與煦」。

第三張照片亦於公主一家人的滑雪假期所攝，地點在川斯（Zürs am Arlberg）[37]，並刊於2004年3月11日所發行第12/04期。

在*Frau Aktuell* 2002年2月20日所發行第9/02期中所刊登的照片則與前述*Frau im Spiegel*於同日所發行的第9/02期幾乎完全雷同。

在該案的判決中，德國憲法法院首先認定該案中聯邦最高法院的決定構成對卡洛琳公主由《德國基本法》第1條與第2條所保障人格權保護的干預。但該法院亦指出，在鑑於系爭基本權利之精神並同時考量《公約》的脈絡下，適用並闡釋民法中相關規定乃民事法院之任務，其角色實受限於民事法院在適用並闡釋法律與衡平競合之權利時，是否對於基本權利之影響進行充分考量。

在檢視聯邦最高法院本案的判決後，憲法法院指出該案判決在憲法的層次並無可議之處；並提醒：以憲法的層次而言，聯邦最高法院自無受其過去案例法拘束而不得爲新保護型態創造之限制。自然無受限不得屏棄原本爲衡量人格權（特別是肖像權）與資訊公開之間法益平衡的原有「公眾人物」（Person der Zeitgeschichte）的法律概念，而自得另爲衡量。[38]

（二）法院判決

首先在一般性原則中關於私生活（private life）的部分，歐洲人權法院再次重申私生活延伸到個人認同（personal identity）的部分，諸如個人的姓名、相片、及身體與道德的完整性等。法院並指出，《公約》第8條所提供

---

[37] 聖安頓（St. Anton）與Lech、Zurs合稱爲Arlberg區，是奧地利超過百年以上滑雪歷史的重要滑雪點。

[38] Von Hannover v. Germany (no. 2), *op. cit.*, §46.

之保障係為確保每一個個人的人格，在其與他人互動關係中能不受干預地發展。

　　而在此脈絡下，法院並指出在某些情況中，即便案件當事人為公眾人物，其亦能倚賴對於其私生活尊重與保護的正當期待（legitimate expectation）。並且，針對本案的情狀，法院指出儘管《公約》第8條主要目標為保護個人不受國家機關（public authority）的恣意侵害，並引述*X and Y v. the Netherlands*案等案例指出，該條並賦予國家對私人與家庭生活的有效尊重採取措施的積極性義務（positive obligations）。

　　本案非常特別與值得注意之處，乃其亦為隱私與言論自由等利益間之權衡提供了數個判斷要素（the criteria relevant for the balancing test），包括：[39]

1. 對一般利益討論的有助益性（contribution to a debate of general interests）

　　第一個判準係歐洲人權法院經歷數個案例所累積出來。法院提醒：所謂一般利益的主題（a subject of general interest）係依系爭案件而定。在過往歐洲人權法院的案例中，法院已明白指出此「利益」（interests）並不僅限於政治議題或犯罪。過去法院曾肯認的利益亦包括與運動賽事議題、甚至是表演藝術家的相關主題。不過，法院也曾在個案中認定，國家元首的婚姻危機的傳言與知名歌手的財務危機並不在其所認列的「一般利益事件之討論」（matters of general interests/d'undébat d'intérêt général）。

2. 系爭主體的知名程度與系爭報導之主題

　　針對第二個判準，法院指出：系爭主體所扮演的角色或功能，以及事件之本質為報導或照片的主題，與前述是否構成第一個判準有關。在此處必須區分系爭主體是否為一般個人（private individuals）或在公眾事務中扮演一定角色的政治或公眾人物。因前者可就其私生活之權利（right to private life/droit à la vie privée）要求特別之保護，後者則不享有此種權利。

---

[39] *Ibid.*, §109-113.

3. 系爭主體在系爭報導發布前之行爲

在第三個判準方面，歐洲人權法院指出：在系爭報導公開前當事人的行爲，以及系爭資訊是否在先前既已公開，皆爲法院在過去案例中肯認爲應納入考量之因素。[40]法院並提醒，然而若僅當事人在先前已有和媒體合作之事實，並不能作爲剝奪其所有保護之理由。

4. 系爭公開之內容的形式、與公開之後果

在第四個判準方面，法院指出其亦爲過往判決中認爲應列入考量之點。法院補充，系爭報導或照片被散布之方式也有可能成爲重要的考慮因素，取決於系爭刊物是否爲地方性或全國性、發行量之多寡等。[41]

5. 系爭照片所被拍攝當時之情形

至於第五個判準，法院提醒：過去法院判決已提出必須注意被拍攝之對象是否就照片之攝取與公開，同意攝影師拍攝，抑或被拍攝之對象對於系爭照片之攝取實未知情、或係以詐術或其他不正方式之所爲。法院並再次援引過往的案例，指出應特別注意侵入的本質或嚴重性，以及系爭照片公開後對當事人之影響。

（三）小結

本案爲隱私與言論自由、媒體自由相衝突的經典案例。而在歐洲人權法院的判決中，其亦提供了五個不同衡量此類案件應權衡之判準。而上述判斷要件雖未直接在2014年的*Google Spain*案被歐盟法院所採用，但卻爲該案後第29條工作小組所發布的專家指導意見[42]所援引。並且，從由Google邀請獨立專家「Google被遺忘權諮詢小組」（The Advisory Council to Google on the Right to be Forgotten）在2015年2月所發布的報告中[43]，亦看得出*Hannover v. Germany*案所揭示判準原則的影子。

---

[40] *Ibid.*, §111.
[41] *Ibid.*, §112.
[42] Article 29 Data Protection Working Party WP 225 Guidelines (2014), *op. cit.*
[43] Google Advisory Council, *op. cit.*

四、*Gardel v. France*案

在敏感性資料之保存與刪除請求方面，在歐洲人權法院*Gardel v. France*案[44]、*B.B. v. France*案[45]等所涉之議題為在一全國性資料庫納入性犯罪紀錄是否有對《公約》第8條之違反；[46]囿限於語言與篇幅之限制，本書僅就*Gardel v. France*案為代表性之介紹。

（一）本案事實

在*Gardel v. France*案中，本案聲請人Gardel於1997年經由被受害人父母告發，被控利用職權對15歲以下未成年人為性攻擊與強暴，並於2003年10月法國默茲省（Meuse）治安法院（Assize Court）判處十五年有期徒刑與十年褫奪公權。Gardel先生並未就上述決定再上訴，但聲請再審。而在2004年3月9日，法國以「第2004-204號法律」建立全國性犯罪者化自動登記處（le fichier judiciaire national automatisé des auteurs d'infractions sexuelles, le FIJAIS）。2005年4月11日，刑事案件審查委員會（la commission de révision des condamnations pénales）駁回聲請人就再審之聲請。同年11月22日，聲請人經由巴黎南部的拉伊萊羅斯（L'Haÿ-les-Roses）警局警官通知其姓名已因其於上述默茲省治安法院的定罪判決，依第2004-204號法律的過渡條款，被登入在全國性犯罪者化自動登記處。

（二）法院判決

在是否有《公約》第8條違反的檢視分析中，歐洲人權法院引用*Leander*案、*Kopp v. Switzerland*案等指出，公家機關對於個人私生活資訊之儲存即構成對《公約》第8條之干預。[47]此外，法院也重申，過往*Adamson*案的判決已認定要求因性犯罪被判決定讞之人通知警方其姓名、出生日期、地址與

44　Gardel v. France, no.16428/05 (2010).

45　B.B. v. France, no. 5335/06 (2010)；該案判決目前僅有法文、冰島文與烏克蘭文。

46　"Inclusion in National Sex Offender Database Did Not Infringe The Right To Respect For Private Life," *European Court of Human Rights*, 17 December 2009, available from: https://hudoc.echr.coe.int/app/conversion/pdf/?library=ECHR&id=003-4480954-5400075&filename=003-4480954-5400075.pdf (Accessed 15 April 2022).

47　Gardel v. France, *op. cit.*, §58.

地址之變更之要求亦已落入《公約》第8條第1項之要求。

並且，由於本案雙方並未爭執系爭干預乃依法所為並具預防失序與犯罪之正當性目標，法院直接進入干預依據《公約》要求是否為必要之檢視。

由於本案涉及內國機關可先為之個案利益權衡評估，歐洲人權法院指出，依其過往判決，內國機關在為上述衡量時享有一定之裁量空間（margin of appreciation），而該裁量空間的大小又取決於諸如所限制活動之本質與系爭限制所欲達成之目標等多種因素。[48]此外，若案件涉及個人之存續或認同（an individual's indentity or existence）的重要層面時，一般而言內國機關的裁量空間將會被限縮。

法院並重申，過去在z v. Finland案等案例已確立個人資料之保護對於個人享受第8條所保障的尊重私生活與家庭生活之權利（right to respect for private and family life）乃屬至關重要。並且，過去在S. and Marper v. the United Kingdom案中，法院也認定在個人資料之保護面對自動化處理時，無論系爭資料是否用作政治用途，上述保障更為重要。[49]

具體而言，法院注意到在本案中，系爭全國性犯罪者化自動登記處的建置目的乃在預防犯罪，特別是累犯（recidivism）之情形，並能更容易地辨識行為人。而該登記處所採的具體措施包括要求當事人每六個月提供地址證明，[50]並將系爭資料保留二十至三十年。[51]法院認為系爭制度上仍確保人民自身資料被政府建檔時有可得救濟的機會，最多儲存二十至三十年的資料保存期限並未逾越比例原則，因無《公約》之違反。

（三）小結

從上所述可知，針對性犯罪紀錄此等具有高度敏感性之資料，歐洲人權法院之見解係認為在面對性犯罪預防此重大法益時，仍例外允許政府建置可能侵害人民隱私及資料保護權利之資料庫，但在制度上仍確保人民自身資料被政府建檔時有可得救濟的機會。

---

[48] *Ibid.*, §60.

[49] *Ibid.*, §62.

[50] *Ibid.*, §15 .

[51] *Ibid.*, §54.

肆、被遺忘權

「被遺忘權」可溯源至早期的法國及義大利法制（法文：le droit a ou-bli；義大利文：il diritto al'oblio），[52]主要適用在保護更生人的隱私保護、部分適用在防止潛在性的名譽毀損。該權利機制提供公開資料的刪除可能性，著重在公開資料形成與遺忘權提出間時間的經過，其法律依據爲對隱私的尊重。[53]

由Korenhof、Ausloos、Szekely、Ambrose、Sartor與Leenes等六位跨領域學者所合著的〈爲被遺忘權計時──以「時間」作爲決定資料保留或移除因素之研究〉（Timing the Right to Be Forgotten─A study into "time" as a factor in deciding about retention or erasure of data），提出「被遺忘權」（Right to be Forgotten）在隱私與資料保護的脈絡下被使用。若奠基於隱私的保護，它指的是「遺忘權」（right to oblivion）；若以資料保護爲出發，其所指涉的則是「刪除權」（right to erasure）。[54]承上，Post則從類似的脈絡補充主張「被遺忘權」可能指涉兩種形式：其一係指抹除不需要繼續留存資料的需求；其二則爲以缺乏尊重的方式管制，重提可能有損於個人尊嚴舊事通訊的需求。[55]

堤堡大學（Universiteit van Tilburg）的Bert-Jaap Koops教授在2011年則提出被遺忘權三種相關但可區別的模式（approach），分別爲：[56]

---

[52] Antoon, De Baets, "A Historian's View on the Right to Be Forgotten, in International Review of Law," *Computers & Technology*, Vol. 30, No. 1-2, February 2016, p. 58; Kelly/Satola, *op cit*., pp. 24-25.

[53] Aurelia Tamo/Damian George, "Oblivion, Erasure and Forgetting in the Digital Age," *Journal of Intellectual Property, Information Technology and E-Commerce Law*, Vol. 5, No. 2, September 2014, p. 72.

[54] Korenhof, Paulan/Ausloos, Jef/Szekely, Ivan/Ambrose, Meg/Sartor, Giovanni/Leenes, Ronald E., "Timing the Right to Be Forgotten: A Study into 'Time'as a Factor in Deciding About Retention or Erasure of Data," 13 May 2014, available from: https://ssrn.com/abstract=2436436 (Accessed 15 October 2021); Meg Ambrose/Jef Ausloos, "The Right to Be Forgotten Across the Pond," *Journal of Information Policy*, Vol. 3, 2013, p. 2.

[55] Robert C. Post, "Data Privacy and Dignity Privacy: Google Spain, the Right to Be forgotten, and the Construction of Public Sphere," *Duke Law Journal*, Vol. 67, No. 5, February 2018, p. 992.

[56] Bert-Jaap Koops, *op. cit*., p. 236；另參見：Rustad/Kulevska, *op. cit*., p. 367（但Rustad/Kulevska將Koops主張轉述成三種權利）。

一、在適切時間到期後，要求資料被刪除的權利（a right to have data deleted in due time）。針對上述權利，Koops指出所謂「適切時間」（in due time）係指在使用過後，當資料不再相關（no longer relevant）、或當有效期間經過（expiry date elapes）、或保留（retention）資料的缺點開始超過優點時。

二、向社會提出「重新開始」的要求（a claim on society to have a "clean slate"）。在Koops的論述中，與前述第一種模式相對，第二種模式可見於數個領域法律中對於「社會遺忘」（social forgetfulness）的促進，讓人能重頭開始，諸如破產法、青少年刑法、與信用評價等。[57]

三、個人針對現地此刻（here and now）不受限制言論的利益。此種模式與上述社會遺忘的模式有類似之處，同樣要求重新出發，但較從個人的角度。亦即，個人應能自由地表達，而此刻的發言、書寫等表達不應在未來被用作對抗該表達之個人。在此情境下的被遺忘權則意味著個人現地此刻無須畏懼未來系爭言論將被用來對抗自己的表意自由。

在「刪除權」的部分，它則提供資料主體要求第三人移除其所處理個人資料的權利。法律依據在於使資料主體對於資料處理的同意可得撤廢（revocable）；從更高的角度看來，在於資料主體與資料處理人間權利的再平衡。[58]

此外，亦常見論者討論被遺忘權的被動與主動面向。它的被動方面（或可以英文的being forgotten理解）似為一種消極性的權利，旨在賦予他人消極不記憶他人過去之義務（a duty on others to abstain from remembering someone's past）。在主動的面向方面，則強調個人積極控制其過去的自由或權力（the liberty or power of the individual to actively control her past）。[59]

與上述意見類似，也有學者如Ausloos表示其為一種控制權利（control

---

[57] Koops, *op. cit.*, p. 233.

[58] *Ibid.*

[59] Koops, *op. cit.*, at 232.

right）的看法。[60]Ausloos指出，所謂「被遺忘權」係對隱私保護採取一種「財產權式的路徑」（proprietary approach）。Ausloos也認為，此為資訊隱私所採取之路徑，為個人資料指令所採納，以個人資料作為隱私保護之重心；相對於歐洲人權法院所採取之「個人隱私路徑」（"personal privacy" approach）。後者係以隱私的合理期待、對個人道德上的傷害與心理上的完整性為重心。[61]

　　有論者也指出，此一權利背後的思考係來自於個人資料使用對隱私所可能帶來的不利結果具有抽象（abstract）、遠期（distant）、不確定（uncertain）等特質而難以預測。[62]這些不利益之所以抽象，是由於隱私侵害帶來的傷害往往是社會與心理層面的。而所謂「遠期」，乃是因為它不會立即發生；至於不確定性，則在於它也可能永遠不會發生，而就算發生，通常也不是以可預見的形式（foreseeable way），且亦難以預測其結果。[63]

　　基於以上種種理由，若要資料主體肩負起預測隱私侵害的責任是不公平且不切實際的。加上個人資料也不應被視作一靜止的概念，被遺忘權的創設，或許可以提供人們可以有效地持續去檢視、評估其個人資料在這個利用目的不斷演化時代下的使用。[64]而就「時間」作為判斷「被遺忘權」是否成立的因素，早在歐盟法院判決之前，論者即指出，原始的資訊經過愈久，個人的利益就愈可能凌駕公益。[65]與此相關，「被遺忘權」最常被挑戰的是，究竟在事件經過多久可以產生此權利請求。[66]

　　若從成文法的角度，在GDPR生效前，Mantelero在2013年即指出：《個資保護指令》刪除權的兩個主要決定因素，除了系爭資料處理的時間之久暫，就在於其處理的目的。[67]

---

[60] Jef Ausloos, *op. cit.*, p. 143.

[61] *Ibid.*, p. 144.

[62] Hans Graux, et al., *op. cit.*, p. 101.

[63] Ambrose/Ausloos, *op. cit.*, p. 4.

[64] *Ibid.*

[65] Rolf Weber, "The Right to Be Forgotten－More Than a Pandora's Box, in: Journal of Intellectual Property," *Information Technology and Electronic Commerce Law*, Vol. 2, No. 2, July 2011, p. 121.

[66] Antoon De Baets, *op. cit.*, p. 64.

[67] Alessandro Mantelero, "The EU Proposal for a General Data Protection Regulation and the Roots of

　　另一方面，論者也觀察到，以歐洲人權法院的判決爲例，時間的經過愈久，不見得愈有助於被遺忘權的成立。在*Editions Plon v. France*案中，法國前總統密特朗（Francois Mitterrand）的繼承人反對前總統私人醫生所著書籍的出版，法院卻認定：「時間經過得愈久，對於討論密特朗總統兩任任期歷史的公益，將更加凌駕於保護總統醫療祕密之要求」。[68]

　　不過，對於此一權利之內涵，論者也注意到，早在1995年歐盟的政策文件，即將其定位在將公開資訊（public information）依資料主體之請求轉變爲非公開資訊（private information）的權利。[69]

　　在與其他權利的衝突方面，學者如Markou和Zanfir也都注意到被遺忘權，無論是在*Google Spain*案的判決或是GDPR內涵的條文，都可能產生對言論審查（censorship）的限制。[70]

　　在成文法或法典化的發展方面，早在被遺忘權還只是2012年執委會草案中的一項條款時，該權利之設置以及是否應該使用「被遺忘權」（right to be forgotten）一詞已引起許多討論。[71]而在2011年，亦曾有學者指出，被遺忘權在歐陸的脈絡可認內涵爲人格權。[72]

伍、歐盟法的域外效力

一、一般歐盟法域外效力的展現

　　歐盟法的域外效力一直是歐盟法領域熱議的議題。

　　學者Scott也注意到歐盟延伸域外效力過往在傳統上通常有三種連繫因

---

the 'Right to Be Forgotten'," *Computer Law & Security Review*, Vol. 29, No. 3, June 2013, p. 232.

[68] Ausloos, *op. cit.*, p.143; Korenhof/Ausloos/Szekely/Ambrose/Sartor/Leenes, *op. cit.*, p. 9.

[69] Meg Leta Ambrose, *op. cit.*, p. 371.

[70] Rustad/Kulevska, *op. cit.*, pp. 351-372.

[71] Christiana Markou, "The 'Right to Be Forgotten': Ten Reasons Why It Should Be Forgotten," in Serge Gutwirth, et al. (eds.), *Reforming European Data Protection Law*, Dordrecht: Springer Netherlands, 2015, pp. 206-210; Gabriela Zanfir, "Tracing the Right to Be Forgotten in the Short History of Data Protection Law: The 'New Clothes' of an Old Right," in Serge Gutwirth, et al. (eds.), *Reforming European Data Protection Law*, Dordrecht: Springer Netherlands, 2015, pp. 231-233.

[72] Weber, *op. cit.*, p. 121.

素（triggers），[73]包括行為、國籍、人的存在（presence of persons）[74]，具
體而言：（一）在行為方面，通常須有當事人在歐盟境內從事行為之事實，
特別是有意進入歐盟市場的行為，如出口產品至歐盟市場皆須遵循歐盟的生
產程序標準；[75]（二）在國籍方面，歐盟法通常對具有歐盟會員國國籍之人
加諸義務。此處之人包括自然人與法人。而法人又包括公司、航空器、船
舶；[76]（三）當事人法律上或實體身處歐盟境內，而Scott又將它細分成常態
性的存在（stable presence）、過境存在（transit presence）。常態性的存在
如自然人之住所或法人的營業處所，過境存在則如對飛進或飛出歐盟的第三
國航空器。[77]

　　並且，Scott也注意到近年來歐盟使用新的立法性連繫因素來延伸歐盟
法的全球觸及（global reach），並且對非歐盟人士就其完全在歐盟境外之
行為加諸「跨境義務」（over-the border obligations）。[78]

　　相對地，在Scott的架構中，新的連繫因素則有：[79]（一）對歐盟境內的
效果或影響，如競爭法領域，執委會主張當第三國事業所從事的反競爭行為
對歐盟境內有一定規模的效果或影響時，應有歐盟法之適用。[80]另外，在歐
盟併購規則的部分，歐盟法院亦在實務案例中肯認：即便是非歐盟事業間的
併購，若可預見該併購會在歐盟境內有立即且實質重大的影響，則有該規則
之適用；（二）規避防止（anti-evasion）的理由，如《歐盟衍生性商品規
則》（*European Market Infrastructure Regulation*, EMIR）[81]中第4條或第11
條，在有為了預防規避該規則之必要且適切的情形，可要求第三國法人遵循

---

[73] Joanne Scott, "The New EU 'Extraterritoriality'," *Common Market Law Review*, Vol. 51, No. 5, October 2014, p. 1344.

[74] *Ibid.*, pp. 1348-1353.

[75] *Ibid.*, p. 1348.

[76] *Ibid.*, p. 1351.

[77] *Ibid.*, pp. 1355, 1359.

[78] *Ibid.*

[79] *Ibid.*, pp. 1356-1360.

[80] *Ibid.*, p. 1356.

[81] Regulation No 648/2012 of 4 July 2012 "on Otc Derivatives, Central Counterparties And Trade Repositories", OJ L 201, 27 July 2012, pp. 1-59.

關於結算義務與風險調和技術之規範；[82]（三）與歐盟人士或財產之交易。在交易人原則方面，如前述第4條對於第三國法人結算義務之產生，乃因其選擇了與在歐盟境內所設立之金融機構交易。在財產原則方面，歐盟若基於此原則決定管轄權，則將以系爭交易中之財產與歐盟有緊密與具體的連結，就其交易當事人之身分與交易地點則不在所問。具體如歐盟放空交易規則（Short Selling Regulation）[83]第5條、第6條、第12條對於進行無券放空的法人課予通知與揭露的義務。[84]

綜上所述，可知在歐盟域外效力的觸發歐盟法規（European Union legislation）域外效力的連繫因素，除了傳統上的當事人在歐盟境內從事行為之事實、當事人法律上或實體位在歐盟境內、當事人具有歐盟會員國國籍等，還有近年歐盟新的立法中所引介的連繫因素，如對歐盟境內的效果或影響、規避防止的理由，以及與歐盟人士或財產之交易。

二、歐盟資料保護法制之域外效力

以歐盟資料保護效力發展的背景而言，有論者注意到現今跨國企業公司治理的架構下，國際資料處理與傳輸的重要性增加，無邊界的環境使得傳統僅具內國法管轄權範圍領域的資料保護法律無法具有太多的公信力。[85]

在歐盟資料保護法制的領域，學者Kuner也注意到資料保護是歐盟法最積極主張其全球觸及的領域。[86]在Kuner的架構中，歐盟資料保護法制域外效力至少有以下三種層次的展現，分別為：[87]（一）對第三國之當事人或行

---

[82] Scott, *op. cit.*, p. 1359.

[83] Regulation No 236/2012 of 14 March 2012 "on Short Selling And Certain Aspects Of Credit Default Swaps", OJ L 86, 24 March 2012, pp. 1-24.

[84] Scott, *op. cit.*, pp. 1360-1361.

[85] Adèle Azzi, "The Challenges Faced by the Extraterritorial Scope of the General Data Protection Regulation," *Journal of Intellectual Property, Information Technology and E-Commerce Law*, Vol. 9, No. 2, October 2018, p. 127.

[86] Christopher Kuner, "The Internet and the Global Reach of EU Law," in Cremona, et al. (eds.), *EU Law Beyond EU Borders: The Extraterritorial Reach of EU Law*, Oxford: Oxford University Press, 2019, p. 113.

[87] *Ibid.*, pp. 124-127.

直接適用歐盟法：（二）「領域延伸」（territorial extension），透過國際私法（private international law）適用歐盟法。這個部分Kuner採用的是Scott的定義，意指因域外因素觸發某一措施的適用，但管制者被法律要求考量領域外的行為或情狀。[88]Kuner認為GDPR為此層次的展現；[89]（三）第三國使用歐盟模式立法，如世界上許多國家以《個資保護指令》作為其資料保護立法的雛型。

　　Kuner也主張，在資料保護立法的範疇，應著眼於其發揮影響力的不同形式，而非確切屬於哪一種域外適用的分類。[90]

　　在《個資保護指令》域外效力的部分，Rustard與Kulevska指出諸如法國等歐洲國家向來常對美國網路公司加諸具有域外效力（extraterritorial effects）的網路管制，並從與歐盟簽有類似於美國的安全港協議來觀察，認為《個資保護指令》對於諸如美國公司具有域外效力。[91]

　　實際上在GDPR於域外的執行方面，法國執業律師Azzi則從兩個面向來觀察：其一為域外請求（claim）的正當性；其次則為規則的執行工具。[92]

　　在正當性的部分，Azzi指出GDPR構成將歐盟法單方面地擴張適用至非歐盟企業。而其認為系爭延伸乃來自網路無國界的特性，而該特性也需要法律的無國界適用。[93]但就像大部分國家進行域外請求時一樣，歐盟管轄權必須遵守國際公法原則。從《國際法院規約》第38條出發，Azzi認為在無特定國際條約就資料保護域外效力為具體規範的情形下，應以國際習慣法、國家慣行的觀察為正當性分析的方向。[94]但其所得出結論是：儘管GDPR似乎有機會因著眼於顯現在商業效果的發生，進而可能從效力原則（effects doctrine）、被動國籍原則（passive nationality principle）找到部分的潛在支持可能。但前者的缺點乃會在現今全球經濟脈絡下被無限延伸；後者則在歐洲

---

[88] *Ibid.*, p. 124.

[89] *Ibid.*, pp. 128-129.

[90] *Ibid.*, p. 124.

[91] Rustad/Kulevska, *op. cit.*, p. 362.

[92] Azzi, *op. cit.*, p. 126.

[93] *Ibid.*, p. 130.

[94] *Ibid.*, p. 131.

議會於2016年修改2012年執委會原本第3條的「歐洲居民」改為包含更廣但也曖昧不清的「資料主體」，且該原則不完全達到國際習慣法的位階。[95]

另外值得注意的是，受Goldmith的市場毀損措施（market destroying measure）理論的影響，Svantesson在2014年即提出市場主權理論（market sovereignty doctrine）。[96]

所謂市場毀損措施，係指某國政府為了能對非其直接管轄權所及的外國網路行為者有所影響所為裁罰。這些措施使用實體法，讓內國法院得依外國當事人之行為與之後拒絕出庭而為以下判決：（一）不再讓該外國當事人於系爭國家管轄權交易；（二）該外國當事人享有之債權在該管轄權內不再得被執行；以及／或（三）該國政府所掌控之當事人（居民或國民）不得與該外國當事人交易。

並且，在提出市場主權理論前，Goldmith提醒17世紀的國際法學者Grotius提到主權的展現是透過人與領土的工具化（instrumentality）。從而其認為，相較著重於傳統諸如人的位置、行為或實體物等連繫因素，應著重於市場控制，即其所稱「市場主權」（market sovereignty）。[97]

Goldmith舉了一個例子：若一位於A國之公司透過網路將產品銷往B國，則A國固然本身可終止該公司之活動而對其有管轄權。而B國亦可對該銷往B國之行為主張管轄權，因其有能力對該行為進行市場毀損措施。[98]承上，以管轄權而言，Goldmith主張應著重在市場控制，而非傳統的連繫因素。

針對若認可採用「市場主權」理論可能大幅擴張域外效力的範圍、甚至違反民主原則等疑義，Goldmith以外國被告若不願遵循該市場國法律大可放棄該國市場轉而投身他國市場作為辯護支持。[99]

---

[95] *Ibid.*

[96] Dan Jerker B Svantesson, "The Extraterritoriality of EU Data Privacy Law－Its Theoretical Justification and Its Practical Effect on U.S. Businesses," *Stanford Journal of International Law*, Vol. 50, No. 1, December 2014, pp. 98-100.

[97] *Ibid.*, p. 98.

[98] *Ibid.*, p. 99.

[99] *Ibid.*, p. 99.

三、小結

　　若以傳統的國際公法理論而言，一國法律治理的效力範圍通常僅限於該國領域範圍。這也是為何第三章所介紹2019年的*Google LLC v. CNIL*案中，總辯官及歐盟法院都認為，無論是以《個資保護指令》或GDPR而言，都並不能衍生出要求像Google這樣的跨國搜尋引擎在其所有域名版本下進行去列表化。

　　然而，另一方面，誠如Kuner所指出，在現今物聯網、數位經濟的推展下，資料的國際傳輸的不斷持續增加，無邊界的環境使得傳統僅具內國法的管轄權範圍領域的資料保護法律顯得捉襟見肘。如何取得平衡？Svantesson在2014年所提出市場主權理論，或許可以解釋從2018年歐盟GDPR、日本《個人情報保護法》、[100] 2019年泰國《個人資料保護法》（*Personal Data Protection Act B.E. 2562 (2019)*）[101]、到2021年所通過《中華人民共和國個人信息保護法》[102]中，域外效力規範規定的正當性與可預期的實質有效性。

---

[100] 〈個人情報の保護に関する法律〉，《e-GOV Japan》，資料引自：https://elaws.e-gov.go.jp/search/elawsSearch/elaws_search/lsg0500/detail?lawId=415AC0000000057（檢索日期：2022年4月15日）。

[101] "Personal Data Protection Act B.E. 2562 (2019)," *Electronic Transactions Development Agency*, https://www.etda.or.th/app/webroot/content_files/13/files/The%20Personal%20Data%20Protection%20Act.pdf (Accessed 15 October 2021).

[102] 〈中華人民共和國個人信息保護法〉，《中國人大網》，資料引自：http://www.npc.gov.cn/npc/c30834/202108/a8c4e3672c74491a80b53a172bb753fe.shtml（檢索日期：2022年4月15日）。

　　歐盟「被遺忘權」概念的提出，雖然早在歐盟「一般資料保護規則（GDPR）草案」提出前已有所討論；但「被遺忘權」真正受到全球媒體的關注，最主要還是在2014年歐盟法院的判決之後。由於全球目前對於「被遺忘權」尚未有被普遍認同的一致性定義，本章係以前述2014年歐盟法院的判決*Google Spain*案所確立的「去列表權」（right to be delisted），作為「被遺忘權」的論述主軸。在第一節，除了介紹核心的*Google Spain*案，並同時鋪成2017年的*Lecce v. Manni*案，以及2019年9月的法國*Google LLC v. CNIL*案的發展。第二節則主要介紹歐盟重要機構，如歐盟網路與資訊安全局（ENISA）與歐盟資料保護第29條工作小組（以下簡稱「第29條工作小組」），以及Google所組成的獨立專家小組對*Google Spain*案後「被遺忘權」該如何發展的報告，以俾對2014年*Google Spain*案所開展出的「被遺忘權」及其所引發的後續，有最基本的分析基礎。

第一節　歐盟法院案例

　　以下並就歐盟2014年*Google Spain*案與2017年的義大利*Lecce v. Manni*案，以及2019年9月的法國*Google LLC v. CNIL*案進行介紹分析，以俾利讀者對於歐盟「被遺忘權」在歐盟法院的司法實務發展上有基礎架構的認識。

壹、*Google Spain*案

一、本案事實與西班牙高等法院所提問題

（一）本案事實

　　2014年5月13日歐盟法院*Google Spain*案的判決，緣起於2010年3月5日居住於西班牙且為西班牙國籍的Costeja González先生，向西班牙資料保護署（Agencia Espanola de Proteccion de Datos, AEPD）申訴（complaint）的案件。當時，Costeja González先生申訴的對象為西班牙《先鋒報》（La Vanguardia Ediciones SL）與西班牙Google（Google Spain）和登記於美國的Google總公司（Google Inc.）。而其申訴的原因為：當某位網路使用者在Google的搜尋引擎上鍵入Gonzalez先生的名字時，就會出現西班牙《先鋒報》1998年1月19日與同年3月9日兩頁新聞網頁；網頁內容為與償付社會安全債務程序有關的不動產拍賣公告，公告中並提及Costeja González先生的姓名。[1]

　　在上述2010年的申訴案中，Costeja González先生向AEPD提出了兩項請求：

1. 請求AEPD要求《先鋒報》移除或修改系爭二網頁，以使其個人資料不再出現，或使用搜尋引擎所提供的特定工具以保護該資料。

2. 請求AEPD要求Google Spain或Goole Inc.移除或屏蔽（conceal）其個人資料，以使系爭資料不再於搜尋結果中或《先鋒報》的連結中出現。Gonzalez先生在該申訴案中並同時表明，該公告中與其相關的社會安全債務程序，已在多年前完全結束，至今也完全不再與其相關（was now entirely irrelevant）。[2]

　　就上述兩項請求，AEPD在2010年7月30日做出決定。針對請求1，AEPD並未核准，理由為《先鋒報》之公告乃依據該國勞動與社會部（Ministry of Labour and Social Affairs）之命令所為，而當時的考量係為讓該案中

---

[1]　Case C-131/12, *op. cit.*, §14.
[2]　*Ibid.*, §15.

的拍賣獲得最大曝光，以利更多競標人參加。[3]

　　然而，針對請求2，AEPD認為應核准該項請求。AEPD認為於此情形，搜尋引擎的營運者作為資訊社會的媒介，應對其必須進行資料之處理，而受資料保護立法的管制。[4]

　　AEPD並認為其有權在其認為系爭資料的定位（locating）與傳播會造成對資料保護之基本權利（the fundamental right to data protection）或人性尊嚴的干預時，包括即便僅涉及個人不願其資料為第三人所知的情形，向搜尋引擎的營運者要求收回資料（withdrawal of data）或禁止其對特定資料的近取。[5]

　　Google Spain和Google Inc.將案件上訴至西班牙高等法院（Audiencia Nacional），該院認為本案與應如何在《個人資料保護指令》（以下簡稱《個資保護指令》）[6]制定後所發展出科技的脈絡中去解釋該指令有關。爰此，西班牙高等法院裁定停止訴訟，針對搜尋引擎營運者的服務內容、該指令的管轄權範圍、指令中刪除權（right of erasure）[7]、拒絕權（right to object）[8]與被遺忘權相關的議題，向歐盟法院提出《歐洲聯盟運作條約》（TFEU）[9]第267條的預先裁判之訴。

---

[3]　*Ibid.*, §16.

[4]　*Ibid.*, §17.

[5]　*Ibid.*, §17.

[6]　Directive 95/46/EC, *op. cit.*

[7]　Erase國內亦有譯為「抹除」，如：蔡昀臻／樊國楨，前揭文，頁14-15。本書認為：英文的erasure和delete略有不同，若以清除的意欲而言，erasure主觀欲清除相關紀錄的意欲似較delete更高。在拉美各國資料保護成文立法中也有各式不同的法律用語，如right to cancel（derecho a cancelar），但其所指涉則為與刪除權類似的概念，即將資料刪除、清除或移除。以區別實益而言，無論是right to erasure或right to delete，實際上資料主體能向控制人請求的內容多為刪除原本已取得之資料。本書為行文方便，暫皆譯為「刪除」。

[8]　在2016年GDPR施行後，歐盟資料保護法制的right to obejct通常譯作「拒絕權」，如蔡柏毅，〈歐盟「個人資料保護規則」導讀〉，刊載於財團法人金融聯合徵信中心編輯委員會（編），《歐盟個人資料保護規則》，台北：財團法人金融聯合徵信中心，2016年，頁8。To object一般在法律的場域會翻作異議，但在歐盟資料保護法制中，特別是此處的《個資保護指令》，或之後的GDPR，從請求權的效果觀察，或可理解為「拒絕控制人繼續處理」或請求控制人停止處理利用。本書配合國內既有文獻翻譯，暫譯作「拒絕權」。近期亦有譯作「反對權」，參見：蔡孟芬，〈如何「被遺忘」？——歐盟法院2019年9月24日C 136/17及C 507/17兩件Google案對「被遺忘權」的闡釋〉，《月旦裁判時報》，第93期，2020年3月，頁82。

[9]　陳麗娟，《里斯本條約後歐洲聯盟新面貌》，台北：五南圖書，2018年，頁62-63。

（二）西班牙高等法院所提問題

具體而言，西班牙高等法院所提出的問題如下：

1. 關於《個資保護指令》的領域適用（territorial application）

此部分包括指令第4條[10]第1項第(a)款「營業所」（establishment）之定義與第4條第1項第(c)款之解釋方式，包括下列四點：

(1) 若企業為推廣或銷售搜尋引擎的廣告空間之目的為在會員國境內設立辦公室或子公司（subsidary）時，是否即構成指令第4條第1項第(a)款所謂之「營業所」。

(2) 當一搜尋引擎透過網路爬蟲程式（crawlers）或機器人來尋找定位（to locate）並將系爭位於會員國境內伺服器上網頁之資訊編排索引（to index）時，是否即屬於第4條第1項第(c)款所規範的「使用該會員國內……之器材」。

(3) 將網路搜尋引擎所編排索引之資訊暫時儲存，是否得被認作第4條第1項第(c)款所規範的器材之使用。

(4) 無論前述問題的答案為何，依據《歐盟基本權利憲章》[11]（以下簡稱《憲章》）第8條之精神，《個資保護指令》是否在本案衝突關鍵中心（the centre of gravity of conflict）的會員國應有其適用，以俾使更有效

---

[10] 《個資保護指令》第4條：
　1. 各會員國應將依本指令所採納的內國法令適用於下列個人資料之處理：
　　(a)若系爭資料之處理係發生在控制人位於會員國營業處所的活動脈絡之中（in the context of the activities）；同一控制人在數會員國內皆有營業處處所時，其應採取必要之措施以確保各該營業處所皆遵循應適用內國法所規範之義務；
　　(b)控制人雖未於會員國領域內有營業處所，但其營業處所位於會員國法可藉由國際公法適用之地；
　　(c)控制人在共同體領域未設有處所，而以處理個人資料為目的，使用在系爭會員國領域內，使用以自動化或以其他方式運作之設施（equipment）。上述設施之使用僅以在共同體領域轉運（transit through）為目的，則不在此限。
　2. 在前項第(c)款所指涉的情形，控制人應在無損於可能對其自身所採取之司法救濟（legal action）範圍內，指定一設立於會員國領域內之代表。

[11] Charter of the Fundamental Rights of the European Union, O.J. (C 326), 26 October 2012, pp. 391-407；中文多譯作《歐盟基本權利憲章》，如陳顯武／連雋偉，〈從「歐盟憲法」至「里斯本條約」的歐盟人權保障初探──以「歐盟基本權利憲章」為重點〉，《台灣國際研究季刊》，第4卷第1期，2008年，頁25。或譯為《歐洲聯盟基本權利憲章》。

的保護歐盟公民為可能？

2. 與搜尋引擎業者作為內容提供人的活動有關[12]

(1) Google作為一內容提供人，其活動包括尋找定位由第三人於網路上公開或納入網路範圍之資訊、自動地將其編排索引、將其暫時儲存、最後使其得以讓網路使用者依照特定順序或喜好供其利用，這些是否包含在《個資保護指令》第2條第(b)款[13]所規範的「個人資料之處理」？

(2) 若能夠肯定Google就前述(1)所包含之活動為個人資料之處理，則就其編排索引網頁中的個人資料，是否能認定主要為管理的事業體Google搜尋為《個資保護指令》第2條第(d)款之管理人？

(3) 在前述問題的答案皆為肯定的情形下，AEPD是否得在未事先或同時知會系爭資訊所在網頁之所有人的情形下，為求《個資保護指令》第12條第(b)款與第14條第1項第(a)款權利之保護，逕行對Google搜尋要求撤下其編排索引中某資訊項目？

(4) 在前述問題的答案皆為肯定的情形下，若系爭資訊來自於第三人合法所發布含有個人資料之網頁，且上述資訊仍顯示於原始網頁之情形，是否即能排除搜尋引擎人保護上述權利之義務？

3. 與刪除權及／或拒絕權的範圍、與被遺忘權的部分[14]

　　以《個資保護指令》第12條第(b)款為請求基礎的資料刪除與屏蔽權（rights to erasure and blocking of data）以及以第14條第1項第(a)款為基礎的異議權，即便在系爭資訊由第三人合法公開的情形，是否能夠延伸讓資料主體，在其認為系爭資訊可能對其有損害或其希望該資訊能被遺忘，而不欲上述資訊為網路使用者所知時，向搜尋引擎人請求其個人相關資訊不受編排索引？

---

[12] Case C-131/12, *op. cit.*, §20；以下問題編號為原判決2(a)〜(d)。

[13] 《個資保護指令》第2條第(b)款：「個人資料之處理（或『處理』），應指任何單獨或一整套對個人資料之操作，無論是否經由自動化之方式，如蒐集、錄存、組織、儲存、調整或變更、收整、詢問、使用、傳送、擴散或以其他方式公開、整併或組合、屏蔽、清除或銷毀」。

[14] Case C-131/12, *op. cit.*, §20.

二、執委會和其他會員國意見

在《個資保護指令》第4條第1項第(a)款的判斷上，西班牙政府與歐盟執委會（以下簡稱執委會）都特別指出其認為系爭資料無須一定要求由該營業所執行處理，而僅須在「活動的脈絡中」（in the context[15] of activities）所進行。[16]

在本案中是否涉有「資料之處理」（data processing）的判斷上，相較於Google Spain和Google Inc.主張本案所涉非搜尋引擎所為之資料處理，[17]西班牙、義大利、奧地利、波蘭政府以及執委會都認為，本案涉及歐盟《個資保護指令》所稱的「資料之處理」。然而，此處資料之處理仍與網站內容發布者所為之資料處理在本質與目標上皆有顯著之不同。搜尋引擎營運人為其所處理資料之控制人（controller）[18]，因其決定處理之目的與方式。[19]

在希臘政府的書面意見中，其並表示系爭活動雖然構成「處理」（processing），但主張搜尋引擎業者充其量僅為「媒介」（intermediarie），除非有將資料儲存於中介記憶（intermediate memory）或緩存記憶（cache

---

[15] 法條原文法文為dans le cadre des activités，德文則為im Rahmen der Tätigkeiten；le cadre在法文、das Rahmen在德文中，皆有框架、周圍環境背景之意，直譯或可翻為「活動的框架內」。此處本書參考英文的"context"，將其譯成較廣的「活動的脈絡中」。但在實際的法律效果方面，無論是脈絡或框架，在本案的解釋上可能都已經造成「包含過廣」的效果。另有譯作「在其業務範圍」，參見：張志偉，前揭文，頁20。

[16] Case C-131/12, *op. cit.*, §52.

[17] Case C-131/12, *op. cit.*, §22.

[18] 關於controller，國內有譯作「控制者」、「控制人」，參考如陳思廷，〈ASP產業促進會呼籲歐盟個人資料保護指令須跟上科技的腳步〉，《科技法律透析》，第13卷第6期，2001年6月，頁9；邱文聰，前揭文，頁10。亦有譯作「掌控人」，參考如張陳宏，〈個人資料之認定──個人資料保護法適用之啟動閾〉，《法令月刊》，第67卷第5期，2016年5月，頁67-101。有譯作「管理者」，參考如范姜真媺，〈歐盟及日本個人資料保護立法最新發展之分析報告〉，法務部，2016年12月30日，資料引自：https://www.moj.gov.tw/media/6788/73169381670.pdf?mediaDL=true，頁12、14；我國官方代表機構亦有針對GDPR法條全文則將其譯作「控管者」，參考：〈財團法人金融聯合徵信中心：歐盟個人資料保護規則本文部分〉，國家發展委員會，資料引自：https://ws.ndc.gov.tw/Download.ashx?u=LzAwMS9hZG1pbmlzdHJhdG9yLzEwL3JlbGZpbGUvMC8xMTY5MS9iNGZiZTA0OS1jYWQ1LTQ3MGEtYjhlMy00ZGU0NjhmOWIxMGMucGRm&n=5q2Q55uf5YCL5Lq66LOH5paZ5L%2bd6K236KaP5YmH5pys5paH6YOo5YiGLnBkZg%3d%3d&icon=..pdf（檢索日期：2022年4月15日）；亦有譯作「責任人」，參考如張志瑋，〈記憶或遺忘，抑或相忘於網路──從歐洲法院被遺忘權判決，檢視資訊時代下的個人資料保護〉，《政大法學評論》，第148期，2017年3月，頁17、19。

[19] Case C-131/12, *op. cit.*, §23.

memory）中而超過技術上所需之情形，其營業所之運作應不能被視爲資料之「控制人」。[20]

在《個資保護指令》下搜尋引擎營運人責任的部分，奧地利政府則指出，內國[21]的主管機關只有在發現資料有違法或不正確之情形，或資料主體對系爭資訊所被公開的網站的網站發行人已成功地提出異議的情形，始得要求搜尋引擎營運人從其系統中消除由第三人所發布公開之資訊。[22]

西班牙、義大利、波蘭政府以及執委會則認爲：內國的主管機關得直接要求搜尋引擎營運人從其索引與中介記憶中撤下由第三人所發布公開包含個人資料之資訊，而無須事前或同時告知該資訊所出現網頁之發行人。[23]

另外，針對本案系爭資訊係爲合法公開與該資訊仍在原始網頁持續存在的事實，西班牙與義大利政府認爲其並不影響搜尋引擎營運人在《個資保護指令》下的義務。反之，波蘭政府則認爲上述事實使得搜尋引擎營運人得免負擔其義務。[24]

針對本案核心《個資保護指令》下所保障資料主體的權利範圍，亦即若從指令第12條第(b)款與第14條第1項第(a)款之解釋，針對第三方合法所發布之網頁含有與其相關眞實資訊（true information relating to him）之情形，資料主體是否得基於系爭資訊可能對其不利或其希望系爭資訊在一段時間後能「被遺忘」（forgotten）的理由，要求搜尋引擎營運者將以該個人姓名爲基礎搜尋後所出現上述含有該個人資訊網頁之連結，從其搜尋結果中移除，西班牙、希臘、奧地利、波蘭政府與執委會皆持否定的看法。[25]

---

[20] Case C-131/12, *op. cit.*, §24.

[21] 內國法（municipal law）是國際法脈絡中的專有名詞，在歐盟文件中的英文通常翻爲national law；由於歐盟法本質在歐盟各國間以條約爲基礎之發展，本書中用到內國兩字皆隱含相對於歐盟層級，與其在會員國內國層級的區別。其他亦支持將municipal law翻成內國法而非國內法的作者如姜皇池，《國際公法導論》，台北：新學林出版股份有限公司，2008年，頁286。惟台灣早期文獻多將municipal law譯爲國內法，參見：許慶雄／李明峻，《現代國際法入門》，台北：月旦出版中心，1993年，頁40；丘宏達（著）／陳純一（修訂），《現代國際法》，台北：三民書局，2012年，頁120。

[22] Case C-131/12, *op. cit.*, §64.

[23] Case C-131/12, *op. cit.*, §65.

[24] Case C-131/12, *op. cit.*, §65.

[25] Case C-131/12, *op. cit.*, §89.

　　波蘭政府與執委會皆認為，《個資保護指令》第12條第(b)款與第14條第1項第(a)款僅在系爭處理與指令不符或就系爭資料主體的特定情形有重大正當理由（on compelling legitimate grounds）時，而非僅僅在其認為系爭處理可能對其不利時，或其希望系爭被處理資料能被遺忘之情形，得賦予資料主體權利。[26]希臘與奧地利政府則認為，資料主體必須向系爭網站發行者為請求。[27]

　　但西班牙與義大利政府則認為，只要在透過搜尋引擎的傳播有損於資料主體本身及其資料與隱私保護之基本權利時，資料主體即得向搜尋引擎就其相關個人資料所為編排索引提出異議。[28]

三、總辯官觀點

（一）案件發生背景

　　在總辯官[29]的意見書[30]中，首先即提及本案發生時代背景，亦即我們所身處的環境，係在任何包含個人資料、無論是文字或影音的內容，皆可在數位形式的世界中立即並永久為人所近用[31]。也正由於網路移除了資訊散布與接收的技術性與制度性障礙，它對我們的生活帶來革命，為各式各樣的資訊社會服務創造了平台。同時，其亦造就了必須在兩端的複數基本權利於前所未有的情況下取得平衡之情形。舉例而言，一邊是言論自由、資訊自由及營業自由；另一邊則是對個人資料的保護及個人的隱私等基本權利。[32]

　　在上述的前提下，總辯官首先將網路涉及個人資料的案件，分為三種情

---

26 Case C-131/12, *op. cit.*, §90.

27 *Ibid.*

28 Case C-131/12, *op. cit.*, §91.

29 總辯官為歐盟法院特有機制，中文介紹可詳見：陳麗娟，前揭文，頁77-78；吳志光，前揭文，頁197-198。

30 Opinion of Advocate General Jääskinen in Case C-131/12, Google Spain SL, Google Inc. v. Agencia Española de Protección de Datos (AEPD), 2014 ECR 317 (hereafter: Opinion of AG of "Google Spain").

31 對於資料的access，國內最早有譯作「接近取得」，參葉芳如，〈歐盟有關個人資料保護指令生效〉，《資訊法務透析》，第10卷第12期，1998年，頁12-13。

32 Opinion of AG of "Google Spain," *op. cit.*, §2.

形：[33]

1. 第一種情形爲：將個人資料公諸於網路上任何一種網頁，亦可稱爲「來源網頁」（the source web page）。

2. 第二種情形則是：經由網路搜尋引擎業者所提供的搜尋結果導引網路使用者到來源網頁。

3. 第三種情況的案件則發生在比較非顯而亦見的運作中：即網路使用者在使用搜尋引擎時，其因進行該搜尋而釋出的部分個人資料，諸如IP位置等，自動地被導向搜尋引擎業者。

　　總辯官並指出，上述第一種情形歐盟法院過去已在*Lindquvist*案[34]中處理；第三種情形亦非本案之情形。而本案的案件則爲第二種類型，亦即經由網路搜尋引擎業者所提供的搜尋結果導引網路使用者到來源網頁。[35]

　　針對上述分類，因涉及資料控制人可能不同，並且不特定公眾對於上述各類型資料的近用可能亦有所歧異，因此可能衍生出不同的保護需求；在處理未來不同類型案件的論理判斷時，有其作爲引導判斷之價值。[36]

　　總辯官並以下列三個面向作爲本案判斷之補充：

1. 搜尋引擎業者與資料保護之間的關係

　　在這個前提下，總辯官特別提醒，在分析搜尋引擎業者資料保護的法律地位時，必須留意下列幾點元素，包括：[37]

(1) 在基本的形式上，搜尋引擎業者原則上並非自主性地創造新的內容。

(2) 搜尋引擎結果所顯示的內容，並非搜尋時整個網路世界的即時內容，而**係搜尋引擎業者所事先複製、分析、進而進行分類索引所處理好的內容。**

(3) 爲了讓搜尋結果中的網頁連結對使用者更加友善，搜尋引擎業者往往會在系爭連結旁顯示附加的額外內容，包含文字內容的摘選、影音內容、

---

[33] Opinion of AG of "Google Spain," *op. cit.*, §3.

[34] 詳見第二章第二節之介紹。

[35] Opinion of AG of "Google Spain," *op. cit.*, §3-4.

[36] 舉例而言，在第一種情形僅須考慮公布人與大眾（資訊近用人）間的關係；第二與第三種情形則涉及如搜尋引擎等平台的角色，及其相應責任之有無。

[37] Opinion of AG of "Google Spain," *op. cit.*, §32-35.

甚至是來源網頁畫面的截圖（snapshots）。

上述這些額外的內容至少有部分係來自搜尋引擎業者，而非同步來自來原本的網頁：亦即搜尋業者事實上持有所顯示之資訊。

2. 搜尋引擎業者之管制

有鑑於歐盟資訊社會的發展，《個資保護指令》、《電子商務指令》（Directive 2000/31），[38] 以及第29條工作小組的2008年第1號意見書，[39] 皆強調資訊社會媒介角色（information society intermediaries）的重要性。

歐盟立法中並未明確規範「搜尋引擎業者」的角色與法律定位。總辯官在此處分析了當時歐盟成文法制中僅有使用到「搜取資訊服務工具」（information location tool service）等文字，但在e-commerce指令中所規範的「資訊社會服務」（information society services），僅限於有索取報酬的服務。[40]

在上述背景下，總辯官強調在本案中必須要分析「搜尋引擎業者」的法律地位與責任。

3. 來源網頁發行者之角色與責任

在這個面向，其實2003年的*Lindqvist*案[41]中，歐盟法院已確立「將個人資料上傳至網頁的操作」必須被看作個人資料之處理。

總辯官並指出，依據歐盟法院在*Lindqvist*案中之判斷，含有個人資料的來源網頁發行者（source web page publishers）係《個資保護指令》所規範之個人資料處理的控制人。在技術的層次，總辯官注意到來源網頁發行者可透過在其網頁加入排除碼（exclusion code），限制搜尋引擎業者對其網頁

---

[38] Directive 2000/31/EC of 8 June 2000 "on certain legal aspects of information society services, in particular electronic commerce, in the Internal Market (E-Commerce Directive)," OJ L 178, 17 July 2000, pp. 1-15.

[39] Article 29 Data Protection Working Party Opinion 1/2008 on Data Protection Issues Related to Search Engines (2008), WP 148.

[40] Directive 2000/31/EC, *op. cit.*, recital 17.

[41] Case C-101/01, Criminal proceedings against Bodil Lindquvist, 2003 ECR I-12971，關於*Lindqvist*案之介紹，詳見本書第二章第二節。

之編排索引與收錄（indexing and archiving）。[42]

　　然而，總辯官也指出，即便來源網頁發行者因其控制人之地位而負有責任，並非所有資料保護的問題皆能透過向其尋求協助而能獲得解決。正如提出預先裁判之訴的西班牙高等法院所提及，某一**特定個人資料可能在無數個網頁上被公開，在此情形下，若要追蹤並連繫所有相關的來源網頁發行者則不僅僅是困難，而是幾乎不可能做到**。[43]

　　總辯官並補充：事實上，現今資訊的全球可近用性（universal accessibility of information）係仰賴網路搜尋引擎。此外，藉由利用網路搜尋引擎對特定個人之個人資料爲搜索與蒐集可對個人完成高強度的個人特徵分析（extensive profiling[44] of indiviual）。[45]

　　因此，總辯官認爲在本案中檢視搜尋引擎服務人就在第三人來源網頁上所公開的個人資料之責任乃至關重要。

4. 搜尋引擎業者之活動[46]

　　在此部分，總辯官指出搜尋引擎的使用者與使用搜尋引擎廣告服務的廣告商，皆有可能透過搜尋引擎業者的活動讓其取得個人資料。惟本案所涉爲由Google所處理與分類的第三人來源網頁上之個人資料，所以使用者與廣告商和Google間之關係並不會影響本案中原《個資保護指令》規範下網路搜尋引擎服務提供人的法律地位，但卻可能與管轄權、適用保護範圍之議題有關。

---

[42] Opinion of AG of "Google Spain," *op. cit.*, §41.

[43] Opinion of AG of "Google Spain," *op. cit.*, §44.

[44] 關於profiling，國內有譯作「特徵分析」，如：徐彪豪，〈M2M時代下的資料保護權利之進展——歐盟與日本觀察〉，《科技法律透析》，第25卷第11期，2013年11月，頁47-62。或「資料剖繪」，如：吳兆琰，〈論政府資料探勘應用之個人資料保護爭議〉，《科技法律透析》，第19卷第11期，2007年11月，頁21-39。

[45] Opinion of AG of "Google Spain," *op. cit.*, §45.

[46] Opinion of AG of "Google Spain," *op. cit.*, §47-50.

（二）實體議題之判斷

1. 前言

　　在所涉議題的分類上，總辯官也將本案所涉及的議題分爲三類，分別爲：

(1) 與歐盟資料保護規範的領域適用範圍有關。

(2) 與在原《個資保護指令》下網路搜尋引擎服務提供人的法律地位有關，特別是其屬物管轄的適用範圍（scope of application ratione materiae）。

(3) 與所謂「被遺忘權」的問題有關，亦即資料主體是否得提出使與其有關的部分或全部搜尋結果可不再透過搜尋引擎而被近用之請求（no longer accessible through search engine）。

　　總辯官特別指出，上述各類議題皆涉及法院過去未曾處理關於基本權利保護的重要點。

2. 歐盟資料保護規範的領域適用範圍

　　總辯官先提醒，提出預先裁判之訴的西班牙高等法院也將其疑問分爲四個議題，分別爲：[47]

(1) 與《個資保護指令》第4條第1項第(a)款營業所的概念有關。

(2) 與《個資保護指令》第4條第1項第(c)款「會員國領域內……設備之使用」有關。

(3) 涉及是否能將搜尋引擎業者爲編排索引資訊，而對系爭資訊所爲之暫時儲存認定爲「設備之使用」。若上述問題的答案爲肯定，則在相關事業處（undertakings）拒絕揭露其儲存系爭編排資訊位置時，是否能推定（presume）法律上已滿足上述「設備之使用」要件。

(4) 在《憲章》[48]第8條的前提下，執行《個資保護指令》的內國立法是否因其乃系爭主要爭端所在之地（the centre of gravity of the dispute is situated），以及爲了能對歐盟公民（European citizens）之權利有更有效的保護，而一定必在系爭會員國內有其適用？

---

[47] Opinion of AG of "Google Spain," *op. cit.*, §52.

[48] Charter of the Fundamental Rights of the European Union, *op. cit.*, Art. 8.

　　總辯官先從西班牙高等法院所歸納的第四個議題談起，[49]指出根據《憲章》的第51條[50]第2項，該《憲章》並不會擴張歐盟法的適用範圍，爲歐盟設立任何新的權力或任務，或修正先前各條約所定義的權力或任務。

　　上述原則自然亦適用於《憲章》第8條與《個資保護指令》的第4條[51]第1項。爰此，依據《憲章》的第8條來解釋《個資保護指令》，並不能爲會員國爲轉換《個資保護指令》而發布的內國立法增添任何原本不在《個資保護指令》的第4條第1項關於領域適用性規範之列的新元素。[52]

　　總辯官也指出，第29條工作小組在2010年第8號意見書（Opinion 8/2010）[53]認爲，會構成有《個資保護指令》與內國轉換法律的領域適用的因素包括：控制人的營業所位於歐洲經濟區（european economic area, EEA）境內、或當控制人雖非位於歐洲經濟區境內，而使用工具或設備之地位於歐洲經濟區境內。相較之下，資料主體的國籍或常在住所，或資料主體本人的實體所在位置並非決定性因素。[54]

　　在2010年第8號意見書[55]中，第29條工作小組也曾建議未來在控制人並非設立於歐盟境內的情形，立法可考量將對個人的「鎖定」（"targeting" of individual）列入聯繫因素（connecting factor）之一。[56]而執委會於2012年所提出的歐盟GDPR草案中，亦有以對居住於歐盟境內的資料主體提供貨品或服務作爲聯繫因素。然而，總辯官認爲本案中「被鎖定的大眾」（targeted public），亦即本案中Google網路搜尋引擎的西班牙使用者，並非當時《個資保護指令》或執行該指令的內國立法中所能啟動領域適用性的因

---

[49] Opinion of AG of "Google Spain," *op. cit.*, §53.

[50] Charter of the Fundamental Rights of the European Union, *op. cit.*, Art. 51.

[51] Directive 95/46/EC, *op. cit.*, Art. 4.

[52] Opinion of AG of "Google Spain," *op. cit.*, §54.

[53] Article 29 Data Protection Working Party Opinion 8/2010 on Applicable Law (2010), WP 179；關於該意見書中文的詳盡介紹可參閱：郭戎晉，〈論歐盟個人資料保護立法域外效力規定暨其適用問題〉，《政大法學評論》，第161期，2020年6月，頁9-12。

[54] Opinion of AG of "Google Spain," *op. cit.*, §55; WP 29 Opinion 8/2010, *ibid.*

[55] WP 29 Opinion 8/2010, *ibid.*

[56] 這部分的建議已在後來通過GDPR條文中實現，見GDPR第3條；參考：財團法人金融聯合徵信中心，前揭文。

素。[57]因此，總辯官認爲本案中並未因滿足「系爭主要爭端所在之地」而有《個資保護指令》之適用。[58]

在確認上述前提後，總辯官則開始檢視第一個議題，亦即是否有《個資保護指令》第4條第1項第(a)款所規範營業所適用。《個資保護指令》第4條第1項就適用內國法（National law applicable）的情形規定如下：

> 各會員國應在以下個人資料處理之情況，適用其依本指令所通過的內國規範：[59]
> (a) 若系爭資料之處理係發生在控制人位於會員國領域內營業所的活動脈絡之中（in the context of the activities）；同一控制人在數會員國內皆有營業處所時，應採取必要之措施，以確保各該營業所皆遵循應適用內國法所規範之義務；
> (b) 控制人雖未在會員國領域內設立營業所，但營業所設立處有會員國內國法透過國際公法之適用；
> (c) 控制人未在會員國領域內設立營業所，而以處理個人資料爲目的，使用在系爭會員國領域內，使用以自動化或以其他方式運作之設施（equipment）。上述設施之使用僅以在共同體領域過境（transit through）爲目的，則不在此限。

總辯官先檢視事實之部分指出，Google Inc.雖爲加州登記之公司，在歐盟各會員國境內確有多處設有子公司，同時在比利時與芬蘭設有資料中心。在歐洲的活動部分，由愛爾蘭的子公司統籌。總辯官並指出，Google並未公開關於處理「Google搜尋」部門的具體地理位置資訊，而Google宣稱並未在西班牙境內進行與「Google搜尋」有關的個人資料之處理。[60]

在Google Spain方面，其所扮演的角色爲Google廣告部門的商業代表，

---

[57] Opinion of AG of "Google Spain," *op. cit.*, §57.

[58] Opinion of AG of "Google Spain," *op. cit.*, §59.

[59] Directive 95/46/EC, *op. cit.*, Art. 4.

[60] Opinion of AG of "Google Spain," *op. cit.*, §62.

在此角色範圍內負責處理西班牙廣告客戶之個人資料。Google並否認其搜尋引擎在資料來源網頁的主機伺服器上爲任何操作，亦未使用cookie來蒐集非其搜尋引擎登記用戶之資料。[61]

　　總辯官進一步分析，鑑於上述事實，若採第4條第1項的文義解釋幫助不大。參酌《個資保護指令》第4條第1項之條文，若採文義解釋將排除該項第(c)款設施之適用。同時，其實在本案中Google就其在歐盟境內所處理歐洲公民之個人資料究竟至何種程度，亦不甚清楚。[62]

　　鑑於上述情形，總辯官建議法院應從搜尋引擎服務人的商業模式來檢視管轄權領域適用的議題。

　　總辯官並指出，在2010年的*Google France and Google*案[63]中，歐盟法院已就「參考服務提供人」（referencing service provider）的商業模式進行分析。[64]

　　歐盟法院在該案中闡述，Google經營所謂「廣告關鍵字」（Keyword Advertising）的付費參考服務，係讓任何商業營運者得藉由一個或多個關鍵字之保留，在網路使用者於搜尋引擎中鍵入上述一個或多個關鍵字作爲其搜尋要求時，透過上述參考服務置入一個其網站的廣告連結。該廣告連結會在「贊助商連結」（sponsor links）[65]的標題下顯示（如圖3-1）。

　　「贊助商連結」標題下出現的廣告連結，就如圖3-1所示一般，通常出現在螢幕以及自然的搜尋結果上方或右方。

　　總辯官認爲，上述負責關鍵字廣告「參考服務提供人」之實體（entity）事實上與網路搜尋引擎相連結。該實體必須在內國廣告市場有某種形式的存在（presence）[66]；因此，Google在許多會員國境內皆設立符合《個

---

[61] *Ibid.*

[62] Opinion of AG of "Google Spain," *op. cit.*, §63.

[63] Joined Cases C-236/08 to C-238/08, Google France SARL v Louis Vuitton Malletier SA, 2010 ECR I-2417.

[64] 該判決並未定義「參考服務提供人」，而係在該案判決第23段，歐盟法院將Google所提供的 Ad Words定義爲「付費參考服務」（paid referencing service），並在之後就其商業模式爲說明。

[65] 在台灣Google的搜尋引擎上鍵入搜索後，類似連結前會有「廣告」之標題字樣。

[66] 此處總辯官的意思或爲參考服務的提供必須在會員國當地有某種諸如營業所或人力配置的存

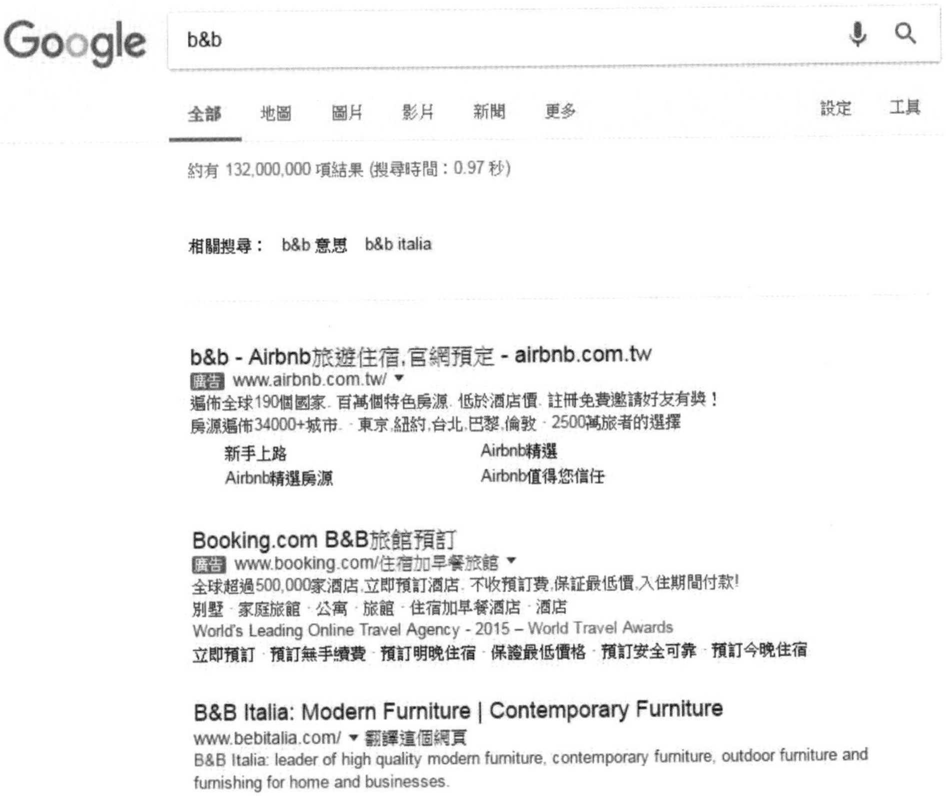

圖3-1　贊助商連結──台灣網域

資料來源：Google搜尋。

資保護指令》第4條第1項第(a)款所規定之營業所。[67]

　　總辯官也留意到，Google提供如西班牙為google.es、對義大利則為google.it等不同網域名稱，而此類就搜尋結果依國別而為各種不同區別之做法，乃因一般各內國關鍵字廣告的獲利模式係依照「按點擊率付費」（pay-per-click）[68]之原則而來。

　　在：惟這件事或許在今日不完全正確。事實上，許多廣告投放的下單可以透過網路甚至系統自動審核收單，提供廣告投放服務的營運人不見得必須在該國設有營業所或甚至任何人力之「存在」。

[67]　Opinion of AG of "Google Spain," *op. cit.*, §64.

[68]　PPC，也稱作Cost Per Click/CPC。

　　鑑於以上種種理由，總辯官主張應依循第29條工作小組2008年第1號意見書[69]之見解，必須考量網路搜尋引擎人的服務模式，亦即若涉及營業所將鎖定式廣告（targeted advertisment）向會員國內居民爲銷售服務時，則在個人資料處理上扮演相當程度的角色。[70]

3. 原《個資保護指令》屬物管轄的適用範圍

　　關於搜尋引擎服務人在提供對於搜尋引擎之近用時，於原《個資保護指令》下地位的分析，總辯官將分析具體細分爲六個部分，分別爲：[71]

(1) 網路搜尋引擎所爲之個人資料處理

　　總辯官引用西班牙高等法院之描述，指出本案中由搜尋引擎服務提供人就第三人來源網頁所爲之資料處理包括：

A. 找到由第三人所公開或融入於網路之資訊。

B. 將其自動編排。

C. 將其暫存。

D. 使其爲網路使用者得依一定順序或偏好利用。

　　在「個人資料處理」的判斷上，總辯官認爲本案無疑涉及《個資保護指令》所規範的「個人資料」；在「處理」方面，總辯官則提醒，即便搜尋引擎服務提供人以非人爲之方式處理系爭資料，以及其處理時因係透過運算程式以未辨別個人資料之方式爲之，亦不改變其處理個人資料之事實判定。

　　在總辯官的分析中也提到，Google的「檢索漫遊器」（Googlebot）[72]會不斷持續系統性地在一個又一個的來源網頁間，透過超連結爬索（crawls）。Google的編排功能會分析上述來源網頁之複本（copies）。而在網頁上所找到諸如關鍵字或搜尋語等提示字串（string signs）會被記錄在搜尋引擎的編排索引中，而**網路使用者所爲之搜尋的其實係於上述編排索引**

---

[69] Article 29 Data Protection Working Party Opinion 1/2008, *op. cit.*

[70] Opinion of AG of "Google Spain," *op. cit.*, §65.

[71] Opinion of AG of "Google Spain," *op. cit.*, 70-100.

[72] 關於「檢索漫遊器」，另可參見Google的說明：〈Googlebot〉，Google搜尋中心，2021年2月2日，資料引自：https://support.google.com/webmasters/answer/182072?hl=zh-Hant（檢索日期：2022年4月15日）。

中執行。[73]

(2)「控制人」之概念

　　總辯官則指出，依照《個資保護指令》第2條第(d)款的文字，核心問題為搜尋引擎服務提供人是否，以及在何種程度上為上述文字定義所含括之控制人。[74]指令第2條第(d)款規範：「控制人」係指單獨或共同與他人決定個人資料處理之目的與方法的自然人、法人、國家機關、官署或其他組織（public authority, agency or any other body）。

　　除了Google與希臘政府以外，總辯官注意到其他當事人與書面意見書提供者皆肯認搜尋引擎服務提供人為《個資保護指令》上述規範所指之控制人。但在此總辯官也指出，在《個資保護指令》起草當時，並無法預料到今日網路發達的景象，與極度大量同時分散的電子文件，讓任何與系爭資訊作者或上傳者無關之人皆可複製、分析甚至散布。[75]

　　在此情形下，總辯官援引Lindqvist案[76]，指出在涉及新興科技所產生現象下解釋《個資保護指令》時，必須考量比例原則、指令之目標與達成目標之手段，以達到平衡與合理的結果。在這樣的前提下，總辯官用其所舉假設之例說明，若一法學教授將歐盟法院之網站下載於其筆記型電腦上，其是否亦符合《個資保護指令》第2條第(d)款所言：「決定個人資料處理之目的與方法」。在此，總辯官特別提出在2008年第29條工作小組於第1號意見書[77]亦曾有過認為，「搜尋引擎之使用者在嚴格定義下亦為『控制人』」，而其無法認同該見解。[78]

　　總辯官並建議，法院不應接受可能會讓任何擁有智慧型手機或筆記型電腦之人皆成為控制人的解釋方式。其並指出，在《個資保護指令》多數語言的版本中以及加諸在控制人之義務，皆係奠基在控制人對其所處理資料負有義務此一概念；亦即**控制人對於特定種類之資訊構成個人資料有所意識**，並

---

[73] Opinion of AG of "Google Spain," *op. cit.*, §73.

[74] Opinion of AG of "Google Spain," *op. cit.*, §76.

[75] Opinion of AG of "Google Spain," *op. cit.*, §77.

[76] Case C-101/01, *op. cit.*

[77] Article 29 Data Protection Working Party Opinion 1/2008, *op. cit.*

[78] Opinion of AG of "Google Spain," *op. cit.*, §81.

對上述資料以作爲個人資料處理之意圖爲處理。[79]

　　第29條工作小組在2010年的意見書中指出，「『控制人』係一功能性概念，其目的在於將責任分配在具有實際影響力之所在，亦因此係**奠基在事實而非形式的分析之上**」。[80]

(3) 網路搜尋引擎服務人非第三人來源網頁之「控制人」

　　總辯官則開宗明義指出其認爲搜尋引擎服務提供人對於第三人來源網頁上之個人資料並未行使控制，因此自不應爲控制人。爲支持其論點，總辯官並提醒《個資保護指令》前言（recital）的第47段指出，在以電子通訊或電郵傳遞含有個人資料之訊息的情形中，控制人爲原始發訊人，而非傳遞服務提供人。[81]除此之外，總辯官一併指出《電子商務指令》[82]的第12條至第14條，亦支持**電子儲存或傳輸內容的自動化、技術性、被動式關係並不會構成控制地位或產生責任的法律原則**。[83]

　　綜上，總辯官認爲搜尋引擎服務提供人**無論在法律上或事實上就第三人來源網頁皆不能盡到《個資保護指令》第6條至第8條**[84]**所規範之義務**。總辯官並再以反例論述，**指出若認其有控制人之地位，則對於任何含有特種個資（special categories of data）的第三人來源網頁之處理皆將構成違法**。[85]

(4) 網路搜尋引擎服務人得爲「控制人」之情形

　　總辯官則指出，相較於上述第三人來源網頁的情形，網路搜尋引擎服務

---

[79] Opinion of AG of "Google Spain," *op. cit.*, §82.

[80] Article 29 Data Protection Working Party Opinion 1/2010 on the concepts of "controller" and "processor" (2010), WP 169.

[81] 該段前言原文爲：Whereas where a message containing personal data is transmitted by means of a telecommunications or electronic mail service, the sole purpose of which is the transmission of such messages, the controller in respect of the personal data contained in the message will normally be considered to be the person from whom the message originates, rather than the person offering the transmission services; whereas, nevertheless, those offering such services will normally be considered controllers in respect of the processing of the additional personal data necessary for the operation of the service.

[82] Directive 2000/31, *op. cit.*

[83] 《個資保護指令》第12條至第14條分別規範「純粹傳輸服務」（mere coduit）、「緩存」（cache）與「宿主服務」（hosting），而此三條的第1項皆有「成員國應當確保服務提供者不因……承擔責任」等類似文字。

[84] Directive 95/46/EC, *op. cit.*

[85] Opinion of AG of "Google Spain," *op. cit.*, §89-90.

人對連結關鍵字與相應URL連結之編排索引顯然有所控制。服務提供人決定編排索引將如何架構，可以技術屏蔽（block）特定搜尋結果，例如在搜尋結果中不顯示來自特定國家或網域的URL連結。詳言之，**搜尋引擎服務人是否對特定來源網頁執行「排除碼」（eclusion code）之決定來對編排索引進行控制，才會是判斷是否為控制人之因素。**[86]

另外一方面，總辯官則提出，相較於上述「排除碼」之執行，其認為網路搜尋引擎緩存記憶（cache memory）上的內容則不能被認作服務提供人的控制範圍，因為其為對所爬索網頁上文字透過完全技術性與自動化過程所產生之鏡像（mirror image）。不過，總辯官也補充，在搜尋引擎服務提供人不執行特定排除碼或受到來源網頁要求但卻不更新緩存內容時，亦會產生《個資保護指令》所規範之控制。[87]

(5) 網路搜尋引擎服務人若為「控制人」所應負之義務

總辯官則指出，在搜尋引擎服務人未取得《個資保護指令》第7條第(a)款[88]資料主體同意的情形，其須有同條第(f)款之正當利益。總辯官並舉出幾個搜尋引擎服務可能符合之正當利益，包括：

A. 使資訊更容易為網路使用者所近取。

B. 使上傳至網路之資訊的傳播更有效率。

C. 促使由搜尋引擎人在搜尋引擎之外所提供的各式補充性之資訊社會服務為可能。

---

[86] Opinion of AG of "Google Spain," *op. cit.*, §91.

[87] Opinion of AG of "Google Spain," *op. cit.*, §92.

[88] 《個資保護指令》第7條：

會員國應確保個人資料僅有在下列情形得被處理：

(a)資料主體已清楚明確地表示其同意；或

(b)系爭資料為履行資料主體為契約一方的契約之所需，或為了在締結契約前應資料主體之要求所採取的行動；或

(c)系爭處理為資料控制人履行法定義務遵循之所須；或

(d)系爭處理為保護資料主體重大利益之所須；或

(e)系爭處理乃為執行具重大公益任務或為控制人或取得資料第三方（to whom the data are disclosed）執行公權力之所須；或

(f)系爭處理為資料控制人或取得資料第三方為追求正當利益之所須，除非系爭利益為資料主體受第1條第1項所保護的基本權利或自由之利益所凌駕。

　　總辯官並認為上述三種利益對應《憲章》所保護三種基本權利，分別為第11條所規範的資訊自由（freedom of information）、言論自由（freedom of expresion）與第16條之營業自由（freedom to conduct a business）。[89]

　　承上，在作為控制人的情形，網路搜尋引擎業者必須遵行《個資保護指令》第6條之規範。[90]特別是個人資料必須適切、相關且不過分逾界（adequate, relevant, and not excessive）。

　　在本案個資處理的判斷上，González先生的請求係要求Google從編排索引中移除對其姓與名之編排，與進而呈現其所欲隱蔽顯示個人資訊的新聞報章連結。而針對名字（name），總辯官認為應無構成所謂直接辨識（direct indentification），因全球同一名字可能有數人或數千人；但在結合姓（surname）加上名（name）作為搜尋字串（search term）的部分，總辯官則認為其應構成《個資保護指令》第2條第(a)款[91]至間接辨識（indirect indentification）。[92]

　　針對上述情形，總辯官認為搜尋引擎在編排索引中使用名字與其他識別

---

[89] Charter of the Fundamental Rights of the European Union, *op. cit.*, Art. 11 & 16.

[90] 該項要求由控制人來確保同條第1項要求國家確保個人資料應被處理之方式；第6條之規範則如下：
1.會員國應確保個人資料：
(a)被公平與合法地處理；
(b)以特定、明確與合法之目的被蒐集，並不會被以不符合上述目的之方式處理。在會員國提供適切保障之情形，對系爭資料以歷史、統計、或科學目的之進一步處理不應被認作不符合上述目的；
(c)就適切（adequate）、相關（relevant），並且不過當（not excessive）；
(d)正確，並且在必要之情形，盡可能保持更新（kept up to date）；並對不正確或不完整之資料，採取一切合理措施，確保就其所被蒐集以及之後被進一步處理之目的，被清除（erased）或更正（rectified）；
(e)將個人資料，就其所被蒐集以及之後被進一步處理之目的，以非超過該目的必要之限度允許對資料主體識別（identification of data subjects）之方式保存。會員國應就以歷史、統計或科學使用之目的對個人資料為較長期間之保存訂立適切保障。
2.第1項之遵行應由控制人確保。

[91] 《個資保護指令》第2條第(a)款：(a)「個人資料」應指任何與一已被識別或可被識別自然人（「資料主體」）相關之資訊；所謂「可被識別自然人」指，特別是透由參考一組識別號碼（identification number）或一項或多項專屬於其身體上、生理上（physiological）、心理上、經濟上、文化或社會身分之元素，直接或間接，可得識別之人。

[92] Opinion of AG of "Google Spain," *op. cit.*, §97.

符（identifier）[93]所為連結網頁的搜尋字串，在系爭連結適當，亦即與搜尋字串所對應之資料確實出現在或曾經出現所連結網頁之情形，總辯官認為系爭編排索引即符合適當性、關聯性、比例性、準確性與完整性等《個資保護指令》第6條第(c)款、第(d)款所列出之要求。[94]

至於同條第(d)款、第(e)款所列出關於個人資料應與時更新（being up to date），也就是不得被儲存超過必要之時間等時間性的要求，總辯官則認為其所指涉係指資料之「處理」，亦即搜尋引擎人所提供找到（locating）資料之所在的服務，而非與來源網頁之內容有關。[95]

(6) 原《個資保護指令》下，網路搜尋引擎服務提供人的法律地位，特別是屬物管轄適用範圍結論

總辯官依據上述分析，**認為**除非有未遵行排除碼，[96]或受來源網頁要求而未更新緩存記憶的情形，內國資料保護機關應不得要求搜索引擎服務人從其編排索引中將資訊下架（withdraw），因其認為下架應僅止於涉及**網頁內容有不法或不適當之情形，而屬會員國內國法中非基於資料保護之民事責任議題。**[97]

4. 與「被遺忘權」的問題有關類群議題

在第三個子類群中，總辯官則嘗試分析與「被遺忘權」有關的問題。在這些分析中，則再分為五個主要部分為討論，分別為：

(1) 初步觀察

總辯官先指出，此部分之分析僅在歐盟法院不認同上述總辯官所提出「Google並不得在一般情形被認作控制人」或法院接受總辯官分析「Google在特定情形具有控制人地位」之主張時，始有其適用。[98]

此外，總辯官先將內國法院的問題定性為依據《個資保護指令》第12

---

93 又稱為識別碼，是一個用來識別物件的名稱，識別對象可能是概念、具體可數的物體或是不可數的物質。標識符可能是字、編號、字母、符號，也可能是由上述元素所組成。

94 Opinion of AG of "Google Spain," *op. cit.*, §98.

95 *Ibid.*

96 此處總辯官指的是，若搜尋引擎業者遵循排除碼，亦即未為人工之調整。

97 Opinion of AG of "Google Spain," *op. cit.*, §99.

98 Opinion of AG of "Google Spain," *op. cit.*, §101.

條第(b)款的「刪除權」、「屏蔽權」[99]等，與同指令第14條第(a)款的「異議權」，[100]是否得擴張至使資料主體得就已被第三人網頁所公開，但與其個人有關之資訊，享有爲避免被搜尋引擎服務提供人爲編排索引，而與服務提供人聯繫請求。[101]

　　總辯官並先鋪陳其論理邏輯，說明其認爲僅有在無法得出上述權利的基礎上能衍生出「**被遺忘權**」時，**始會繼續探討在《憲章》下之分析。**

(2)《個資保護指令》中的「更正權」、「刪除（erasure）權」、「屏蔽權」與「異議權」等，是否加總爲資料主體之「被遺忘權」？

　　總辯官首先提醒在《個資保護指令》第12條的部分，內國法院已認定本案中網頁上所出現之資訊無法被認作不完整或不正確。並且，相較網頁上所出現之資訊，對於Google所爲之編排索引或緩存記憶之內容，更無所爭執。[102]

　　在第14條的部分，該款規範賦予資料主體就其資料之處理，因與其特別有關之情形而有重大迫切合法理由時，在非有內國法另外規定之情形下，得於任何時間提出異議之權利，特別是在第7條第(e)款與第(f)款之情形。《個資保護指令》第7條規範會員國應確保個人資料僅有在該條所列之情形始得被處理，其中第(e)款爲系爭處理乃爲執行具重大公益任務或爲控制人或取得資料第三方（to whom the data are disclosed）執行公權力之所須，而第(f)款則爲系爭處理爲資料控制人或取得資料第三方爲追求正當利益之所

---

[99] 《個資保護指令》第12條規範會員國應確保資料主體皆有權向控制人爲多項要求（to obtain from the controller），其中第(b)款則規範：「對不符合本指令規範處理之資料，在適切情況下（as appropriate）更正、消除或屏蔽，尤其在資料本質不完成或不正確之情形」。

[100] 《個資保護指令》第14條：
　1. 會員國應賦予資料主體下列權利：
　　(a)至少在第7條第(e)款與第(f)款之情形，在其資料之處理因與其特別有關之情形有重大迫切合法理由之情形，非有內國法另外規定之情形，得於任何時間提出異議。異議爲正當時控制人所爲系爭處理不得再含括上述資料。
　　(b)得透過請求且免費的就控制人預見以直接行銷之目的，對其個人資料所進行之處理爲異議，或在其個人資料項被向第三人爲第一次揭露前或以直接行銷爲目的爲第三人所使用受通知，以及須被明確地賦予就上述揭露或使用免費爲異議之權利。
　2. 會員國應採取必要措施確保資料主體知悉第1項第(b)款規定權利之存在。
[101] Opinion of AG of "Google Spain," *op. cit.*, §102.
[102] Opinion of AG of "Google Spain," *op. cit.*, §105.

須，除非系爭利益為資料主體受第1條第1項[103]所保護的基本權利或自由之利益所凌駕。

並且，總辯官也補充，在網路搜尋引擎業者被認作處理個人資料控制人之情形，《個資保護指令》第6條第2項[104]要求其除了考量自身之利益外，並須相對於資料主體的利益外，同時考量系爭處理可能牽涉第三方之利益。舉例而言，總辯官提醒，在*ASNEF v. FECEMD*案[105]中，歐盟法院已確立系爭資料是否已出現在公開來源中，亦會成為上述平衡考量的判準之一。[106]

然而，即便考慮上述種種，總辯官仍指出其與本案其他呈交書面意見的程序參與人立場相同，認為《個資保護指令》並未提供一讓資料主體在認為有損或悖於其利益時，有權限制或終止其個人資料之散布的概括被遺忘權。總辯官並指出，在為上述判斷時，其要件為系爭處理未經資料主體之同意，而非資料主體的主觀好惡。總辯官並強調，**單單資料主體主觀之好惡並不足以構成第14條第(a)款的「重大迫切合法理由」**（a compelling legal ground）。[107]

總辯官並指出，即便退一步言，若歐盟法院未來判斷搜尋引擎服務人應以控制人之地位負責，其認為資料主體仍不具有可對抗服務提供人的「絕對『被遺忘權』」（an absolute "right to be forgotten"）。然而，其並補充，在此情形下，搜尋引擎服務人就必須將自己置於來源網頁發行者地位，確認系爭網頁上個人資料之散布是否在《個資保護指令》的架構下能被認作合法與正當。換言之，服務提供人必須放棄原本單純存在於使用者與網頁發行人間的中介角色，而在必要時透過對特定內容近取的阻擋或限制進行內容審查。[108]

---

[103] 《個資保護指令》第1條第1項：會員國應依照本指令保護自然人之基本權利與自由，特別其在個人資料處理下之隱私權（right to privacy with respect to the processing of personal data）。

[104] 第6條第2項要求由控制人來確保同條第1項要求國家確保個人資料應被處理之方式。

[105] Joined Case C-468/10 and C-469/10, Asociación Nacional de Establecimientos Financieros de Crédito (ASNEF), Federación de Comercio Electrónico y Marketing Directo (FECEMD) v Administración del Estado, 2011 ECR I-20181.

[106] Opinion of AG of "Google Spain," *op. cit.*, §107.

[107] Opinion of AG of "Google Spain," *op. cit.*, §108.

[108] Opinion of AG of "Google Spain," *op. cit.*, §109.

爲了論述的完整性，總辯官並提出當時的「執委會GDPR草案」雖亦有第17條「被遺忘權」之規定，惟執委會草案當時受有相當的反對聲浪，而其目的亦非當時既有之法律「成文法化」（codification）。並且，總辯官也指出，當時的執委會草案文字似僅將搜尋引擎服務提供人認作第三人，而非《個資保護指令》架構下之控制人。[109]

(3) 本案所涉基本權利

總辯官則先從條文文字規範，提醒《憲章》第8條賦予個人就其個人資料受保護之權利（the right to the protection concerning him or her）。系爭資料並須在特定目的下公正地（fairly）受處理，並須在當事人同意或其他有法律規範之合法性基礎之上。同時，每個人並就與其有關而被蒐集之資料皆有近取權（right of access），並就上述資料有更正權（the right to have it rectified）。針對本條，總辯官認爲其並未在《個資保護指令》之外再添加任何新的重要元素。[110]

另外一方面，在《憲章》第7條規範「對私人及家庭生活之尊重」（respect for private and family life）[111]的部分，總辯官提醒該條規範與《歐洲人權公約》（以下簡稱《公約》）的第8條[112]規範完全同一，在解釋《個資保護指令》時必須將其列入考量。而在《公約》考量下，《憲章》第7條則要求會員國負有保護隱私權（the right to privacy）之義務。[113]

並且，總辯官並指出，在《公約》的脈絡下，該《公約》第8條亦含括個人資料保護的議題。有鑑於此，同時依據《憲章》第52條第3項之要求，歐洲人權法院就該《公約》第8條的案例法（the case-law），對於《憲章》第7條之解釋及《個資保護指令》如何符合《憲章》第8條之適用亦爲相關。[114]

---

[109] 詳見第四章第二節之介紹。

[110] Charter of the Fundamental Rights of the European Union, *op. cit.*, Art. 8.

[111] Charter of the Fundamental Rights of the European Union, *op. cit.*, Art. 7.

[112] Convention for the Protection of Human Rights and Fundamental Freedoms (European Convention on Human Rights, as amended) (ECHR), Art. 8.

[113] Opinion of AG of "Google Spain," *op. cit.*, §114.

[114] Opinion of AG of "Google Spain," *op. cit.*, §115.

　　在上述前提下，總辯官再分別引用*Niemietz*案[115]與*Volker und Markus Schecke and Eifert*案[116]指出，根據前者，個人的專業與商業性活動亦在《公約》第8條的保護範圍內；而根據後者，歐洲法院認為《憲章》第7條與第8條所認可的「尊重私生活的權利」，在資料保護方面含括任何可直接或間接識別個人之資訊（identified or identifiable person）。在以上前提下，總辯官提出其以*Volker und Markus Schecke and Eifert*案的基礎上，認為《憲章》下對於私生活的保護，涵蓋個人的所有資訊，無論其係以純粹私人領域、或以經濟營運者的角色、甚至是政治人物的身分所為之行為。[117]

　　爰此，再加上總辯官先前已認定搜尋引擎服務人在本案中對第三人來源網頁有所處理自無疑義，總辯官認為本案中存有對於《憲章》第7條之干預。而根據《公約》與《憲章》，任何對於受保護權利之干預必須有法律為依據，並須屬民主社會之所需（necessary in a democratic society）。[118]

　　而在本案中，對上述權利之限制係來自於《個資保護指令》，合乎以法律所為之限制。也因此，本案中由私人所為之資料處理的指令解釋，應參酌《憲章》為之。從而衍生歐盟與會員國，是否負有對搜尋引擎服務業者執行被遺忘權之積極性義務（positive obligation）。[119]

(4) 資訊自由、言論自由與營業自由

　　總辯官提醒本案亦涉及《憲章》第11條[120]所保障之言論自由與資訊自由；這些權利同時亦為《公約》的第10條[121]所保障。從網路使用者的角度而言，其探求與接受資訊之權利為上述《憲章》第11條所保障，而涵蓋包括來源網頁上之資訊與網路搜尋引擎所提供的資訊。就此，總辯官指出，其個人

---

[115] Niemietz v. Germany, no. 13710/88, ECHR 1992.

[116] Joined Cases C-92/09 and C-93/09, Volker und Markus Schecke GbR and Hartmut Eifert v Land Hessen, 2010 ECR I-11063.

[117] Opinion of AG of "Google Spain," *op. cit.*, §117.

[118] Opinion of AG of "Google Spain," *op. cit.*, §119.

[119] Ibid;針對人權法中「積極性義務」概念的內容，可參見如：Laurens Lavrysen, "Protection by the Law: The Positive Obligation to Develop a Legal Framework to Adequately Protect ECHR Rights," in Haeck, et al. (eds.), *Human Rights and Civil Liberties in the 21st Century*, Dordrecht: Springer, 2014, pp. 69-129.

[120] Charter of the Fundamental Rights of the European Union, *op. cit.*, Art. 11.

[121] Convention for the Protection of Human Rights and Fundamental Freedoms, *op. cit.*, Art. 10.

認為在世界各地皆有限制網路近取或對經由網路所可得近用的內容進行言論審查的獨裁政權正前所未見地成長的趨勢下，資訊權的基本權利值得歐盟的特別保護。[122]

同時，相較於網路使用者，網頁的發行人亦在《憲章》的第11條下享有同等的保護，尤其在系爭發行人將其網頁與其他網頁連結，同時並未限制其網頁被搜尋引擎編排索引或收錄成檔案（archiving）的情形。[123]

並且，由於本案涉及新聞資料的歷史檔案（historical archives of a newspaper），總辯官特別援引歐洲人權法院的*Times Newspapers Ltd v. the United Kingdom*案，[124]提醒該案中法院特別指出網路檔案紀錄（internet archive）對於新聞與資訊之保存與近用，因其為教育與歷史研究的重要資源，尤其因為其公開以及通常為免費之性質，而有重大（substantial）的貢獻。

同時，總辯官也點出，歐洲人權法院在該案中提出一項在資訊近用與其他法益衝突時法院判斷的重要原則。該案判決指出，**針對過往事件的新聞檔案資料**（news archive of past events），**相較於當前時事的新聞報導**（news reporting of current affairs），**《公約》會員國為在競合權利間取得平衡的裁量空間**（margin of appreciation）**應較為寬**。[125]

(5) 資料主體的「被遺忘權」是否得從憲章中衍生而出？

總辯官指出，針對檢視以《憲章》精神下就《個資保護指令》第12條第(b)款與第14條第(a)款的解釋，是否能衍生出「被遺忘權」的這個議題，至少從形式外觀上，上述詮釋並不會逸脫《憲章》的第52條第2項，因其關乎資料主體的近用權與異議權的精確範圍。[126]

而在此議題的判斷上，總辯官則引用2011年歐洲人權法院的*Aleksey Ovchinnikov*案[127]指出，即便在系爭資訊已處於公開揭露的狀態（in the pub-

---

[122] Opinion of AG of "Google Spain," *op. cit.*, §120-121.

[123] Opinion of AG of "Google Spain," *op. cit.*, §123.

[124] Times Newspapers Ltd v. The United Kingdom, no. 3002/03 and 23676/03 (2009).

[125] *Ibid.*, §45.

[126] Opinion of AG of "Google Spain," *op. cit.*, §126.

[127] Aleksey Ovchinnikov v. Russia, no. 24061/04 (2010).

lic domain），原則上仍有保護私生活基本權利（fundamental right to protect private life）之適用。[128]

　　然而，在判斷本案上述保護私生活基本權利與言論自由及資訊自由間的法益平衡時，總辯官指出，本案中的資料保護議題僅在網路使用者在搜尋引擎中鍵入資料主體的全名始會發生。在此情形下，網路使用者係基於其自身始能得知之理由，積極地行使其自公開來源接收關於資料主體之資訊的權利（right to receive information concerning data subject from public sources）。[129]

　　總辯官並補充，在現今這個資訊的社會，透過搜尋引擎在網路上搜尋資訊的權利（the right to search information）是執行上述自公開來源接收關於資料主體之資訊的權利最重要的方式之一。而此權利無疑地包括尋求關於他人資訊之權利（the right to seek information relating to other individuals）。[130]總辯官認為，若網路使用者對於某一特定個人資訊的搜索無法產生相關網頁真實呈現搜尋結果，而僅僅為「鮑德勒[131]式」的版本（a "bowdlerized" version），其資訊權已受限制。[132]並且，搜尋引擎業者在資訊搜索工具的提供中，亦合法地行使其營業自由與表現自由。

　　綜上，總辯官認為本案中特殊且複雜的基本權利組合，使得透過「被遺忘權」的浸透來強化《個資保護指令》下資料主體法律地位的正當性為不可能，因其將帶來對諸如言論與資訊自由等重要權利之犧牲。**總辯官亦不建議歐盟法院做出日後可讓搜尋引擎業者依個案自為判斷之結論**，因其所可能產生的結果為對於任何被提出異議之連結的自動撤回，以及對於最受歡迎與最

---

[128] 該案涉及對於未成年人性侵案的首次揭露與再次報導。ECtHR在該案中認為雖然部分資訊在首次揭露時已進入公開揭露的狀態，但在特定情形，對於尚處於公開揭露資訊重製之限制仍有正當理由，諸如為防止非屬對具有一般重要性事務的政治或公眾性討論之個人私生活細節的進一步曝光。詳細論述可參見：*ibid.*, §36, 49-50.

[129] Opinion of AG of "Google Spain," *op. cit.*, §130；關於接收資訊的權利，可參考：The Observer and The Guardian v. United Kingdom, no. 13585/88 (1991).

[130] Opinion of AG of "Google Spain," *op. cit.*, §131.

[131] 托馬斯·鮑德勒（Thomas Bowdler），是一名憑藉出版《家庭版莎士比亞集》，即刪節版的莎士比亞集的工作而聞名的英國內科醫生。這部作品旨在提供一個較原版更為適合19世紀的婦女兒童閱讀的莎士比亞集的版本。

[132] Opinion of AG of "Google Spain," *op. cit.*, §131.

重要的搜尋引擎帶來無法處理數量的請求。[133]

　　並且，總辯官引用歐盟法院的*SABAM v. Netlog*案[134]的判決指出，上述「被遺忘權」之衍生將構成由私人對來源網頁內容所爲之言論審查。總辯官並重申其在*L'Oreal and Others*案中所提出之意見，提醒其認爲任何非經法律規範的「通知與下架」皆爲資料主體與搜尋引擎服務提供人間的私人事務。[135]

四、法院判決

（一）《個資保護指令》的實際適用範圍

　　首先，歐盟法院認爲應針對西班牙高等法院所提出的涉及《個資保護指令》的實際適用範圍（material scope）的部分回答。[136]

　　在這部分，法院所必須判斷的第一個議題爲《個資保護指令》第2條[137]第(b)款，是否能在解釋上將本案中所涉Google針對使用者在搜尋引擎上搜尋所提供之服務，包含在該條所謂「資料之處理」的範圍內。

　　首先，在管轄權範圍認定的部分，關於西班牙高等法院所提出的問題，歐盟法院指出西班牙高等法院已經肯認了下述事實：[138]

1. Google搜尋引擎透過www.google.com的網頁提供觸及全球的服務。

---

[133] Opinion of AG of "Google Spain," *op. cit.*, §133.

[134] Case C-360/10, Belgische Vereniging van Auteurs, Componisten en Uitgevers CVBA (SABAM) v. Netlog NV, ECLI:EU:C:2012:85.

[135] Opinion of AG of "Google Spain," *op. cit.*, §134.

[136] 西班牙原審的問題爲：（二）與搜尋引擎業者作爲内容提供人的活動有關：
(a)Google的活動，作爲一内容提供人，其活動包括尋找定位由第三人於網路上公開或納入網路範圍之資訊、自動的將其編排索引、將其暫時儲存，並最後使其得讓網路使用者依照特定順序或喜好供其利用，這些是否包含在《個資保護指令》第2條第(b)款所規範的「資料……之處理」？
(b)若前述問題的答案爲肯定，則就前述(a)所包含之活動，則就其編排索引網頁中的個人資料，主要爲管理的事業體Google搜尋是否會被認定爲《個資保護指令》第2條第(d)款之管理人？詳可參考本章第一節「2.與搜尋引擎業者作爲内容提供人的活動有關」。

[137] 該條謂：所謂「個人資料之處理」，指對個人資料所進行無論是單次或一系列之操作，不區分是否以自動化之方式，例如蒐集、記錄、組織、儲存、改編（adaption）或變更、檢索（retrieval）、諮詢、利用、經傳送揭露（disclosure by transmission）、散布或其他方式使得近用（dissemination or otherwise make available）、排列或組合、凍結、刪除或銷毀等。

[138] Case C-131/12, *op. cit.*, §43.

2. Google搜尋引擎係由Google Inc.所營運。

3. Google搜尋引擎利用其「網路爬蟲」（web crawlers）或機器人（robots）對於包括位於西班牙在內，全球的網站資訊進行索引編排索引。「網路爬蟲」或機器人的活動內容則係透過電腦程式，有方法及自動化式地找尋與掃過網頁內容，並將上述編排索引的內容儲存於伺服器上。該伺服器的地點則因競爭因素不便對外透露。

4. Google搜尋引擎所提供的服務，除了有對經其編排索引網站內容之近取，同時包括利用上述編排索引活動，以收費之方式，對欲向使用者提供服務與商品之商家，提供使用者所使用搜尋字詞相關的廣告。[139]

5. Google仰賴其子公司Google Spain來促進「www.google.com」網站的廣告銷售。Google Spain係於2003年9月所成立，位於馬德里，具有獨立的法人格。其活動乃以Google Inc.在該會員國的商業代表（commercial agent）的身分找尋位於西班牙的公司行號作為潛在客戶。

6. Google在西班牙就兩個與AEPD相關的檔案系統指定Google Spain為資料控制人。上述系統的目的乃在納入與Google締結廣告服務合約客戶之個人資料。[140]

　　歐盟法院並進一步指出《個資保護指令》前言第19段提到：「會員國內的營業所所隱含透過穩定的安排所產生或具有實際效果的活動及其真實之運作之意義」，以及「該營業所的法律形式，無論是簡單的分支機構（branch）或具有法人格之子公司，並非主要的決定因素」。[141]

　　並且，法院也注意到針對Google Spain在西班牙境內透過穩定的安排從事具有效能與實際運作之活動，進而構成Google Inc.在西班牙，《個資保護指令》第4條第1項第(a)款[142]所謂之營業所，當事人皆未就此點爭執。

---

[139] *Ibid.*

[140] *Ibid.*

[141] Case C-131/12, *op. cit.*, §48.

[142] 《個資保護指令》第4條第1項就規定各會員國應在以下個人資料處理之情況適用其依本指令所通過的內國規範：該項第(a)款並規定上述情況包括：若系爭資料之處理係發生在控制人位於會員國領域內（on the territory of the Member State）營業處所的活動脈絡之中（in the context of the activities）；同一控制人在數會員國內皆有營業處所時，其應採取必要之措施以確保各該營業處所皆遵循應適用內國法所規範之義務。

　　然而，為了能夠滿足《個資保護指令》第4條第1項第(a)款的要求，系爭控制者所為個人資料之處理尚須在某一會員國領土內該控制人所設營業所的「活動的脈絡中所進行」（carried out in the context of activities）。[143]

　　在這方面，西班牙政府與執委會都特別指出，將其認為系爭資料無須一定要求由（by）該營業所執行處理，而僅須係在活動的脈絡中所進行。[144]

　　但是，就本案之情形，Google Spain和Google Inc.皆主張系爭個人資料之處理乃由Google Inc.所為，而未有Google Spain之介入。Google Spain所從事之活動僅限於提供對Google Inc.廣告活動之支持。[145]

　　針對上述議題，法院先舉出過往歐盟法院判決*L'Oreal and Others*案[146]等案例，指出鑑於為達成《個資保護指令》確保自然人有效與完整的基本權利與自由之保護，系爭文字之解釋不應過於限縮。[147]法院並重申在《個資保護指令》前言的第18段至第20段可明顯看出，歐盟立法機構藉由賦予指令特別寬廣的領域適用範圍來防止個人被剝奪該指令原欲保障之保護。[148]

　　在強調上述前提後，法院指出，由搜尋引擎所提供諸如Google搜尋之服務，即便為該服務所為資料之處理由位於坐落於第三國之營業進行，但若該搜尋引擎於會員國內設有營業所，且該營業所意圖於會員國內推廣與銷售該搜尋引擎所提供的廣告空間，且該銷售之目的在於使系爭引擎所提供之服務能有所營利（profitable），系爭個人資料之處理即為「在營業所之活動脈絡」中所進行。[149]

　　在上述情形歐盟法院認為，本案中搜尋引擎業者之活動與其位於會員國境內營業所之活動「密切地相連結」（inextricably linked），因其與廣告空間有關之活動構成使系爭搜尋引擎在經濟上為可獲利之工具，並且搜尋引擎

[143] Case C-131/12, *op. cit.*, §50.
[144] 見本章第一節「二、執委會和其他會員國意見」。
[145] Case C-131/12, *op. cit.*, §51.
[146] Case 325/09, L'Oréal SA and Others v eBay International AG and Others, 2011 ECR I-06011.
[147] Case C-131/12, *op. cit.*, §53.
[148] Case C-131/12, *op. cit.*, §54.
[149] Case C-131/12, *op. cit.*, §55.

亦爲使上述廣告空間活動得以進行之工具。[150]

　　此外，歐盟法院並指出其他論理依據，認爲搜尋結果之顯示及與特定搜尋詞語相關的廣告在同一頁面顯示的事實，清楚顯示本案系爭資料之處理乃在控制人會員國領域內，即西班牙國土內所設營業所的商業與廣告活動的脈絡下所進行。[151]

　　承上討論，歐盟法院做出以下結論：**當搜尋引擎之營運者在歐盟會員國境內以推廣與銷售其所提供廣告空間爲目的設立分支機構或子公司，並針對該會員國內居民營運其活動時，即應認爲其滿足《個資保護指令》第4條第1項第(a)款下所演繹出，系爭控制者所爲個人資料之處理必須在某一會員國領土內該控制人所設營業所的活動的脈絡中所進行之要求。**[152]

（二）《個資保護指令》下搜尋引擎營運人之責任

　　在刪除權及／或拒絕權的範圍與被遺忘權的部分，歐盟法院認爲西班牙高等法院所提出的問題，主要在確認《個資保護指令》的第12條第(b)款與第14條第1項第(a)款是否可被解釋爲：針對第三方所發布之網頁含有特定人資訊之情形，在該個人之姓名或資訊先前尚未或同時從系爭網頁清除（erased）時，甚至是系爭網頁之公開爲合法時，搜尋引擎營運者是否有義務將以該個人姓名爲基礎搜尋後所出現上述含有該個人資訊網頁之連結從其搜尋結果中移除？[153]

　　針對此點，Google Spain與Google Inc.指出，依照比例原則（princple of porportionality），任何尋求移除資訊之請求應向網站發行人爲之，因爲網站發行人才是負責將資訊公開之人、才可衡量系爭公開之合法性，並且能以最有效且限制性較低的方式使系爭資訊不得爲人所近取（inacessible）。[154]同時，Google Spain與Google Inc.主張，要求搜尋引擎營運人從其編排索引上撤回已經公開資訊之做法，對網站發行人、其他使用者，甚至是搜尋引擎

[150] Case C-131/12, *op. cit.*, §56.
[151] *Ibid.*
[152] Case C-131/12, *op. cit.*, §60.
[153] Case C-131/12, *op. cit.*, §62.
[154] Case C-131/12, *op. cit.*, §63.

營運者本身的基本權利可能考量有欠周全。[155]

（三）在搜尋引擎營運者的服務內容是否爲個人資料之處理的部分

在此部分Google Spain與Google Inc.主張不應將搜尋引擎所爲之編排索引的活動認作資料之處理。[156]其他會員國之意見，則如前述章節所整理。[157]

在開始爲此部分的論理前，法院先引用過往*Connolly v. Commission*案[158]、*Oesterreichischer Rundfunk and Others*案[159]等判決提醒，個資保護指令中規範可能會造成基本權利侵害的資料處理相關的條款，皆必須以基本權利爲基礎爲解釋。而根據歐盟過去所已累積的案例法（case law），[160]基本權利係一般法律原則之一部，不僅僅由歐盟法院來確保其遵行，現在並由《憲章》所規範。[161]

法院並重申憲章第7條、第8條第2項與第3項之規定，並強調上述規範之要求係由《個資保護指令》第6、7、12、14、28條所落實執行。[162]

法院指出《個資保護指令》第12條第(b)款規範：會員國應確保每個資料主體皆能就處理不符合本指令規範之資料，尤其是針對本質不完整或不正確之資料，從資料控制人得到的適切更正（rectification）、清除或屏蔽。法院同時提醒，《個資保護指令》第6條第1項第(d)款之情形係例示而非窮盡式之列舉，[163]並由此可推論系爭資料之處理若有未合規之情形，亦即資料之處理對於指令中其他合法性要件之違反（non-observance of the other conditions of lawfulness），會賦予資料主體第12條第(b)款之權利。[164]

---

[155] *Ibid.*

[156] Case C-131/12, *op. cit.*, §22.

[157] 同註144。

[158] Case C-274/99, Bernard Connolly v Commission of the European Communities, 2001 ECR I-01611.

[159] Joined Case C-465/00, C-138/01 and C-139/01, Rechnungshof v Österreichischer Rundfunk and Others and Christa Neukomm and Joseph Lauermann v Österreichischer Rundfunk, 2003 ECR I-04989.

[160] 關於歐盟法院透過案例法造法的說明，可參考如：Damien Chalmers, et al., *European Union Law*, Cambridge: Cambridge University Press, 2014, pp. 174-175.

[161] Case C-131/12, *op. cit.*, §68.

[162] Case C-131/12, *op. cit.*, §69.

[163] 關於「列舉」與「例示」的差異，參見：羅傳賢，《立法程序與技術》，台北：五南圖書出版股份有限公司，2012年，頁172-175。

[164] Case C-131/12, *op. cit.*, §70.

　　並且，法院也提醒，在第13條所允許的例外下，所有的個人資料處理必須符合兩項原則：1.《個資保護指令》第6條[165]所列所有關於資料品質（data quality）的原則；2.其次，必須符合《個資保護指令》第7條[166]所列使資料處理正當化的理由之一。

　　同時，法院也重申控制人在《個資保護指令》第6條下，相較於會員國，負有確保個人資料能被「公平且合法地」（fairly and lawfully）被處理等責任義務。[167]

　　至於本案中，控制人處理系爭資料之正當性，法院則認為其係為第7條第(f)款「系爭處理為資料控制人或取得資料第三方為追求正當利益之所須」所涵蓋。[168]但歐盟法院也提醒，在該當該利益為資料主體要求第1條第1項所規範保護的基本權利或自由之利益所凌駕之情形則不在此限，特別是《個資保護指令》第1條第1項所指在資料處理面向之隱私權利。[169]

　　法院進而引用其先前之判決[170]指出：第7條第(f)款之適用要求（necessitates）在考量《憲章》第7條和第8條所賦予資料主體權利的脈絡中，權利與利益的平衡。

　　另外，歐盟法院也指出，儘管資料處理是否符合《個資保護指令》第6條與第7條的規定是經由第12條第(b)款[171]來判斷，資料主體仍得透過第14條第1項第(a)款的異議權來行使其權利。[172]

　　根據第14條第1項第(a)款規定，至少在第7條第(e)款和第(f)款的情形，會員國應確保資料主體得就與其有關資料處理的自身特殊情況，基於堅實的

---

[165] 《個資保護指令》第6條規範，可參見註90。

[166] 《個資保護指令》第7條規範，可參見註88。

[167] Case C-131/12, *op. cit.*, §72；詳細義務請參照註90之《個資保護指令》第6條。

[168] *Ibid.*

[169] Case C-131/12, *op. cit.*, §74.

[170] Joined Case C-468/10 and C-469/10, *op. cit.*, §38, 40.

[171] 《個資保護指令》第12條規定會員國應確保資料主體皆有向資料控制人取得特定權利，其中第(b)款則規範：「對不符合本指令規範處理之資料，在適切情況下（as appropriate）更正、消除或屏蔽，尤其在資料本質不完成或不正確之情形」。

[172] Case C-131/12, *op. cit.*, §75.

正當理由（on compelling legitimate grounds）於任何時間提出異議。[173]法院並補充，第14條第1項第(a)款下權利與利益的權衡，能夠將資料主體特殊情形的所有情況以更具體之方式納入考量。而其異議屬正當時，控制人之處理不應再含括該資料。[174]

　　法院並指出，針對資料主體就《個資保護指令》第12條第(b)款與第14條第1項第(a)款向控制人所直接提出之要求，控制人應克盡職務地（duly）審視其所提出要求是否有理由（merits），並在必要之情形，停止系爭資料之處理。[175]

　　法院並進一步解釋，根據《個資保護指令》第28條第3項和第4項，[176]監管機關（supervisory authority）應受理任何人就個人資料處理有關的權利與自由保護之申訴，並有調查與有效干預（effective intervention）的權力，使其得命令相關資料之屏蔽、清除或銷毀（destruction），或對系爭處理加諸暫時性或終極性（definitive）之禁止。[177]

　　並且，法院也強調，如本案中由搜尋引擎營運人對於系爭個人資料之處理，對於隱私權（rights to privacy）與個人資料保護等基本權利皆有重大影響。[178]除了先前在判決第36段至第38段提過的理由，法院也指出其影響係屬重大的理由是：當系爭資料處理乃透過基於個人之姓名在搜尋引擎上進行，將使得網路使用者得以透過搜尋結果清單，能對網路上所能搜得關於該個人之資訊有一結構性概覽（structured overview），並或多或少產生出關於該

---

[173] Case C-131/12, *op. cit.*, §76.

[174] *Ibid.*

[175] Case C-131/12, *op. cit.*, §77.

[176] 《個資保護指令》第28條第3項：

　各機關應特別被賦予：

　　—調查權，諸如近取形成本案中處理作業內容之資料（data forming the subject-matter of processing operations and powers）的權限，以及搜集執行其職務所必要之權限。

　　—有效介入權（powers of intervention），例如依據第20條在處理作業執行前所公布之意見，並確保命資料之遮蔽、刪除（erasure）或銷毀，處理之暫時或永久禁止，對控制人之警告或勸告，或將系爭案件轉付內國國會或其他政治機構等意見之適切公開。

　　—在會員國依據本指令所通過內國規範被違反時，或為針對上述違反爭取司法機關之注意，參與法律訴訟之權。

[177] Case C-131/12, *op. cit.*, §78.

[178] Case C-131/12, *op. cit.*, §80.

個人一份較詳細的檔案（profile）。[179]

　　此外，法院也援引過去的案例法指出，有鑑於網路與搜尋引擎在現代社會所扮演的重要角色，以及能讓前述結果清單所含資訊變得俯拾即是（ubiquitous）的特性，必須特別強調其對資料主體權利所產生的限制。並且，法院也重申在前述以個人之姓名上進行搜尋後，在所顯示的搜尋結果清單中納入含有關於該個人資訊的網頁。這樣的做法，的確對任何網路使用者而言，都使得上述資訊的取得變得更為便捷，也因此相較所涉網頁之公開，會對資料主體隱私基本權構成更重大的干預（interference）。[180]

　　法院並持續解釋，鑑於上述限制的嚴重性，系爭干預並無法單單就搜尋引擎營運的經濟利益即被正當化。同時，若從搜尋結果的清單中移除部分連結，在所涉不同資訊的情形，亦有可能對有興趣就系爭被移除資訊取得近取的網路使用者產生影響。而如同本案中所涉及系爭之資料處理，則必須在上述對資訊近取之利益與《憲章》第7條與第8條所賦予資料主體的基本權利間取得公平的平衡。[181]

　　並且，法院也提醒，在上述權利相衝突之情形，儘管以原則而言資料主體受《憲章》第7條與第8條所保護之權利優於網路使用者之利益，兩者之間的平衡仍取決於具體個案中，系爭資訊之本質、其對資料主體私生活之敏感性，以及公眾對於取得該資訊之利益。再者，該利益亦因資料主體在公眾生活所扮演生活而有所異。[182]

　　在監管機關或司法機關收受如本案中請求之情形，於衡量過《個資保護指令》第12條第(b)款與第14條第1項第(a)款適用的情形後，其得命令搜尋引擎人從搜尋結果的清單移除以某一人的姓名為基礎所為搜尋，而顯示出含有與該個人相關之資訊、連接至由第三人所發布網頁之連結，而不須以透過第三人網頁發行者之同意或上述機關之命令，將相關資訊從被發布的網頁在更

---

[179] *Ibid.*

[180] Case C-131/12, *op. cit.*, §87.

[181] Case C-131/12, *op. cit.*, §81.

[182] *Ibid.* 此處歐盟法院雖未援引判例法，但相關原則之形成可參見本書第二章第二節 *Hannover v. Germany* 案等案例。

早之前或同時移除相關姓名與資訊爲先決要件。[183]

同時，法院也提醒，有鑑於網站上之資訊可被複製至其他網站，以及現實情況是爲相關網站的公布負責之人不見得都必須遵行歐盟法規。在這些前提要件下，若要求資料主體必須事先或同時清除第三人發行網站上關於其自身之資訊，則無法達到對其有效與完整之保護。[184]

並且，法院也提醒，關於對含有於個人資料被公開資料網頁之處理，在部分情形可能合乎《個資保護指令》第9條[185]「新聞目的」（journalist purpose）得例外不適用《個資保護指令》第二章對於資料處理的相關要求。[186]但即便本案中搜尋引擎營運人所爲之資料處理似無上述新聞目的之例外，亦不會排除資料主體在部分情形仍得以《個資保護指令》第12條第(b)款與第14條第1項第(a)款爲基礎，向搜尋引擎營運人，而非系爭網頁之發行者行使權利。[187]

法院也提醒，當《個資保護指令》第7條[188]可正當化一項個人資訊在網頁上被公開之理由時，不見得必須與正當化搜尋引擎活動之理由相同（coincide）。即便是上述第7條正當化的理由，針對搜尋引擎營運人與網頁發行者在第7條第(f)款與第14條第1項就其所爲資料處理之利益權衡的結果，特別是對所涉資料主體私生活之影響，亦非必然完全一致。[189]

綜上，法院對於西班牙高院所提出問題在刪除權及／或拒絕權的範圍、與被遺忘權的部分之衡量如下：在上述條款的要件皆滿足的情況下，《個資保護指令》第12條第(b)款與第14條第1項第(a)款，必須解釋成針對第三方所發布之網頁含有特定人資訊之情形，**即便在該個人之姓名或資訊先前尚未或同時從系爭網頁清除時，以及上述網頁之發行爲合法時，搜尋引擎營**

---

[183] Case C-131/12, *op. cit.*, §82.

[184] Case C-131/12, *op. cit.*, §84.

[185] 位於第一章第9條關於「個人資料處理與言論自由」，該條規範：「就純爲新聞目的或藝術，或文學表現目的所爲之個人資料處理，若有隱私權與言論自由治理規範調適（to reconcile）必要時，會員國應於本章、第四章、第六章提供相關規範排除適用（exemptions）或部分排除適用（derogations）」。

[186] Case C-131/12, *op. cit.*, §85.

[187] *Ibid.*

[188] 《個資保護指令》第7條規範，可參閱註88。

[189] Case C-131/12, *op. cit.*, §86.

運者仍有義務將以該個人姓名為基礎搜尋後所出現上述含有該個人資訊網頁之連結從其搜尋結果中移除。[190]

關於《個資保護指令》下所保障資料主體的權利範圍，法院則重申西班牙高等法院所欲確認的問題為：指令第12條第(b)款與第14條第1項第(a)款之解釋下，資料主體是否得要求搜尋引擎營運者，針對第三方合法所發布之網頁含有與其相關真實資訊（true information relating to him）之情形，基於系爭資訊可能對其不利或其希望系爭資訊在一段時間後能「被遺忘」（forgotten）為理由，將以該個人姓名為基礎搜尋後所出現上述含有該個人資訊網頁之連結從其搜尋結果中移除。[191]

並且，法院也提醒，**觸發《個資保護指令》第12條第(b)款適用之情況乃系爭處理有與指令不符（incompatiable）的情形時**。而造成這樣未合規的狀態可能的原因不單單有資料不正確的情形，特別也有可能是源起於系爭資料就其**處理目的而言為「不適當、不相關或不再相關、或過當之情形，同時也有可能是資料並非處於最新的更新狀態（not kept up to date），或者在非為歷史、統計或科學之目的，存留超過非必要之期間為（kept for longer than is necessary）」**。[192]

承上，法院認為從《個資保護指令》的第6條第1項第(c)款至第(e)款的規定可推演出，即便是在一開始合法處理之正確資料，因時間之推移，亦可能因鑑於當初被蒐集和處理的目的而不再為必須，而變得與指令不相符。尤其是，鑑於上述目的且因時間之流逝，而變得「不適當、不相關或不再相關、或過當」之情形。[193]

法院也提醒，上述衡量不以系爭資訊之納入會對資料主體造成損害（cause prejudice to）為前提。[194]

並且，法院也指出，《憲章》第7條與第8條的基本權利原則上凌駕不僅僅是搜尋引擎營運者的經濟利益，包括公眾以資料主體姓名尋得相關資

---

[190] Case C-131/12, *op. cit.*, §88.

[191] Case C-131/12, *op. cit.*, §89.

[192] Case C-131/12, *op. cit.*, §92.

[193] Case C-131/12, *op. cit.*, §93.

[194] Case C-131/12, *op. cit.*, §96.

訊的利益。然而，若如資料主體因其在公眾生活所扮演角色等特殊理由，則對資料主體上述基本權利的干預，將因公眾透過將系爭資訊納入搜尋結果清單、進而取得系爭資訊近取之特別重大（preponderant）利益而被正當化。[195]

　　綜上所述，法院指出，在本案的情形係關於在網路使用者以資料主體之姓名在Google搜尋引擎上搜尋後，會在搜尋結果中顯示含有其姓名以及與之相連的社會安全債務清償相關不動產法拍程序之公告。**考量在系爭公告所含資訊對於資料主體的敏感性，資料主體建立了一個「系爭資訊不應透過上述搜尋結果清單而與其姓名連結」**（a right that that information should no longer be linked to his name by means of such a list）之權利。[196]

　　承上所有討論，歐盟法院總結：《個資保護指令》第12條第(b)款與第14條第1項第(a)款之解釋下，當衡量上述條款之適用時，應特別檢視資料主體是否有使系爭關於其個人之資訊，在檢視的當時（at this point in time），不會再透過以其姓名搜尋所顯示的結果清單而與其姓名相連之權利。[197]

五、小結

　　除了少數學者如Hatzopoulos與Roma注意到《電子商務指令》下亦有第三人責任[198]與Erdos注意到和歐盟法院先前判決中，對於新聞目的性檢驗標準的不甚一致，[199]以及Kerr提出歐盟法院未能適切定義搜尋引擎，[200]與Haga

---

[195] Case C-131/12, *op. cit.*, §97.

[196] Case C-131/12, *op. cit.*, §98.

[197] Case C-131/12, *op. cit.*, §99.

[198] Vassilis Hatzopoulos/Sofia Roma, "Caring for sharing? The collaborative economy under EU law," *Common Market Law Review*, Vol. 54, No. 1, February 2017, p. 105.

[199] David Erdos, "From the Scylla of restriction to the Charybdis of licence? Exploring the scope of the 'special purposes' freedom of expression shield in European data protection," *Common Market Law Review*, Vol. 52, No. 1, February 2015, p. 131; See also Patricia Sanchez Abril/Eugenio Pizarro Moreno, "Lux In Arcana: Decoding the Right to BE Forgotten in Digital Archives," *Laws*, Vol. 5, Iss. 3, August 2016, pp. 38-39.

[200] Julia Kerr, "What Is a Search Engine? The Simple Question the Court of Justice of the European Union Forgot to Ask and What It Means for the Future of the Right to be Forgotten," *Chicago Journal of International Law*, Vol. 17, No. 1, July 2016, p. 221.

提到歐盟法院未能分析國際私法原則在本案的適用外，[201]多數專家對本案的評析集中下列數點，包括：

（一）《歐盟運作條約》第16條的嚴格適用

早在2012年，執委會副主席Vivian Reding女士即以《歐洲聯盟運作條約》第16條，推動包括被遺忘權的歐盟GDPR草案。《歐盟運作條約》第16條的規範如下：

1. 任何人有權保護涉及個人的資料。
2. 依據普通的立法程序，歐洲議會與理事會應公布歐盟機關、機構與其他單位，以及由會員國在歐盟法的適用範圍內行使職務範圍內處理個人資料時的自然人保護與資料流通的規定，由獨立的機關監督上述規定之遵守。[202]

而根據Hijmans的觀察，歐盟法院在處理隱私和資料保護與其他基本權利的關係時，相較其他由會員國握有掌管權限（competance）的基本權利或公共利益，以較具體的架構採取較嚴格的做法。[203]

關於此點，本書認為歐盟法院對於掌管權限內之事務有更高密度管制自為合理。資料保護與隱私皆為歐盟各國重視之價值。[204]透過對於資料的保護，亦有助於發展數位經濟。其對共同市場推進的助益，亦可從日後GDPR的推展可見一斑。[205]至於本案判斷是否過嚴，若從2019年法國*Google LLC v. CNIL*案觀察，歐盟法院確實無意讓2014年的*Google Spain*案無限擴張，[206]但對於搜尋引擎營運人就其編排索引乃位居控制人地位的立場，亦未動搖。

（二）本判決是否創造新的權利

本案在2014年歐盟法院判決公布之際，特別是在媒體上，最受公眾注

---

[201] Yuriko Haga, "Right to Be Forgotten: A New Privacy Right in the Era of Internet," in Marcelo. Corrales, et al. (eds.), *New Technology, Big Data and the Law*, Singapore: Springer, 2017, pp. 97-126.

[202] 部分翻譯參考：陳麗娟，前揭文，頁209。

[203] Hielke Hijmans, *The European Union as Guardian of Internet Privacy－The Story of Art 16 TFEU*, Switerland: Springer International Publishing, 2016, pp. 210, 222.

[204] 詳見第二章第二節說明。

[205] 可參考第四章第二節之介紹。

[206] 詳可參閱本章第參法國*Google LLC v. CNIL*案之說明。

意的是關於其「創造」或「肯認」了「被遺忘權」。西班牙學者Boix Palop也在判決公布不久後即主張在*Google Spain*案後，被遺忘權已由歐盟法院被認可爲一眞實權利。[207]

然而，稍微精確的論述如Rustad與Kulevska則指出，透過本案判決，歐盟法院要求搜尋引擎提供網路使用者的「被遺忘權」並非刪除或遺忘內容，而僅係讓系爭內容較難被找到（more difficult to locate）。[208]Voss與Castets-Renard則認爲，本案判決僅提供去列表權，非被遺忘權。[209]

儘管執委會亦宣稱該判決並未創造新的權利，學者認爲這樣的陳述略嫌簡化。[210]Hijmans認爲，在該判決中僅爲使部分個人資料被刪除之權利，[211]且嚴格說來，並未存在於當時的法律體系中。[212]Bartolini與Siry並從以下數點主張，本案判決所建立的並非「被遺忘權」，而仍未逸脫「異議權」（right to be object）的範疇，其理由包括：[213]

1. 法院本身的見解支持。Bartolini與Siry指出，歐盟法院在做出本案判決的基礎在於《個資保護指令》第12條第(b)款（更正、刪除、屛蔽資料處理之權利）與第14條第1項第(a)款（異議權）。

2. Bartolini與Siry認爲，本案之裁決主要係倚賴資料主體所受之侵害，與無須提供任何損害證明的被遺忘權有異。

3. 本案判決本身並未要求搜尋引擎業者清除（erase）資料主體的個人資料，而僅要求在網路使用者使用原告姓名作爲關鍵字搜尋時，避免系爭資料之呈現。

4. 依據本案判決，Google並無刪除所有相關資料之義務，而僅在系爭搜尋

---

[207] Boix Palop, cited from Azurmendi, Ana, "Spain－The right to be forgotten. The right to privacy and the initiative facing the new challenges of the information society," in Schünemann Wolf J./Baumann, MaxOtto (eds.), *Privacy, Data Protection and Cybersecurity in Europe*, Cham: Springer, 2015, pp. 17-30.

[208] Michael L. Rustad/Sanna Kulevska, "Reconceptualizing the Right to Be Forgotten to Enable Transatlantic Data Flow," *Harvard Journal of Law and Technology*, Vol. 28, No. 2, July 2015, p. 365.

[209] Voss/Castets-Renard, *op. cit.*, p. 326.

[210] Cesare Bartolini/Lawrence Siry, *op. cit.*, pp. 218-219.

[211] Hijmans, *op. cit.*, p. 230.

[212] Hijmans, *op. cit.*, p. 231.

[213] Bartolini/Siry, *op. cit.*, p. 232.

被進行時，負有特定資料處理之義務使相關資訊不在搜尋結果清單中出現。與之相較，當時歐盟GDPR草案中的第17條[214]禁止除了刪除以外之任何進一步資料處理。[215]

關於此點，本書認為，歐盟法院在本案中對於《個資保護指令》的第12條與第14條所衍生對資料主體的保護，無疑提出與時俱進的解釋方式。此原本亦為歐盟法固來演進發展的方式。是否應稱之被遺忘權，或其後部分學者所採的去列表權，僅為便利討論基礎的不同稱呼，吾人應探究的，應為在不同時間的判決與成文法，所賦予資料主體的保護與所課予資料控制人甚至國家機關之義務。

但以本書出版之際的結論而言，作者主張現今歐盟以法律形式而言暫無廣義的被遺忘權，而僅有去列表權，詳見第六章第一節。

（三）被遺忘權判決限縮的言論自由

大部分的學者認為，透過賦予人民在Google搜尋結果的去列表權，被遺忘權判決係明顯的言論審查；[216]其限縮，或有可能因無限擴大隱私權利而箝制言論自由的保護，而無法以當時判決的狀態與言論自由共存，[217]或對其有不利的影響。[218]

上述主張中有認為不利影響的產生，來自本案判決為網路的言論審查（censorship）提供了誘因，[219]以及將在網路的世界讓有心人士改寫歷史。[220]

Hijmans並認為造成上述批評的部分理由，乃因為歐盟法院在權衡本案中對言論自由（freedom of expression）幾乎毫無著墨，儘管法院有提及與《憲章》第11條下接受資訊權（right to receive information）類似的、關於

---

[214] 條文全文可參照第四章第二節「貳、GDPR中被遺忘權規範」。

[215] *Ibid.*

[216] Edward Lee, "The Right to Be Forgotten v. Free Speech," *I/S: A Journal of Law and Policy for the Information Society*, August 2015, pp. 85-86.

[217] Rustad/Kulevska, *op. cit.*, pp. 354, 416; Kerr, *op. cit.*, p.219.

[218] Hijmans, *op. cit.*, p. 226.

[219] Hijmans, *op. cit.*, p. 231.

[220] Kerr, *op. cit.*, p. 222.

網路使用者透過搜尋引擎近取資訊之利益。[221]Keller則指出，除了對言論自由無所提及，法院亦未能論述將搜尋引擎結果部分排除可能對言論自由所造成的影響，並警告此種將資料保護優先於其他權利的做法，已經引起媒體與法律專業人士的議論。[222]

並且，即便是人權法的角度，Frantziou也批判歐盟法院在本案判決中關於基本權利論理論述過少，以至於整個《個資保護指令》在該案的適用看起來只訴諸基本權利，而非對於隱私與個人資料保護所進行真正的衡量。[223]

針對被遺忘權限縮言論自由之批評，本書欲強調本案中議題如上述學者之觀察，本為複數基本權利的衝突與平衡。無論是傳統隱私或近代資料保護之發展，亦皆與對抗國家甚至具有優勢地位私人有關。在各種不同價值的衝突中，如何發展出可具執行性甚至能夠透過可預測性的增加，進而產生能夠安定市場力量的法律原則，應方為被遺忘權研究後續分析的重點。

（四）《個資保護指令》的管轄權範圍

本案另外一個重要爭點，在於歐盟資料保護法制管轄範圍的部分。

1. 領域範圍的管轄權

Gömann首先引用總辯官見解指出其問題來源在於，在*Google Spain*案中「系爭被處理之歐洲居民的個人資料，是否發生在Google Inc.位於歐盟的各子公司（subsdiaries）」。[224]進而，Gömann指出原本《個資保護指令》第4條第1項第(a)款的中「控制人必須於會員國領域內設有營業所」、「系爭資料之處理係發生在控制人位於會員國營業所的活動脈絡之中」等要件，經過本案判決後被稀釋為只要系爭當事人於歐盟領域內有一實體的營業處，而該營業處之支援活動與系爭位於非會員國的資料處理人之處理活動有些許

---

[221] Hijmans, *op. cit.*, pp. 230-231.

[222] Keller, *op. cit.*, p. 314.

[223] Eleni Frantziou, "Further Developments in the Right to be Forgotten: The European Court of Justice's Judgment in Case C-131/12, Google Spain, SL, Google Inc v Agencia Espanola de Proteccion de Datos," *Human Rights Law Review*, Vol. 14, Iss. 4, October 2014, p. 768.

[224] Merlin Gömann, "The new territorial scope of EU data protection law: Deconstructing a revolutionary achievement," *Common Market Law Review*, Vol. 54, No. 2, April 2017, p. 571.

連結，系爭活動即落入歐盟《個資保護指令》的管轄適用範圍。[225]

　　另一方面，Hoffman、Breuning與Carter則認爲歐盟法院依據第29條工作組意見書所採納的上述見解，符合國際管轄權中法庭利用法庭地法將受涉案件納入其管轄權之國際法原則，並不令人意外。[226]

　　並且，Stute與管轄權第二個有關的批評亦關乎於搜尋引擎的位置，亦即法院如何將美國的Google Inc.納入，使其仍負有遵循《個資保護指令》之義務。[227]此點與上述Gömann的見解相呼應。[228]

2. 搜尋引擎人是否爲資料控制人而應納入管轄

　　Stute的第一個批評則是歐盟法院將搜尋引擎納爲控制人之列。[229]關於此點，Kerr亦指出將搜尋引擎納入控制人有可能涵蓋過廣。[230]

　　就此，Hoffman、Breuning與Carter則指出，本案判決即便是就歐盟法律架構本身亦非完全一致。以《電子商務指令》的第12條而言，若符合下列三個要件，則有可能僅爲資訊傳輸媒介（"mere conduit" of the information）而無須負進一步責任：(1)並不主動啓動（initiate）傳輸；(2)並不挑選傳輸的接受者；(3)並不挑選或更改結果之資訊。[231]

　　然而，本書認爲，Google搜尋引擎服務的商業模式本身即非完全未「挑選或更改結果之資訊」，其挑選之過程係在演算法的撰寫時已決定。

　　另外，在領域範圍的管轄方面，歐盟法院無疑在2014年的本案判決中做出擴大原有管轄範圍之解釋。然而，此一管轄範圍之延伸亦非無限擴張，此點在後續2019年的法國*Google LLC v. CNIL*案中可資佐證。[232]

---

[225] Gömann, *ibid.*, p. 574.

[226] David Hoffman, et al., "The Right To Obscurity: How We Can Implement The Google Spain Decision," *North Carolina Journal of Law & Technology*, Vol. 17, No. 3, March 2016, p. 449.

[227] David J., Stute, "Prviacy Almighty? The CJEU's Judgment in Google Spain SL v. ADPD," *Michgan Journal of International Law*, Vol. 36, No. 4, December 2015, pp. 660-663.

[228] 關於歐盟領域管轄近年發展的趨勢與法理，可參考本書第二章第二節「伍、歐盟法的域外效力」之介紹。

[229] Stute, *op cit.*, pp. 659-660.

[230] Kerr, *op cit.*, p. 219.

[231] Hoffman, et al., *op cit.*, p. 452.

[232] 詳見本節參的介紹。

（五）本案後續是否可行使的具體判斷標準

　　另外一個對本案常見的批評爲，歐盟法院在本案中並未提出關於資料本身在何種情況會變得「不相關」到可被遺忘的程度[233]等具體可供日後執行的指引。[234]

　　針對上述法院未具體裁示部分，Rustad與Kulevska建議依享有被遺忘權主體是否具公職或公衆人物之地位，區分其保護。Rustad與Kulevska在2015年提出的主張爲：建議執委會將被遺忘權的行使主體限縮爲私人（private persons）、公職人員（public officials）與公衆人物（public officials）。

　　在私人的部分，Rustad與Kulevska建議在證明系爭資訊除使資料主體難堪或係爲其要索金錢之外無其他正當目的之情形，得享有刪除其自身與第三人所爲貼文或報導（postings and repostings）連結之權利。[235]

　　針對上述批評，本書認爲歐盟法的傳統向來是成文法與案例法並進與相輔相成。歐盟法院在本案判決中其實已有指出部分原則，而這些原則，亦非歐盟法院於本案中所獨創。[236]再者，誠如Bolton所評論：「此權利並非絕對性，而必須與其他諸如言論自由等基本權利在個案的基礎上爲衡量。」[237]本書同意這樣的看法，而歐盟被遺忘權相關判準的發展除*Google Spain*案以前的相關判決，其後亦有義大利的*Lecce v. Manni*案與法國*Google LLC v. CNIL*案等可資佐參。[238]

（六）權力落入誰的手中？

　　另外一個對本案常見的批評則爲，歐盟法院在本案判決中，將確認被遺忘權之有無交入如Google此類私人公司手中。[239]Hijmans則補充，隨著上述

---

[233] Abramson, *op cit.*, p. 46.

[234] Jean-Marie Chenou/Roxana Radu, "The 'Right to Be forgotten': Negotiating Public and Private Ordering in the European Union," *Business & Society*, Vol. 58, No. 1, June 2017, p. 9.

[235] Rustad/Kulevska, *op. cit.*, p. 387.

[236] 詳見本節與前章第二節。

[237] Robert Bolton, "The Right to Be Forgotten: Forced Amnesia in aTechnological Age," *The Right to Be Forgotten: Forced Amnesia in a Technological Age*, Vol. 31, No. 2, October 2015, p. 136.

[238] 詳見本節後續說明。

[239] Meg Leta Jones, *Control+Z: The Right to Be Forgotten*, New York & London: New York University Press, 2016, p. 45; Michael J. Kelly/David Satola, "The Right to Be Forgotten," *University of Illinois*

權力而來的是落在搜尋引擎營運者肩上的社會責任，包括對下列困難的政策問題做決斷，諸如：在多少年後系爭要求的資訊可被移除？而爲了正當化保留在搜尋結果中的連結，資料主體必須在公衆生活中扮演什麼樣的角色才符合？[240] 近期學者也留意到在諸如Google這樣的搜尋引擎若認可了請求人的去列表請求，相對於若拒絕時可能以向歐盟會員國的資料主管申訴，但認可的情形則將無任何後續行政、司法的介入空間。[241]

　　針對此項批評，本書注意到在2014年 *Google Spain* 案判決之初，各界亦多有針對諸如Google這樣的私人網路平台，是否足以肩負上述傳統上認爲屬於國家之責任。惟本書認爲，若相關標準的形塑涉及言論審查，考量國家政府的功能與立場，自不應賦予過重的角色。但若從 *Google Spain* 案至2020年的發展看來，結果似乎已正當化了當初的判決。Google並未如當初部分評論者所預言，在實際的能力上無法負荷個案判斷的任務。但網路使用者在若對Google所爲判斷不滿時，除了循司法途徑救濟，是否能有選擇其他搜尋引擎者的「自由」，則可能不言自明。

　　在對未來的想像方面，Mayer-Schöenbergerc和Rustad都提出可以讓資料主體自行設定資料生命公開週期的想法。在暫時不考量目前世界上主要網路平台商業模式下，上述做法可降低被遺忘權的執行成本。[242]

（七）對歐盟相關成文法立法之影響

　　從90年代以來，歐盟一直有被遺忘權權利機制設計的相關的討論。而本案，自2013年總辯官公布其意見，甚至是在判決本身公布後，對相關的歐盟立法都產生相當的影響。[243] 歐盟 *Google Spain* 案判決的通過無疑亦影響了後續2016年歐盟通過的GDPR與其中相關的條款，此部分的分析與比較將於本書第四章第二節詳述。

　　Law Review, Vol. 1, May 2017, p. 15.

[240] Hijmans, *op. cit*., pp. 233-235.

[241] Jessica Friesen, "The Impossible Right to Be Forgotten," *Rutgers Computer & Technology Law Journal*, Vol. 47, No. 1, January 2021, p. 190.

[242] Rustad/Kulevska, *op. cit*., pp. 382-383.

[243] Artemi Rallo, *The Right to Be Forgotten on the Internet: Google v Spain*, Washington, D.C.: Electornic Privacy Information Center, 2018, pp. 42-43.

貳、義大利*Lecce v. Manni*案

一、本案事實

　　該案件起源於2007年義大利的Manni先生對雷契商業登記處（Lecce Chamber of Commerce）所提之爭訟。

　　Manni為工程建設公司Itsliana Construzioni Srl的獨任董事長。在現職之前，Manni先生亦曾擔任薩蘭托不動產財務公司（Immobiliare e Finanziara Salentina Srl）的獨任董事長與清算人。而該公司在1992年被宣告破產並從公司登記處被刪除登記，隨後並於2005年7月7日進入清算程序（liquidation proceedings）。[244]

　　2007年12月12日，其以雷契商業登記處為被告提起訴訟。理由為其時任董事長的Itsliana Construzioni Srl建設公司雖獲得建造一觀光社區的建案，但系爭建案的銷售並不理想。而Manni先生認為上述建案銷售不理想的原因在於公司登記處（companies register）之資料顯示，其曾擔任薩蘭托不動產財務公司的獨任董事長與清算人。[245]

　　在上述爭訟中，Manni先生並主張他被公司登記處所儲存之個人資料受到諸如Cerved Business Information SpA等商業資訊公司的處理。而上述Cerved Business Information SpA等公司的專業在於風險評估與蒐集和處理市場資訊。[246]

　　儘管Manni先生曾於2006年4月10日向雷契商業登記處提出移除其資料之申請，但該處並未執行移除。Manni遂向雷契地方法院（Tribunal di Lecce）請求其命雷契商業登記處刪除、匿名化（anonymise）或屏蔽連結其與薩蘭托不動產財務公司清算之資料，並賠償他因名譽受侵害所蒙受的損害。[247]

　　2011年8月，雷契地方法院肯認Manni先生上述之請求，除命雷契商業

---

[244] Case C-398/15, *op. cit.*, §23-24.
[245] Case C-398/15, *op. cit.*, §23-26.
[246] Case C-398/15, *op. cit.*, §25.
[247] Case C-398/15, *op. cit.*, §25-26.

登記處將連結Manni與薩蘭托不動產財務公司清算之資料匿名化，並令雷契商業登記處賠償其所受損害，連同利息約2,000歐元。[248]該院指出：「除非在系爭資料有必須被保留與公開的特定一般利益（a specific general interest）時，（公司）登記處之註記（entries）不應將個人之姓名與某公司重要階段永久連結」。[249]

雷契地方法院並進一步認定：「鑑於本院於本案中所衡酌為發生在十多年前事件，且系爭公司已於兩年多前……不復存於公司登記處之列，實難看出公示在該公司進行清算當時獨任董事姓名之必要或實益」。[250]

有鑑於《義大利民法》（Civil Code）未有任何關於最長註記期間（maximum period of registration）之規定，雷契地方法院指出，在清算完成後「一段適切時間後」，並且在系爭公司已被從登記處移除，表明清算期間獨任董事的姓名即不再必要或有其助益。[251]

該院並指出，以第196號立法命令（Legislative Decree No. 196）[252]的目的而言，公眾對於關於公司存續及曾所歷經困難的「歷史記憶」（historical memory）的利益，[253]大部分仍能以匿名化後的資料方式有效達到。[254]

在一審判決中，雷契地方法院命雷契商業登記處將Manni先生與其之前所任職公司後來進入清算程序之連結匿名化，並應對其為損害賠償。嗣後，雷契商業登記處向義大利最高法院（Corte suprema di cassazione）提起上訴，該院則決定聲請歐盟法院的預先裁判之訴。[255]

義大利最高法院在先行裁決程序所提出的問題如下：[256]

---

[248] Case C-398/15, *op. cit.*, §27.

[249] Case C-398/15, *op. cit.*, §28.

[250] Opinion of Advocate General Bot in Case C-398/15, Camera di Commercio, Industria, Artigianato e Agricoltura di Lecce v. Salvatore Manni, ECLI:EU:C:2017:197 (hereafter: Opinion of AG of "Lecce"), §30.

[251] Case C-398/15, *op. cit.*,§28.

[252] 2003年的第196號立法命令（decreto legislative n. 196）係義大利將歐盟《個資保護指令》轉換為內國法之法令。

[253] 原文為interest，此處應指公眾對於系爭資訊近取的利益。

[254] Case C-398/15, *op. cit.*, §28.

[255] Case C-398/15, *op. cit.*, §29.

[256] *Ibid.*

（一）由2003年第196號立法命令所轉換歐盟《個資保護指令》第6條第1項第(e)款所揭示，以個人資料當初被蒐集的目的觀之，以容允對資料主體之辨識（identification of data subjects）的形式保持系爭個人資料不再爲必要時，上述原則是否優於且進而排除歐盟第68/151號指令以及《義大利民法》第2188條與1993年第580號法律第8條所建立之公司登記處下揭露系統機制？

（二）承上，在第68/151號指令第3條下，是否容允對任何人皆可在無時間限制下查詢公司登記處所公開之資料此一原則有所損抑，讓系爭資料不再處於「公開」（disclosure）的狀態，而是以由資料管理人衡量之方式，在一定時間內向特定人揭露？

二、執委會和其他會員國意見

執委會指出，第68/151號指令的第2條第1項第(d)款與第(j)款所涵蓋的各種情況，可能涉及各會員國不同法律時效（limitation period）和期間的高度異質性，就目前而言，尚難謂可能自公司之解散起，在單一時間點後，就上述資料於登記處之納入或其公開認定爲非必要。[257]

德國政府認爲，即便是非最新之資料在交易上仍有其重要性。舉例而言，在訴訟中，究竟是誰在特定時點代表公司爲特定行爲常爲必須釐清之事實。[258]此外，德國政府也補充，任何透過商業爲公司爲交易之人應皆須有公開部分資訊之準備。[259]

捷克和波蘭政府則認爲，即便在公司解散後，仍有必要於公司登記處保存其資訊。其原因乃爲使第三人能對公司或其清算人採取法律行爲，或者是確認在數年前由公司董事所執行措施之效力。[260]

在一家公司即便不在公司登記處之列，是否仍存有對第三人的保護利益

---

[257] Case C-398/15, *op. cit.*, §55.
[258] Opinion of AG of "Lecce," *op. cit.*, §74.
[259] Opinion of AG of "Lecce," *op. cit.*, §84.
[260] Opinion of AG of "Lecce," *op. cit.*, §74.

方面，義大利政府表示，在資合公司有管理或代表權限的責任界定方面有較長資料保存期間之適用，該期間並可藉由訴訟程序進行更新。義大利政府並補充，確認無效之訴在義大利並無任何期間的限制。[261]

另外，義大利政府亦指出，一間公司進入清算程序的事實之揭露，本身其實對該公司的董事而言並非對其名譽或榮譽的損害。公司進入清算程序有可能由外部非不良管理因素所導致，例如景氣蕭條或該產業的需求減少等。[262]

關於本案所涉第68/151號指令，執委會認為指出歐盟立法機構在以第2012/17號指令等修正為第2009/101號指令新增第7a條，明訂該指令之執行亦有《個資保護指令》之適用時，乃鑑於個人資料處理量的增加，旨在確保各會員國間登記處的運作互通性（interoperability）。[263]

另一方面，執委會似乎採取較支持被遺忘權的角度。關於若採取限制系爭公司登記處資料的近取，執委會所提出的可能方案為：在商業公司停止交易一段期間後，可將系爭資訊的近取權限開放給特定的一群人。這些人必須證明其有取得上述資訊的正當利益，而上述利益又必須優於《憲章》第7條與第8條所保護的基本權利，始得近用相關資訊。[264]

針對上述執委會的提議，德國政府則認為確認正當利益將在金錢與時間上造成不成比例的行政成本，非現行公司登記處的營運狀況所能負荷，最終並影響其運作。[265]

三、總辯官觀點

綜整本案事實後，總辯官則指出依其見解，本案爭點係涉歐盟1968年第68/151號指令的第2條第1項第(d)款與第(j)款，以及《個資保護指令》的第6條第1項第3款與第7條第(c)、(d)、(e)款，在同時考量《憲章》第7條與

---

[261] Opinion of AG of "Lecce," *op. cit.*, §81.
[262] Opinion of AG of "Lecce," *op. cit.*, §86.
[263] Case C-398/15, *op. cit.*, §36.
[264] Opinion of AG of "Lecce," *op. cit.*, §86.
[265] Opinion of AG of "Lecce," *op. cit.*, §96.

第8條精神的狀況下，是否能產生公司登記處之資料中的個人資料，在歷經一段時間後，可依利害當事人之申請，而被刪除、匿名化或屏蔽，而僅對有正當合法利益之特定人爲公開之解釋。[266]

在開始討論前，總辯官將問題定性爲兩個原則調和：其一爲第68/151號指令所揭示，公司登記處之資訊必須被公開之原則；其二則爲《個資保護指令》所揭示，個人資料僅得以其被處理目的所需之期限爲保存。[267]

總辯官首先指出，在法律的適用上第68/151號指令第2條第1項第(d)款與第(j)款[268]所要求公開在公司登記處之資料，皆爲《個資保護指令》第2條第(a)款下之個人資料。[269]

總辯官也指出，第68/151號指令中並未規範在任何特定期限後，公司登記處之資訊應被刪除、匿名或屏蔽，亦未有在一定期間後將系爭資訊之近取限縮提供給特定範疇之人（a restricted category of persions）。[270]另一方面，會員國在執行上述指令時亦須遵守歐盟關於資料保護之規定，亦即《個資保護指令》與《憲章》第7條與第8條。[271]

同時，法院也提醒，在歐盟法院過去的案例法已確立個人資料之保護並非絕對權，必須就其在社會中所扮演中之功能考量。[272]此外，《憲章》的第52條第1項亦允許用法律的形式對諸如第7條與第8條權利之行使加諸限制。[273]

針對本案的情形，總辯官再強調本案的議題涉及負責保存公司登記資料的內國機關是否在特定公司停止存續一段時間後，依資料主體之請求，必須決定將該登記處所存有資料主體的個人資料刪除或爲匿名化之處理，或限制

---

[266] Opinion of AG of "Lecce," *op. cit.*, §32.

[267] Opinion of AG of "Lecce," *op. cit.*, §35.

[268] 第68/151號指令第2條第1項第(d)款要求依法所選任或解任之人事爲公開，第(j)款則要求就清算人及其權限爲公開。

[269] Opinion of AG of "Lecce," *op. cit.*, §38.

[270] Opinion of AG of "Lecce," *op. cit.*, §42.

[271] *Ibid.*

[272] Opinion of AG of "Lecce," *op. cit.*, §47.

[273] *Ibid.*

其公開對象僅限特定人。[274]

在論理分析方面，總辯官首先指出本案中個人資料之處理滿足《個資保護指令》第7條下數個使該處理為合法之要件，包括：[275]第7條第(c)款，系爭處理為資料控制人履行法定義務遵循之所須；再者，依照同條第(e)款，系爭處理乃為執行具重大公益任務或為控制人或取得資料第三方（to whom the data are disclosed）執行公權力之所須；最後，依據第7條第(f)款，系爭處理為資料控制人或取得資料第三方為追求正當利益之所須，除非資料主體受第1條第1項所保護的基本權利或自由之利益優於上述利益。

第68/151號指令的第2條第1項要求會員國採取確保同指令第4條所規範公司強制公開該項所列文件與細項資料之必要措施。總辯官並補充，同指令第2條與第3條，要求會員國確保公司登記處存有公司董事與清算人之個人資料，並供第三人近用上述資料。[276]

總辯官認為，透過公司登記處的形式來記錄與公開公司的基本資訊，係為創造能夠提供法律安定性的可靠資訊來源，屬保護特別是債權人等第三人利益、公平交易，以及市場的良好運作（proper functioning of the market）之必要。[277]

同時，總辯官並引用*Compass-Datenbank*案[278]指出，企業依照法定義務揭露資料為公權力之執行，而非經濟活動。承上，上述依照相關適用內國法而進行資料庫運作的維持或上述資料之公開，包括提供簡易的檢索或提供列印出的紙本，亦非經濟活動。[279]

此外，本案總辯官也引用過去案例法中總辯官之意見[280]強調，諸如公司登記處等公共登記處之顯然目的在於創造法律關係中可仰賴的可靠資訊來

---

[274] Opinion of AG of "Lecce," *op. cit.*, §50.

[275] Opinion of AG of "Lecce," *op. cit.*, §52.

[276] Opinion of AG of "Lecce," *op. cit.*, §53.

[277] Opinion of AG of "Lecce," *op. cit.*, §54.

[278] Case C-138/11, Compass-Datenbank GmbH v. Republik Österreich, ECLI:EU:C:2012:449.

[279] Opinion of AG of "Lecce," *op. cit.*, §56-57.

[280] Opinion of Advocate General Jääskinen in Case C-138/11, Compass-Datenbank GmbH v. Republik Österreich, ECLI:EU:C:2012:449.

源，並提供市場交易所必要的法律安定性。[281]

　　總辯官也補充，從第68/151號指令前言第1段可知該指令的目的在促進共同市場的發展。而爲了達到發展共同市場的目標，指令提供了關於公司資訊揭露最低限度的共通規範，以及公司登記處所應保存最基本的資訊。[282]

　　第68/151號指令前言第2段也指出，該指令的目標亦包含第三人之保護。同指令前言第4段也特別提到，公司的基本文件應公開以確保第三人得確定該公司基本文件的內容與其他相關資訊，特別是有權代表公司爲拘束公司約定之人。承上，總辯官指出，公司登記處資訊公開的目的在於確保商業交易的法律安定性。[283]

　　綜上所述，總辯官歸結，就登錄於公司登記處的資料爲公開爲符合《憲章》第52條第1項所認可一般利益目的（an objective of general interests）應屬無疑。承上，接下來須探討的則爲系爭未受有任何時間限制或限制可近用資料對象之公開，是否爲追求上述一般利益目的之所須？而在提出正式的結論之前，總辯官並再次強調與提醒，《個資保護指令》目的在於要求個人資料自由流動之利益與對隱私基本權遵守的平衡。[284]

　　在判斷登錄於公司登記處之個人資料的公開，是否應有時間或對象的限制方面，總辯官則指出，即便一公司停止存續並爲公司登記處所刪除，並不會因此使得與該公司有關之權利或法律關係停止存續。[285]因此，**對於欲向前述已停止交易公司行使權利之人，或先前與這樣的公司有法律關係之人，使其擁有包含董事之個人資料等相關公司資訊的近取權限，實屬必要。**[286]

　　並且，總辯官再強調，第三人有於任何時點對特定公司皆能夠有一個可靠圖像的權利，包括該公司是否仍在市場上交易、它的董事是誰等，以評估與該公司間商業行爲之風險。也因此，在保護第三人的目的之下，爲了必須能夠確保關於公司歷史的可靠圖像爲可得，會得出無限期保存與公開公司

[281] Opinion of AG of "Lecce," op. cit., §58.
[282] Opinion of AG of "Lecce," op. cit., §60.
[283] Opinion of AG of "Lecce," op. cit., §61.
[284] Opinion of AG of "Lecce," op. cit., §65-67.
[285] Opinion of AG of "Lecce," op. cit., §73.
[286] Ibid.

登記處之資訊為較佳做法的結論。[287]而針對雷契地方法院認為可以匿名資料替代之意見，總辯官則指出系爭公司登記處之資料所提供的並非統計上的功能，若刪除了這些資料、改以匿名資料為處理，將無法達成前述建立完整公司圖像的目標。[288]

而適用到本案中，總辯官指出，對Manni先生交易的潛在對象，也就是未來房地產的買主而言，知道負責系爭建案的建商已經成立多久，其負責人是否過去也是其他公司的管理者，而這些其他的公司過去的歷史又為何，都會有相當幫助。特別是這些公司中其中有一家曾經進入過清算程序，這對買家會是進行購買的決定性因素。[289]

並且，針對執委會所提出，在一定時間後只向特定一群能證明其有正當利益之人選擇性揭露系爭資訊的替代方案，總辯官亦不贊同。[290]總辯官認為這樣的做法不僅僅會在上述的「一定時間」以及這一群特定的人「是否存在正當利益」的判斷上，留給負責公司營運登記處的機關不受拘束的裁量權限，亦可能隨之帶來各個負責公司營運登記處的機關間判斷歧異的風險。[291]

承上，這樣的歧異勢必會造成歐盟內不同交易人對資料近取的不公平狀態。此外，總辯官再重申第68/151號指令的目的，在於設定一組公司必須最低限度揭露的資訊。若讓各會員國可以調整上述可轉為僅向特定人公開資訊的時間點與正當利益的認定，**此舉將違背原本設定統一最低限度揭露資訊之目的，以及《歐盟條約》第10條移除設立自由（freedom of establishment）障礙的目標。**[292]

綜上，總辯官認為，如公司登記處此類公共登記處，為達到到它們所被建立的主要目標，亦即藉由透明公開法律上有可靠性之資訊來加強法律安定性，唯有透過其所蒐納資訊的近取可永久性地開放給所有人。[293]

---

[287] Opinion of AG of "Lecce," *op. cit.*, §75.
[288] Opinion of AG of "Lecce," *op. cit.*, §77-78.
[289] Opinion of AG of "Lecce," *op. cit.*, §77-79.
[290] Opinion of AG of "Lecce," *op. cit.*, §92.
[291] *Ibid.*
[292] Opinion of AG of "Lecce," *op. cit.*, §93-94.
[293] Opinion of AG of "Lecce," *op. cit.*, §99.

　　總辯官也清楚指出，自然人若選擇透過商業公司之媒介參與經濟生活，則必須面對相應的永久性的透明性要求。[294]

四、法院判決

　　在正式為判決理由說明前，歐盟法院先將本案所諮詢議題定位為：在第68/151號指令的第3條與《個資保護指令》第6條第1項第(e)款並列的情形下，是否意味會員國必須確保前述第68/151號指令的第2條第1項第(d)款與第(j)款所涵蓋之**個人，有權在公司解散一段時間後，依個案判斷之方式**（on the basis of a case-by-case assessment），**要求負責公司登記的主管機關限制其在登記處個人資料之近取。**[295]

　　法院也先指出，在第68/151號指令的第2條第1項第(d)款下，會員國必須採取必要措施，確保有權代表公司與第三人為交易或進行訴訟，或參與公司之管理、監理或控制之人，無論其為法定之一人機構（organs）或法定機構的多人成員，強制公開公司對於上述之人的選任、解任與其細部資訊。[296]

　　此外，法院亦先指出《個資保護指令》第7條第(e)款規定，個人資料之處理，必須符合為公共利益執行任務之所須或行使所賦予資料控制人，或第三人執行公權力之所須的原則。

　　關於此點，法院並引用過去的案例法[297]指出，過往已肯認公家機關所從事活動包括：在資料庫內儲存企業體依法定義務必須為報告的資料，並允許對上述資料有興趣之人可搜尋該資料並提供他們紙本列印，這些都是執行公權力之範圍，並構成前述第7條第(e)款規定下，因公眾利益所執行之任務。[298]

　　另外，法院亦再次引用*Google Spain*案，重申在《個資保護指令》第14條第1項第(a)款所提到個人得在有重大正當性理由（on compelling legitimate

---

[294] Opinion of AG of "Lecce," *op. cit.*, §100.

[295] Case C-398/15, *op. cit.*, §30.

[296] *Ibid*.

[297] Case C-138/11, *op. cit.*

[298] Case C-398/15, *op. cit.*, §43.

grounds）時，隨時就其資料之處理提出異議權利前提下所爲之衡平，須以更具體的方式考量資料主體特定情狀的所有相關情形（in a more specific manner of all the circumstances）。[299]

在爲細部的論理判斷前，歐盟法院指出，爲判斷本案所涉及議題，必須先確立本案中公司登記處資料登記的目的。[300]法院點明，從第68/151號指令的前言與指令名稱可清楚得知，該指令下登記資料之公開目的在於保護股份有限公司（joint stock companies）及有限責任公司（limited liability companies）相關第三人之利益，因其所能得到的唯一保障爲上述公司之資產。[301]

再者，歐盟法院留意到第68/151號指令乃鑑於在歐盟內部市場建立後會員國間交易的密度加大，讓任何欲與會員國內公司建立、發展交易關係之人皆能輕鬆地取得關於該公司之組成、有代表權人爲誰等重要資訊。爲達成這樣的目的，將相關資訊於登記處清楚地表明（expressely stated）是必要的。[302]

並且，歐盟法院再強調，**過去案例法[303]已確立第68/151號指令的第3條的目的，在促使任何第三人在無須證明其有權利或利益的前提下，能得知該條所列之資訊。**過往歐盟法院也認定，授權該指令的《歐洲經濟共同體條約》（*EEC treaties*）**第54條第3項第(g)款[304]的文字，所指涉的爲對第三人利益一般性保護的需求，並未區分或排除在第三人概念下任何子類別。也因此，該款所指第三人不僅限制在公司之債權人。**[305]

在細部的理由說明方面，法院指出，爲達到第68/151號指令第3條之目標，原則上在公司解散後，是否亦應讓第2條第1項第(d)款與第(j)款所涵蓋

---

[299] Case C-398/15, *op. cit.*, §47.

[300] Case C-398/15, *op. cit.*, §48.

[301] Case C-398/15, *op. cit.*, §49.

[302] Case C-398/15, *op. cit.*, §50.

[303] See, for example, Case C-97/96, Verband deutscher Daihatsu-Händler eV v. Daihatsu Deutschland GmbH,1997 ECR I- 06843.

[304] 《歐洲經濟共同體條約》第54條第3項第(g)款原文爲：by co-ordinating to the necessary extent the safeguards which, for the protection of the interests of members and others, are required by Member States of companies or firms within the meaning of the second paragraph of Article 58 with a view to making such safeguards equivalent throughout the Community.

[305] Case C-398/15, *op. cit.*, §51.

之資料存留在登記處裡並／或讓第三人請求後可得近用，指令本身並未有明確規範。[306]

　　但法院也同意總辯官所指出，即便在一間公司解散後，與其相關之權利及法律關係仍繼續存在。因此，為衡量在該公司營業期間，代表該公司所為行為的法律效力，或為俾第三人可對該公司機關之成員或清算人提起訴訟，可能必須用到第68/151號指令的第2條第1項第(d)款與第(j)款所涵蓋之資料。[307]

　　除此之外，考量依據各會員國所採用不同的限制期間或時效之規定，對上述資料之請求可能會發生在公司停止存續多年後。[308]

　　法院也指出，誠如執委會所提醒，考量各會員國內各個不同領域法律關於期間或時效高度歧異的規範，目前似乎無法找出自公司解散後，不再需要公開其於登記處所存放資料的統一單一期間限制。[309]

　　承上，法院認為在上述情況下，會員國無法依據《個資保護指令》之規定賦予第68/151號指令的第2條第1項第(d)款與第(j)款所規範之自然人，要求在系爭公司解散了一段時間經過後，對公眾屏蔽其資料。[310]

　　接下來，法院則反過來檢視現有第68/151號指令的第2條第1項第(d)款與第(j)款與第3條的規範，舉出三點說明即便從《憲章》第7條、第8條與《個資保護指令》的觀點，上述規範亦未構成不合比例之限制：[311]

（一）首先，上述條款所要求揭露的為有限的個人資料細項，亦即關於有權代表公司與第三人為交易或參與公司之管理、監理或控制之人，或被選任為公司清算人，他們的身分與其在公司所扮演職能。[312]

（二）其次，前述分析已提到股份有限公司及有限責任公司能提供相關第三人的唯一保障為其資產。有鑑於此，要求選擇參與透過上述公司所進

---

[306] Case C-398/15, *op. cit.*, §52.
[307] Case C-398/15, *op. cit.*, §53.
[308] Case C-398/15, *op. cit.*, §54.
[309] Case C-398/15, *op. cit.*, §55.
[310] Case C-398/15, *op. cit.*, §56.
[311] Case C-398/15, *op. cit.*, §57.
[312] Case C-398/15, *op. cit.*, §58.

行交易之自然人揭露關於其身分的資料，特別是在其從事上述活動時即已知悉相關要求，似屬有正當。[313]

（三）然而，歐盟法院再指出，儘管上述論理支持為了能確保法律安定性、公平交易，進而促進歐盟內部市場的正常運作這樣的前提下，保護股份有限公司及有限責任公司相關第三人利益之需求在原則上優於《個資保護指令》第14條第1項第(a)款，但仍不能排除在特定情形下，特定案例中會有其他更優越且正當之理由，使在所涉公司解散後一段足夠長期的時間後，將該公司登記處的相關個人資料的近取限制開放給能證明有特殊利益必須查閱相關資料的第三人。[314]

此外，歐盟法院並補充，上述情形要能有《個資保護指令》第14條第1項第(a)款之適用必須內國法未有相悖之規範，而第68/151號指令的第2條第1項第(d)款與第(j)款所列之自然人是否能以個案為判斷的前提下，向主管機關就登記處之資料為上述近取限制的申請，則取決於內國立法。[315]

綜上所述，歐盟法院認為本案中上述情形對於內國法之判斷應由申請預先裁判之訴的義大利最高法院決定。[316]

接者，針對本案事實為涵攝的判斷。歐盟法院指出，如同在本案的情形，若先在檢視所涉內國法後顯示該國內國法允許《個資保護指令》第14條第1項第(a)款之申請，將會由該內國法院判斷，是否存在更優越且正當之理由，能夠例外的正當化限制第三人對於公司登記處所存放關於Manni先生資料的近取。[317]

承上，但本案中Manni先生所舉出的情狀，亦即其所擔任獨任董事長的Itsliana Construzioni Srl建設公司所建觀光建案，因潛在客戶能夠近用公司登記處之資料而導致其無法銷售，特別是在考量對於購屋人有獲得上述資訊的正當利益後，並不能認作構成上述「更優越且正當之理由」。[318]

---

[313] Case C-398/15, *op. cit.*, §59.

[314] Case C-398/15, *op. cit.*, §60.

[315] Case C-398/15, *op. cit.*, §61.

[316] Case C-398/15, *op. cit.*, §62.

[317] Case C-398/15, *op. cit.*, §63.

[318] *Ibid.*

五、小結

（一）對歐洲共同市場的重視

　　本案涉及推動共同市場目標下，確保市場透明性的重要機制。而歐盟法院向來解釋論述的邏輯都是以歐洲共同市場為優先，因此本案的論述乃將資訊社會的衝突放在現有單一市場的架構下檢視，自然不會得出資料保護先行的結論。[319]

（二）公部門資料與私部門資料之區別

　　Frenzel注意到本案所涉資料和*Google Spain*案有本質上的歧異，認為公共檔案應為真實，也因此為公權力機關對於有效、第一手資訊之保存提供正當化的理由。[320]Mantelero則注意到雖然公部門所儲存資料的完整性本身或許不容有被減損的空間，但理論上可透過限制公眾對於系爭資料的近取解決本案原告的請求、甚至使用假名化技術，並不會影響資料的可近用性（data availability）；而不同的手段所相應的衡平測試（balancing test），亦有所異。[321]

　　並且，Mantelero也指出本案核心的困難點在於，對於一定時間經過後、對於系爭商業近取利益消失的期間長度的定義。在前述判斷由不同法院或資料保護機關自為個案衡量的情形，公共登記處統一資料近用可得性的公正性將受到減損。此外，Mantelero也提醒，並非所有公共登記處皆將因其為公共登記處即可正當化個人資料的可得近用，仍須因目的限制與合比例原則為個案衡量。[322]

---

[319] Eike Michael Frenzel, "Facilitating the Flow of Public Information: The CJEU in Favour of Distinctive Rule/Exception Regulation in Member Stataes," *European Data Protection Law Review*, Vol. 3, No. 2, February 2017, p. 285.

[320] *Ibid.*, p.286.

[321] Alessandro Mantelero, "Right to Be Forgotten and Public Registers. A Request to the European Court of Justice for a Preliminary Ruling," *European Data Protection Law Review*, Vol. 2, No. 2, April 2016, p. 234.

[322] *Ibid.*

（三）義大利實務發展

在*Lecce v. Manni*案進入歐盟法院審理後、法院宣判前，義大利的資料保護機關（Italian Data Protection Authority, IDPA）在2016年10月發布「爲商業資訊目的處理個人資料倫理行爲準則」（Code of Ethics and Conducts in Processing Personal Data for Business Information Purposes）。[323]

該準則第7條第1項第(c)款規範與諸如破產或清算等企業負面事件之商業資訊應由諸如商業登記處等商業資訊服務人揭露；然而，商業資訊服務提供人僅得指涉與系爭公司有生意來往或法律關係之自然人的既有額外資訊，禁止在資料主體與負面事件相關資訊的連結。[324]

然而，必須注意上述倫理行爲準則並非法律，乃自願性守則。在2017年歐盟法院另爲判斷的情形，最後的結果義大利仍須遵守歐盟法的規範。此亦爲當初歐盟爲了建立更有效率的共同市場，而各會員國自願交出一部分法秩序統一規範權的必然結果：各地方不同的民情必須在內部市場的旗幟下妥協。

參、法國*Google LLC v. CNIL*案

一、本案事實

本案係由法國中央行政法院所提起的預先裁判之訴。原告爲Google LLC（該公司承接原Google Inc.之業務），被告則爲法國資料保護主管機關國家資訊自由委員會（CNIL）。並且，一同參加訴訟表達意見的還有法國的人權保護官署（Défenseur des droits）、微軟（Microsoft Corp.），以及維基媒體基金會、新聞自由基金會（Fondation pour la liberté de la presse）、新聞自由委員會（Reporters Committee for Freedom of the Press, RCFP）、第十九條與其他（Article 19 and Others）、網路自由基金會（Internet Freedom Foundation, IFF）等民間組織。

---

[323] Eleonora Caravà, "Personal Data Kept in Companies Registers: The Denial of the 'Right to be Forgotten'," *European Data Protection Law Review*, Vol. 3, No. 2, February 2017, p. 291.

[324] *Ibid.*

本案起源自CNIL在2015年5月21日所做之決定。在該決定中，CNIL以正式函文通知Google，當依照某自然人之要求，允許從以其姓名為基礎所為搜尋所顯示的搜尋結果清單中移除連接至網站的連結時，系爭移除必須適用於該搜尋引擎所有的網域域名下的延伸。[325]

但Google拒絕遵行上述正式函文通知，僅從在會員國網域域名下進行搜尋所得的搜尋結果中，進行上述連結的移除。[326]在CNIL發出上述正式函文的時限過後，Google也提出一項「地域屏蔽」的提案（geo-blocking proposal）。[327]在該提案中，若網路使用者從系爭資料主體居住地所在會員國的IP位址，將無法近取上述搜尋結果，無論其所使用搜尋引擎是否為會員國的網域。[328]

之後，CNIL並在2016年3月以裁定認定Google未能在指定期限內遵行上述2015年5月21日的正式函文通知，並裁罰Google罰金10萬歐元。[329]而Google則向法國中央行政法院提起聲請判決上述裁定為無效。[330]

鑑於本案涉及《個資保護指令》之解釋，法國中央行政法院在向歐盟法院所提起的預先裁判之訴中提出下列問題：

（一）由歐盟法院在*Google Spain*案所創立的「去被參考的權利」（right to be dereferencing）是否能被做成如下的解釋：當准予申請人去被參考之請求時，即便系爭搜尋係在《個資保護指令》領域管轄範圍之外地方所為，搜尋引擎營運者是否必須在其搜尋引擎下所有網域名稱下皆進行去參考化（de-referencing）？[331]

（二）若問題的答案為否定，上述由歐盟法院在*Google Spain*案所創立的「去被參考的權利」是否能被做成如下的解釋：當准予申請人去被參考之請求時，搜尋引擎營運者是否僅須在系爭申請所被做成網域名

---

[325] Case C-507/17, *op. cit.*, §30.

[326] *Ibid.*, §31.

[327] *Ibid.*, §32.

[328] *Ibid.*

[329] *Ibid.*, §33.

[330] *Ibid.*, §34.

[331] *Ibid.*, §39.

稱，抑或必須在所有會員國網域名稱下移除系爭搜尋結果之連結？[332]

（三）除了上述的義務之外，由歐盟法院在*Google Spain*案所創立的「去被參考的權利」是否能被做成如下的解釋：當准予申請人去被參考之請求時，搜尋引擎營運者必須透過「地域型封鎖技術」（geo-blocking technique），對來自「去被參考的權利」受益人所居住國的IP位址國所爲之搜尋爲屏蔽，抑或必須就所有來自爲會員國IP位址所爲之搜尋爲屏蔽，而無須考量系爭網路使用者在何域名下進行搜尋？

二、執委會和其他案件參與人意見

　　針對是否有需要在搜尋引擎全球各版本中進行去參考化，CNIL、人權保護官署和法國、義大利與奧地利政府，皆在《憲章》第8條下所保障對個人資料保護的有效與完整保護（effective and complete protection），與《個資保護指令》第12條第(b)款與第14條第1項第(a)款下去參考權（right to de-referencing）的實際效果，上述參與人皆認爲全球性的去參考化（world-wide de-referencing）是爲達到上述權利的有效保護必要所須。[333]

　　另外一方面，執委會與愛爾蘭、希臘、波蘭政府，以及Google和維基媒體基金會、新聞自由基金會、新聞自由委員會、第十九條與其他與網路自由基金會等團體則認爲，在歐盟法的基礎上建立一全球性的去參考權將與歐盟法甚至國際公法不符，並將形成危險的先例、誘使獨裁政權要求將其言論審查決定在全球執行。[334]

　　並且，關於現行歐盟法的領域外效力，法國政府提醒，以競爭法的領域爲例，即便某一事業參與反競爭的協議或執行的慣行在非歐盟領域內之第三國，只要系爭協議與慣行的有在歐盟領域內運作，即有TFEU的第101條與

---

[332] *Ibid.*

[333] Opinion of Advocate General Szpunar in Case C-507/17, Google LLC v. Commission nationale de l'informatique et des libertés (CNIL), ECLI:EU:C:2019:772 (hereafter: Opinion of AG of "Google LLC v. CNIL"), §34.

[334] *Ibid.*, §35.

第102條等歐盟相關規範之適用。[335]

此外，法國的人權保護官署則舉出另外一個歐盟法的域外效力出現在歐洲人權法院的案例法中，將歐盟境內之人引渡到歐盟境外第三國之情形。但總辯官之後表達，其並不認同將此種情形類推適用於本案。[336]

三、總辯官觀點

首先在法律適用的部分，總辯官於2019年1月指出依據《法國行政程序法》之規範，裁判所應適用之法律為系爭爭議裁定所做成之日之法律。因此，總辯官認為本案所應適用之歐盟法為《個資保護指令》，而非**GDPR**。[337]

在分析的架構上，總辯官將論理分為兩個部分，第一部分析法國中央行政法院所提出的問題（一），第二部分則處理該院所提出的問題（二）和（三）。[338]

（一）全球性去參考化之可行性

在第一部分的分析，總辯官除了先整理各參與人之意見，並數度表達其對於將去參考化於歐盟外領域執行的反對立場，[339]其論理過程大致如下：

在*Google Spain*案判決的部分，總辯官首先注意到歐盟法院在該案判決中僅提到「依某人之姓名為基礎為搜尋後所出現的搜尋結果清單」，並未指出該搜尋係由誰於何處所為。[340]

承上，總辯官認為，若《個資保護指令》的規範在《憲章》第7條與第8條之基礎上有意保護因「被搜尋」進而「被參考」之人（the person "searched" and subsequently "referenced"）的基本權利，上述規範並未就去

---

[335] *Ibid.*, §51.

[336] *Ibid.*, §54.

[337] *Ibid.*, §31-32.

[338] *Ibid.*, §33, 64.

[339] *Ibid.*, §36, 46, 49.

[340] *Ibid.*, §44.

參考化的領域範圍有所說明。[341]

　　並且，在歐盟法的成文法源上，總辯官指出，根據《歐洲聯盟條約》（Treaty of the European Union, TEU）第52條第1項，該條約適用範圍為28個會員國；同條第2項並更進一步補充會員國對於其領域內特定的適用具體規定在TFEU第355條。[342]

　　承上，總辯官因此認定，若《個資保護指令》有歐盟領域外適用，僅會發生在有例外理由的情形下。[343]除了法國政府在前述所提競爭法的情形，[344]另外一個有歐盟領域外適用的例子是在商標的情形。[345]但無論是在競爭法或商標權的保護，總辯官都認為它們是極端的例外，因其對內部市場有重要的影響。[346]

　　但總辯官也提到，雖然所謂內部市場是由《歐洲聯盟條約》所清楚定義的領土，但網路的本質本是全球性，並在某程度上是無所不在（present everywhere），實難類推比較。[347]

　　另外，針對法國人權保護官署所提出參酌歐洲人權法院案例法對於歐盟法域外效力解釋的部分，總辯官認為無法依賴上述案例，原因為：首先，總辯官認為**依據《憲章》第52條第1項之規範，是《憲章》依隨歐盟法之適用範圍，而非歐盟法依照《憲章》決定其適用範圍**。[348]再者，總辯官指出，「法國人權保護官署所舉之歐洲人權法院案例多涉及死刑或刑求之禁止等多數法治國家無法允許損抑（derogations）」之情形，惟本案核心為被遺忘權與其他基本權利間的法益平衡，兩者並不相同。[349]

　　總辯官接著明確指出，本案中是否支持去參考化必須以全球性的規模進行以及先前*Google Spain*案的重心皆在資料保護及隱私權和公眾有獲得系爭

---

[341] *Ibid.*, §45.

[342] *Ibid.*, §47.

[343] *Ibid.*, §48.

[344] Case C-413/14, Intel Corporation Inc. v. European Commission, ECLI:EU:C:2017:632.

[345] Opinion of AG of "Google LLC v. CNIL," *op. cit.*, §52.

[346] *Ibid.*, §53.

[347] *Ibid.*, §53

[348] *Ibid.*, §55.

[349] *Ibid.*, §56-57.

所尋求資訊之近取的正當利益間之衡量。[350]

　　接下來，總辯官提出重要的論理依據，亦即依前述《憲章》基本權利之保護必須與依循歐盟法與其領域。在此前提下，總辯官指出就歐盟而言，「公眾有獲得系爭所尋求資訊之近取的正當利益」。來自關乎表現與資訊自由的《憲章》第11條，**而此處的公眾應非全球之公眾，而係歐洲公眾（European pubic）**。[351]

　　再者，總辯官指出，若眞的進行全球性的去參考化，歐盟的官方機構亦不將具有定義與決定接受資訊權利（a right to receive information）之地位，因爲公眾獲取資訊近取之利益必定將依地理位置而異，而各非歐盟之第三國亦不相同。[352]

　　總辯官並指出，若歐盟境內的某官方機構得下達全球性規模去參考化之命令、防止非歐盟第三國的個人近用特定資訊，這必定向非歐盟國傳達，其亦得用其自身法律下達去參考化資訊，最後導致向下競爭（a race to the bottom）。[353]

　　綜上所述，總辯官認爲，《個資保護指令》之解釋下，搜尋引擎營運人在准允去參考化之請求時，並不須要在所有網域名稱下的版本進行，以確保系爭連結無論在世界上何處進行系爭搜尋皆不再顯示。[354]

（二）地域型封鎖

　　在開始細部論理之前，總辯官先分析法院所提出的第三個問題，[355]亦即當准予申請人去被參考之請求時，搜尋引擎營運者是否必須透過「地域型封鎖」（geo-blocking）對來自能因「去被參考的權利」受益人所居住國的IP位址所爲之搜尋爲屏蔽，抑或必須就所有來自會員國IP位址所爲之搜尋爲屏蔽，而無須考量系爭網路使用者在何域名下進行搜尋。

---

[350] *Ibid.*, §58.
[351] *Ibid.*, §59.
[352] *Ibid.*, §60.
[353] *Ibid.*, §61.
[354] *Ibid.*, §63.
[355] *Ibid.*, §66.

總辯官認為，上述問題其實已在搜尋引擎的網域名稱與以某人姓名所進行網路搜尋之地點間建立了無法分開之連結。[356]若法國中央行政法院所提出問題是肯定的，亦即若搜尋引擎人必須在其搜尋引擎所有版本下進行去參考化，則分析此連結的意義不大。[357]但若其答案為否定，則有探討相應發展之必要。因為，舉例而言，任何一個網路使用者不見得必須人在法國境內始得使用google.fr為搜尋。[358]

在開始為正式論述前總辯官也解釋，所謂「地域型封鎖」之技術，舉例而言，乃指搜尋引擎營運人在准允去參考化請求時，對來自因「去參考化權」受益之人所居住國之IP（而非所有會員國位址IP），刪除以該受益人姓名所為之搜尋之搜尋結果。[359]

並且，總辯官也指出，若能接受地域型封鎖，搜尋引擎的各網域名稱則無討論實益，所以他建議討論上先分析關乎技術的第三個問題，再回到關於網域名稱的第二個問題。[360]

在技術性問題方面，總辯官指出，**為確保有效且完整的去參考化，搜尋引擎營運人應採取所有可能的做法**（all steps available to him）。因此，在本案中，**總辯官認為其應包括地域型封鎖技術**，無論網路使用者所使用搜尋的域名為何。[361]

至於第二個問題，也就是當准予申請人去被參考之請求時，搜尋引擎營運者是否僅須在系爭申請所被做成之網域名稱，**抑或必須在所有會員國網域名稱下移除系爭搜尋結果之連結**。總辯官認為去參考化應在整個歐盟境內進行，而非在各會員國國內，理由如下：

理由一，總辯官舉出1992年《歐洲經濟共同體條約》馬斯垂克版第100a條，亦即現今TFEU的第114條。總辯官認為該條規範乃形成內部市場之邏輯，亦即成立一個不存在內部邊界的區域。因此，**總辯官認為若本案中**

---

[356] *Ibid.*, §67.
[357] *Ibid.*, §68.
[358] *Ibid.*, §69.
[359] *Ibid.*, §66.
[360] *Ibid.*, §72.
[361] *Ibid.*, §74.

去參考化僅在內國的層次進行，將有損於協調各國歧異之目標與《個資保護指令》的實際效果。[362]

　　總辯官所舉的理由二為，若在GDPR的架構下，上述問題皆不存在，因該規章將在各會員國可被直接適用（directly applicaple）。綜上，總辯官在第二部分的建議為：搜尋引擎營運人應採取所有可能做法確保有效且完整的去參考化，包括使用地域型封鎖技術，無論系爭網路使用者所為搜尋在何域名之下。[363]

四、法院判決

　　首先，在法律的適用上，歐盟法院提醒，雖然本案在提起預先裁判之訴時所應適用《個資保護指令》。但該指令已於2018年5月25日被廢止，故其後應以GDPR為所應適用之法律。[364]

　　並且，歐盟法院指出，在法院受理本案期間，Google指出其已在預先裁判之訴的提起後更新了各國家搜尋引擎版本設計。在此新的版本設計中，網路使用者會被導向Google透過地域定位程序（geo-location process）所決定預測該使用者所為搜尋引擎的國家版本。[365]

　　綜上，法院首先重新定義法國中央行政法院的問題為：《個資保護指令》的第12條第(b)款與第14條第1項第(b)款，以及GDPR第17條第1項，是否能做成如下之解釋：「當搜尋引擎營運人依據上述規範准予申請人去被參考之請求時，其應負有下列何種程度去參考之義務？」

（一）搜尋引擎營運人必須在其搜尋引擎的所有版本進行去參考化。

（二）搜尋引擎營運人僅須在所有會員國版本下進行去參考化。

（三）搜尋引擎營運人僅須：例如，在適當的情形下，透過「地域屏蔽技術」等技術，在系爭去參考化要求所被提出的會員國版本下進行去參

---

[362] *Ibid.*, §76.
[363] *Ibid.*, §77-78.
[364] Case C-507/17, *op. cit.*, §40.
[365] *Ibid.*, §42.

考化，並確保無論網路使用者係用哪一個國家的版本進行搜尋，只要其進行系爭搜尋所使用IP位址在「去被參考的權利」受益人的居住國，其皆無法近取系爭被去參考化之連結。

（四）搜尋引擎營運人僅須：例如，在適當的情形下，透過「地域屏蔽技術」等技術，在系爭去參考化要求所被提出的會員國版本下進行去參考化，並確保無論網路使用者係用哪一個國家的版本進行搜尋，只要其進行系爭搜尋所使用IP位址在所有歐盟會員國境內，其皆無法近取系爭被去參考化之連結。[366]

　　法院並指出，除了從已經法院於*Google Spain*案所確認的《個資保護指令》第12條與第14條外，GDPR第17條確實亦可作為資料主體行使「去被參考的權利」的請求基礎。在此基礎上，法院補充：從《個資保護指令》第4條第1項第(a)款與GDPR第3條第1項皆可允許個資主體向搜尋引擎營運人行使「去被參考的權利」。[367]

　　此外，在正式開始回答法國中央行政法院的問題時，歐盟法院也重申《個資保護指令》的前言第10段，以及GDPR的前言的第10、11、13段皆提到該指令與規則的目標，在於確保整個歐盟內個人資料的高度保護。[368]

　　而在開始論述前，法院也指出在全球化的世界下，即便是歐盟境外的網路使用者，對於利益主要在歐盟境內之人相關資訊連結的近取，亦將產生立即且可觀的影響（immediate and substantial effects）。[369]法院也承認，若對搜尋引擎的所有版本皆進行去參考化，將能全面地達到上述《個資保護指令》與GDPR的目標。[370]

　　儘管如此，歐盟法院也強調，世界上仍有許多非歐盟國家並未認可「去被參考的權利」或針對該權利採不同的模式（approach）。[371]同時，法院也援引過去的判例強調，個人資料保護權利（right to the protection of

---

[366] *Ibid.*, §45.
[367] *Ibid.*, §46-48.
[368] *Ibid.*, §54.
[369] *Ibid.*, §57.
[370] *Ibid.*, §55.
[371] *Ibid.*, §59.

personal data）並非一絕對權，而必須考量其在社會中的功能並與其他基本權利取得平衡。[372]

並且，歐盟法院指出，儘管歐盟立法機構已透過GDPR第17條第3項第(a)款就歐盟內的隱私權與個人資料之保護切出一個平衡點，相較之下，歐盟立法機構並未就歐盟境外的去參考化取出上述之平衡。[373]法院也特別強調，從《個資保護指令》第12條與第14條和GDPR第17條，皆無法明顯看出立法者有意為了達成前述條文的目的，而賦予他們超出會員國領土的效力，亦未意圖讓向Google這項的搜尋引擎營運人含括非會員國在內國家版本的去參考化義務（a de-referencing obligation）。[374]

歐盟法院也提醒，儘管現行的第56條與第60條至第66條提供會員國的監理機關，於適當之情形，在衡量資料主體之隱私權，以及與其有關個人資料的保護相對於各會員國內公眾取得資訊之利益後，共同合作為聯合決定的工具與機制，但現行歐盟法就歐盟境外的去參考化並未提供上述機制。[375]

綜上所述，歐盟法院就其所歸納的問題(1)，認為現行《個資保護指令》與GDPR下，並無要求搜尋引擎營運人就其搜尋引擎的所有版本進行去參考化。[376]

在問題(2)與(3)的部分，亦即系爭去參考化應在所有會員國相對應的搜尋引擎版本上進行，抑或僅在會因去參考化受益之人所居住會員國對應的搜尋引擎版本上進行。歐盟法院先提醒，考量歐盟立法機構在前言第10段所強調的內容，選擇以能適用於規則形式即為確保整個歐盟內一致的高程度保護，並同時移除歐盟內個人資料流動的障礙，以原則而言，應在各會員原國相應版本的搜尋引擎進行去參考化。[377]

但隨後歐盟法院也指出，整個歐盟境內會員國公眾近取資訊之利益可能因會員國而異，亦即衡量上述利益與資料主體的隱私與個人資料保護權利

---

[372] *Ibid.*, §60.

[373] *Ibid.*, §60-61.

[374] *Ibid.*, §62.

[375] *Ibid.*, §63.

[376] *Ibid.*, §65.

[377] *Ibid.*, §66.

的結果，將未必各會員國皆相同。**歐盟法院並點出，上述情形必須特別考量**《個資保護指令》第9條與GDPR第85條，**提供與諸如言論自由等其他權利調和之所需的例外與損抑爲會員國之執掌，特別是針對單純爲新聞或藝術文學表現目的之處理。**[378]

法院並指出相關立法規範之設計，實已提供內國監理機關調和資料主體權利與所有會員國內公眾近用系爭資訊之利益所需之工具與機制，包括本案所涉包含依資料主體姓名在歐盟領域內所有會員國所進行之搜尋的去參考化的決定。[379]

此外，藉由類推適用過去的案例法，歐盟法院也認定，搜尋引擎營運人在必要的情形，採取足夠有效的措施確保資料主體基本權利的有效性保護（effective measures）。法院認爲，這些措施除了必須符合所有法律的要求，必須能夠對於會員國內的網路使用者，藉由以資料主體之姓名爲搜尋獲得系爭連結之近取，有預防的效果或至少必須能夠嚴正遏止（seriously discouraging）。[380]

綜上，法院認爲應由提起預先裁判之訴的法國中央行政法院確認前述近期所建議或所爲之措施，滿足上述要求。[381]

然而，**法院也指出**，先前已強調過現行歐盟法並未要求在搜尋引擎的所有版本進行去參考化，但亦未禁止之。因此，依照歐盟法院過往的案例法，**內國的監理或司法機關仍有權以該內國對基本權利保護之標準，在衡量資料主體的隱私與個人資料保護權利及資訊自由後，在其認爲適當之情形，命搜尋引擎營運人爲其搜尋引擎下所有版本的去參考化。**[382]

---

[378] *Ibid.*, §67.

[379] *Ibid.*, §68.

[380] *Ibid.*, §70.

[381] *Ibid.*, §71.

[382] *Ibid.*, §72.

五、小結

（一）歐盟法域外效力與執行現實考量

　　歐盟的域外效力一直是各界所熱議的議題。但誠如總辯官所提醒，《憲章》第11條所提公眾係指歐洲公眾。因此，若要求全球跨國搜尋引擎營運人在非歐盟區域下進行去列表，除了與國際公法原則不符，亦有可能引發他國類似對於資訊近取的限制措施。歐盟法學者Meeusen也指出，歐盟法院在審慎衡量後，對於歐盟在領域外加諸其政策影響選擇沉默的原因或許是考量後續執行，如同法院所指出目前在歐盟外並不存在去參考的合作機制，而不得不因全球化的特性選擇自抑。[383]

（二）技術的探討仍可更細膩

　　去列表權涉及不僅僅有在*Google Spain*案所探討搜尋引擎營運人的商業模式，更觸及其技術的細節與法學概念的涵攝。

　　首先，針對法國中央行政法院，Padova援引單一處理（single processing）的概念，[384]批評該院原有機會從技術層面，具體從顯示的層次來處理歐洲使用者所能看到的搜尋結果，而無須透過干預編排活動。[385]

　　另外值得注意的是，本案許多討論實奠基在地域型封鎖是否能真實有效依據搜尋人所在位置限制其近用已認可得去列表之資訊。針對此點，Friesen提醒其實透過VPN（virtual private network）或其他方式，地域型封鎖其實無法有效達到限制資訊近取的功能，而主張被遺忘權實為一不可能的權利。[386]更進一步言，Wolters則點出Google在技術上亦有採用像Netflix等服

---

[383] Johan Meeusen, "The 'Logic of Globalization' Versus the 'Logic of the Internal Market': A New Challenge for the European Union," *Acta Universitatis Carolinae Iuridica*, Vol. 66, No. 4, December 2020, p. 25.

[384] Padova, *op. cit.*, pp. 18-19. 所謂「單一處理」係指搜尋引擎營運人的運作分為兩個部分。第一個部分係包括彙整並編排網路上的公開資訊。第二個部分則是回應個別請求與搜尋以顯示其結果。法文資料可考法國中央最高行政法院公共論告官（rapporteur public）Bretonneau女士關於 *Google LLC v. CNIL*案的報告："ConclusionsMme Aurélie Bretonneau, rapporteur public," *Conseil d'État*,19 July 2017, available from: https://www.conseil-etat.fr/fr/arianeweb/CRP/conclusion/2017-07-19/399922?download_pdf (Accessed 15 April 2022).

[385] *Ibid.*, p. 19.

[386] Friesen, *op. cit.*, pp. 194-196.

務提供者所採用封鎖使用諸如VPN等規避式工具的使用者之技術的可能。[387]

第二節　政策文件與專家報告

在歐盟法的發展過程中，除了歐盟立法與歐盟法院的判決以外，各歐盟機關甚至非官方的產業代表或專家對於相關議題的意見，亦可能影響特定管制議題後續的走向。針對歐盟被遺忘權的發展，本節收錄在*Google Spain*案判決前的ENISA研究報告、第29條工作小組的專家指導意見與*Google Spain*案判決後由Google所邀請的獨立專家所組成「Google被遺忘權諮詢小組」發表的獨立報告，希冀為了解歐盟被遺忘權的生成背景與未來動向提供更完整的分析基礎。

壹、2011年ENSIA報告

ENISA在2011年10月曾對提出《被遺忘權——期待與現實之間》（*The right to be forgotten–betweenexpectations and practice*）報告。[388]本報告的產出背景係於歐盟GDPR執委會版本正式提出之前，從科技與技術的角度出發，在當時的時空脈絡探討被遺忘權的發展可能，並為另外兩份關於《歐盟境內資料蒐集與儲存》（*Study on data collection and storage in the EU*）[389]及《線上行為追蹤隱私考量》（*Privacy considerations of online behavioural tracking*）[390]報告之補充。儘管本文就被遺忘權的探討著重於2014年*Google*

---

[387] Pieter Wolters, "The Territorial Effect of the Right To Be Forgotten after Google v CNIL," *International Journal of Law and Information Technology*, Vol. 29, No. 1, January 2021, p. 70.

[388] "The right to be forgotten - between expectations and practice," *European Union Agency for Network and Information Security*, 20 November 2012, available from: https://www.enisa.europa.eu/publications/the-right-to-be-forgotten (Accessed 15 April 2022).

[389] "Study on data collection and storage in the EU," *European Union Agency for Network and Information Security*, 23 Feburary 2012, available from: https://www.enisa.europa.eu/publications/data-collection (Accessed 15 April 2022).

[390] "Privacy considerations of online behavioural tracking," *European Union Agency for Network and Information Security*, 14 November 2012, available from: https://www.enisa.europa.eu/publications/privacy-considerations-of-online-behavioural-tracking (Accessed 15 April 2022).

*Spain*案所發展出的「去列表權」；本報告以當前科技技術的角度，來確認關於政策與權利的想像是否得以實現，仍有相當參考價值。

　　舉例而言，針對被遺忘權的範圍，2011年的ENSIA報告即指出，若兩個人出現在同一張相片而意見相左時，應該尊重哪一位資料主體的意見？並且，相較於2014年*Google Spain*案判決所確立的去列表權行使範圍僅在搜尋引擎的搜尋結果，2011年ENSIA報告以整個網路世界的內容爲標的，指出若假想人物Bob將Alice的推特發文融入其部落格文章，當Alice就其原推文行使移除權時，對Bob的部落格將會有何影響？Bob應該將他的整篇部落格文章刪除，抑或將Alice推文部分移除並重寫？

　　在「被遺忘的程度」方面，該報告亦就如何「遺忘」資訊的方式，粗略分爲三種程度。第一級（最嚴格）的遺忘的程度，在理論上而言，可要求從任何衍生或集成的再呈現（from any derived or aggregated representations）中，清除並移除（erase and remove）所有資料複本，直到資料無法再用任何現有的技術回復。

　　而在科技面向的挑戰方面，2011年ENSIA報告則指出，被遺忘權的執行面臨以下四個根本的挑戰，包括：

一、如何讓個人找到其被儲存的個人資料及所在位置。

二、**追蹤所有上述資料之複本，以及從上述資料所衍生的資訊複本。**

三、決定某一個人是否具有請求系爭資料之移除的權利。

四、當有權限之人行使此權利時，**如何有效刪除或移除所有系爭資料的複本或衍生複本。**

貳、2014年第29條工作小組專家指導意見

　　第29條工作小組[391]在2014年的11月針對該項權利發表「執行歐盟法院 Google Spain對AEPD及Mario Costeja González判決指引」（Guideline on the Implementation of the Court of Justice of European Union Judgment on

---

[391] 第29條工作小組係依《個資保護指令》第29條所設立，爲歐盟對於資料保護與隱私的獨立諮詢（advisory）機關。

"Google Spain and Inc. v. Agencia Española de Protección de Datos (AEPD) and Mario Costeja González"）。[392]

　　該份指導意見共分為兩個部分：第一部分在解釋歐盟法院之判決（即前述之*Google Spain*案）；第二部分則整理歐洲各國資料保護機關在處理系爭申訴時，所使用的共通判斷標準。其中，在第一部分，工作小組在五個子面向下解釋歐盟法院之判決，分別為：

一、搜尋引擎作為控制人與其法律基礎

　　第29條工作小組注意到法院在判決的第81段指出，在搜尋引擎營運者針對判斷系爭資料處理是否合法而為的利益衡平（balance of interests）考量中，資料主體的權利一般而言，應凌駕於搜尋引擎營運人的經濟利益。在此第29條工作小組特別重申法院的判決並指出，搜尋引擎營運者和原網頁發行者（publisher of website）所需考量的有所不同，即便在原網頁發行者對系爭資訊的持續發行仍為合法時，因資料在搜尋引擎上對全世界的散播與可近用性（accessibility）不同，加上若與系爭個人的其他資訊相連結，它即可能因為對隱私造成不合比例的影響而為非法。

二、權利行使

　　第29條工作小組則提醒，雖然《個資保護指令》並未有具體關於權利行使之條文，各國內國法則在此方面提供許多彈性。縱使在部分控制人有自己設立特別程序（"ad hoc" procedures）的情形，資料主體亦得用各種形式提出其要求，不受限於其所設立之特別程序。以Google為例，其雖有自己設置的去列表申請表格，但不代表資料主體未以該表格為申請時，Google得拒絕其申請。

---

[392] Article 29 Data Protection Working Party Guidelines on the Implementation of the Court of Justice of the European Union Judgment on "Google Spain and Inc. v. Agencia Española de Protección de Datos (AEPD) and Mario Costeja González" C-131/12 (2014) (hereafter: WP Guidelines on "Google Spain"), WP 225.

　　此外，由於搜尋引擎營運者必須針對個案為各種情況的考量，資料主體在提出其去列表要求時應充分說明其理由、指出特定的URL連結，並說明其是否具有公眾人物的角色。與此相對，當搜尋引擎營運者拒絕資料主體的去列表要求時，除就其理由提供充足的說明外，亦應告知資料主體若有異議可向資料保護機關或法院尋求救濟。

三、範圍

　　第29條工作小組也注意到，判決雖然主要針對搜尋引擎，但若相關的要件符合，對其他媒介亦有適用。但其亦特別指出，對於網站新聞搜尋工具等有限制作為領域的（with a restricted field of action）搜尋引擎，去列表權原則上應不適用。另外，在人的範圍方面，雖然《憲章》第8條謂「每一個人」皆有資料受保護之權利，資料保護機關在實務上，仍會以資料主體與歐盟有明確連結的申訴案件為工作重點，例如資料主體為歐洲居民（resident）或公民的情形。

　　但在具體的救濟範圍方面，第29條工作小組並引用歐盟法院的判決，再次提醒搜尋引擎營運者有義務使其活動能在《個資保護指令》的架構下給予資料主體有效與完整的保護。爰此，「去列表」的範圍應有效包含所有相關的網域，不僅僅限於歐盟內，亦包括.com等網域。[393]

四、與第三人之聯絡

　　第29條工作小組指出一般而言，就部分網頁因特定資料主體之去列表要求而受影響的情形，**搜尋引擎的管理者無須告知系爭網頁的網頁管理人**（**webmasters**）。因為這種情況下與第三人的聯絡通常涉及個人資料之處理，須有適當的法律基礎才能被合法化，而在《個資保護指令》下，並無定**期性告知主要控制人（即相關的網頁管理人）去列表決定之法律基礎**。然而，若遭遇較難處理的個案時，搜尋引擎營運者為了解個案的相關情況，因

---

[393] 亦可參見：劉靜怡，前揭文，2019年，頁20。

而必須在做出去列表決定前與原資訊發布人（可能是前述的網頁管理人或主要控制人）連絡時，搜尋引擎營運者必須採取所有必要之措施，保障資料主體之權利。

五、資料保護機關之角色

　　第29條工作小組提醒針對資料主體對其所提出關於搜尋引擎營運者對其要求拒絕或部分拒絕的申訴，其都將以《個資保護指令》第28條第4項[394]下的正式申訴處理。爰此，該申訴將由各國資料保護機關依其內國法，依要求調解的方式處理。

　　此外，在該指導意見的第二部分，工作小組列出了13項供歐盟境內資料保護機關處理相關案件的判準，分別為：

一、搜尋結果是否連結至一特定自然人？此外，系爭結果是否在輸入系爭資料主體之姓名後出現？

二、資料主體是否在公領域具有一定的角色？資料主體是否為公眾人物？

三、資料主體是否為未成年人？

四、系爭資料是否具正確性？

五、系爭資料具關聯性且不過當（not excessive）。

　　（一）系爭資料是否連結至資料主體之工作生活？

　　（二）系爭搜尋結果是否連結至疑似構成對申訴人為憎恨言論、毀謗、汙辱或其他類似攻擊性言論之資訊？

　　（三）系爭資料是否清楚顯示為個人意見，或經驗證之事實？

六、是否為《個資保護指令》第8條[395]下之敏感性資訊？

七、系爭資料是否為最新狀態（up to date）？或系爭資料可得近用的時間超過就處理目的所必須？

---

[394]《個資保護指令》第28條第4項前段：任何監管機關應受理由任何人或代表該人之組織，就其個人資料處理的權利或自由保護之申訴，並告知其受理之結果。

[395]《個資保護指令》第28條第1項：會員國應禁止處理揭露種族或族群、政治意見、宗教或哲學信仰、工會會籍之個人資料及與健康或性生活相關資料之處理。

八、系爭資料處理是否對資料主體造成偏見？系爭資料是否對資料主體之隱私具有不成比例的負面影響？

九、系爭搜尋結果所連結到會使資料主體受到風險之資訊。

十、系爭資訊之公開係在何種脈絡之下？

　　（一）是否爲資料主體自願公開其內容？

　　（二）該內容是否原本即意圖要公開揭露（intended to be made public），或資料主體原本即可合理推知該內容將被公開？

十一、原有內容是否在新聞目的脈絡下爲出版？

十二、系爭資料的公開者是否具有法律權能或法律義務，公開系爭個人資料？

十三、系爭資料是否涉及刑事犯罪？[396]

　　值得注意的是，上述條件皆非唯一而足，而須共同綜合衡量判斷。以第二項判準爲例，即便資料主體爲公衆人物，第29條工作小組也注意到，其亦有特定諸如其健康或眷屬等純屬私人（genuinely private）的資訊。不過一般而言，若特定連結刪除的申請人爲公衆人物，而系爭資訊非純屬私人的資料，則會產生強烈反對其行使去列表權的理由。[397]

參、2015年專家獨立報告

　　此外，由Google所邀請的獨立專家組成的「Google被遺忘權諮詢小組」也在2015年2月發布報告。該小組係由10位獨立的專家所組成，成員包括學界、媒體界與非政府組織之代表。他們爲此專案自願性地投入時間，專案期間僅由Google支付其七次公開會議與三次閉門會議的差旅費。[398]

　　首先，在對歐盟法院判決的概要介紹中，該報告指出歐盟法院的判決從未建立所謂「被遺忘權」，而僅賦予搜尋引擎營運者在以個人姓名所爲搜尋

---

[396] 翻譯部分參考：黃渝之，〈歐盟對於「被遺忘權」公布指導方針與實施準則〉，資策會科技法律研究所，2014年12月，資料引自：https://stli.iii.org.tw/article-detail.aspx?no=64&tp=1&d=6719（檢索日期：2022年4月15日）。

[397] WP Guidelines on "Google Spain," *op. cit.*, pp. 13-14.

[398] "About the council," *Google*, Feburary 2015, available from: https://www.google.com/advisorycouncil (Accessed 15 April 2022).

而獲得的結果中移除特定連結的「去列表」（delisting）義務。而該份報告除了前言與對歐盟法院判決的概要介紹，並對「判決所確立權利之本質」、「評估去列表要求之要件」與「程序要素」，提供其寶貴的分析整理與意見。[399]

一、判決所確立之權利本質

該報告提到，儘管資料主體對特定資料處理異議權利之存在，**無關乎該處理是否對資料主體造成損害**，但法院判決賦予了搜尋引擎營運者在特殊情況下，對於資料主體的資料保護是否與保護公眾知的權利相當進行衡平測試（a balancing test）的義務。而該報告的意見認為，資料主體是否受到系爭資料處理之損害應納入該衡平測試的衡量之列，而且可由歐盟法院以及《公約》兩個體系的判例法來理解。

二、評估去列表要求之要件

專家小組在該報告中，也提供了Google四個基本衡量的要件，分別為：（一）資料主體在公眾生活中所扮演的角色；（二）系爭資訊之本質；（三）資訊之來源；（四）時間的考量。[400]

這些要件部分和前述第29條工作小組於2014年11月所公布的指導意見有交集，但大體而言，專家小組的報告提供的是一個更為簡易操作的架構。

（一）資料主體在公眾生活中所扮演的角色

該報告大致將資料主體分為三種類型：1.在公眾生活中扮演明顯角色的個人；2.在公眾生活中無明顯角色的個人；3.在公眾生活中扮演部分角色或僅在特殊脈絡下有具體角色的個人」，並提供其相應的資料刪除請求對應，本書簡單整理如表3-1。

---

[399] "Google Advisory Council: The Advisory Council to Google on the Right to be Forgotten," *Google*, 6 Feburary 2015, available from: https://static.googleusercontent.com/media/archive.google.com/zh-TW//advisorycouncil/advisement/advisory-report.pdf (Accessed 15 April 2022).

[400] *Ibid.*, pp. 7-14.

表3-1　Google獨立專家報告：資料主體在公眾生活中所扮演的角色

類型	在公眾生活中扮演明顯角色的個人	在公眾生活中無明顯角色的個人	在公眾生活中扮演部分角色或僅在特殊脈絡下有具體角色的個人
舉例	政治人物、企業總裁、名人、宗教領袖、運動明星、表演藝術家	X	學校校長、部分公職人員、非因自願受到公眾關注之人、在特定社群中因其職業而扮演公眾角色之人
資料刪除請求之對應	因一般而言，公眾對透過他們的姓名搜尋其資訊有重大的利益，較難正當化其去列表權之行使。	對此類個人，較有可能正當化其去列表權之行使。	正當化其去列表權之行使的可能性居中，端視請求去列表之資訊是否為特定脈絡下之內容。

資料來源：筆者整理。

　　誠如表3-1所示，對於在公眾生活中扮演角色愈明顯之個人，愈難正當化其「去列表」權之行使，因民眾對於透過他們的姓名搜尋其資訊的公益較大。

（二）系爭資訊之本質

　　專家獨立報告簡約地將可能被要求刪除的資料分為兩類：1.較偏向強烈個人隱私利益；2.較偏向公益。在這兩類下又分作七至八個子類，本書茲簡單整理如表3-2：

表3-2　Google獨立專家報告：「系爭資訊本質」分類整理

資訊類別	子類	說明
較偏向強烈個人隱私利益	與個人私密或性生活有關之資訊	例外為資料主體為公眾人物，而評估此資料具有公益時。
	個人財務資訊	特定資料如銀行帳戶，在多述情形較可能被去列表；而較一般的資料如財富或收入則可能為公益的範圍所涵，例如在某些國家公職人員的薪資或資產為公開資訊。
	私人聯絡方式或身分證件資訊	私人電話號碼、地址等其他類似的聯絡資訊，身分證號碼、密碼、信用卡號碼等資料。
	在歐盟資料保護法下認為敏感之資訊	透露種族或族群背景、政治傾向、宗教或哲學信仰、工會會籍、健康與性生活等資料在歐洲都受到特定的隱私保護。

表3-2　Google獨立專家報告：「系爭資訊本質」分類整理（續）

資訊類別	子類	說明
較偏向強烈個人隱私利益	關於未成年人的私人資訊	根據聯合國《兒童權利公約》（*Convention on the Rights of the Child*, CRC），對於兒童與青少年有特別的隱私考量。
	錯誤、促生不正確聯想之資料或使資料主體受曝於風險或傷害之資訊	諸如身分竊盜或人肉搜索（stalking）等使資料主體受曝於風險或傷害之資料，在判斷上將強烈偏向去列表。
	因以圖片或影片形式所呈現而可能提高資料主體隱私利益之資訊	X
較偏向公益	與政治性論述、公民參與或治理有關的資訊	政治性論述的公益性高，包含對他人政治信仰的意見與討論，原則上不應被去列表。
	與宗教性或哲學性論述有關的資訊	宗教性或哲學性論述公益性高，包含對他人宗教與哲學信仰的意見與討論，原則上不應被去列表。
	與公眾健康或消費者保護有關的資訊	此類資訊的公益性高，不建議移除。例如：公眾所使用的專業服務大多會影響消費者安全，此價值尤其在新聞性資訊的例外中受到認可。而今日此類資訊的來源亦可能是個人使用者或社群媒體。
	與犯罪活動有關的資訊	與犯罪和刑事判決有關之資料，在歐盟資料保護法下受到特別的保護。有規範者依其規定，無規範者視諸如犯罪的嚴重性、申請去列表人在犯罪活動中所扮演的角色、資訊的新舊程度與來源等脈絡而定。
	對有一般利益之辯論有助益的資訊	對於公眾而言，評量個人就對有一般利益（general interest，諸如產業的爭端、詐欺慣行等）之辯論有助益的資訊所持之意見或討論是有所利益的。
	事實性與真實的資訊	事實性與真實的資訊，若未使任何人受傷害或風險則不偏向去列表。
	對歷史事件真實完整性有影響的資訊	當內容與歷史人物或事件相關時，公眾對於藉由以姓名在線上進行簡易搜尋取得該內容有特別高的利益，而不宜去列表。最堅實的範例為違反人道罪（crime against humanity）相關資訊的連結。
	對科學探究或藝術表達真實完整性有影響的資訊	在某些情形，若將以姓名為搜索之結果連結刪除，將扭曲科學的探究。在藝術方面，例如若某位資料主體為一諷刺性藝術中所描繪的主體，它將屬較偏向公益的資訊。

資料來源：筆者整理。

（三）資訊之來源

　　專家們提醒，在為分析公眾是否有藉由姓名搜索近取特定資訊的正當利益時，必須考量該資訊之來源與其被公開之動機。例如：在嚴守新聞操守的新聞機構所發布的訊息與政府出版品都有較高的公益。而經過資料主體本人同意所公開之資訊，亦較不偏向被「去列表」。

（四）時間的考量

　　專家指出此一要素與犯罪議題特別相關。犯罪的嚴重程度與時間的經過，可能提高偏向「去列表」的程度。例如：多年前的微罪犯行（a minor crime）。不過專家們也提醒，雖然判決提及資訊的相關性可能隨著情況的改變而消逝，在部分與高度公益有關的資訊的情形，時間經過的久暫與其刪除與否之決定並無關聯。

三、程序要素

　　專家們也選擇了在判決所未明確說明的部分提供其建議，共分為五個子項。

（一）申請去列表時所提供之資訊

　　專家建議搜尋引擎營運者使其去列表之申請對資料主體而言是可簡易近用且簡單易懂的。而在要求特定資訊被去列表時，資料主體應提供足夠的資訊讓搜尋引擎營運者可得適切地評估其去列表之要求。這些資訊包括：1.資料主體的姓名、國籍與居住國；2.若申請者非資料主體，其姓名及與申請者之關係（例如：其為律師或未成年資料主體之父母）；3.申請的動機；4.移除申請所應適用的網域；5.移除申請所使用的檢索詞語（通常為資料主體之姓名）；6.身分證明，視情況並得要求部分權能代理（representation for the limited purpose）之證明以防範虛偽之申請；7.欲尋求去列表內容的獨特識別符（unique identifier，通常為URL連結）；8.就系爭請求能持續為聯繫之聯絡方式資訊。

（二）對網站管理人為去列表之通知

　　報告指出部分媒體界代表在公開諮詢時表示，相關的「去列表」決定可能會侵害其權益。為調和這些可能的損害,他們建議在任何去列表適用於其已發行之資訊時,其應受有通知。不過,針對上述媒體界代表的意見,部分專家也認為通知網站管理人可能會對資料主體之權利造成負面的影響。

(三)對去列表決定為申訴

報告提醒,除了資料主體得向法院或各地方的資料保護機關就搜尋引擎營運者所為之「去列表」決定提起申訴外,專家們也支持各網頁發行人也應能就不適當的「去列表」行為向資料保護機關或其他類似機關提出異議。

(四)去列表的地理範圍

專家們首先注意到在歐洲的網路使用者若在瀏覽器鍵入www.google.com,會自動被引導到Google當地版本的搜尋引擎,例如:德國的google.de、法國的google.fr,而非google.com。根據Google所提供資訊,在歐洲超過95%的搜尋要求來自於當地版本的搜尋引擎。在此前提下,報告認為考量目前的科技與相關狀態,將「去列表」決定適用在歐洲版本的搜尋引擎能提供適切的保護。

(五)透明性

根據專家們的分析又可分為四個面向:1.對於公眾,就某一姓名為搜索完整性的透明性;2.對於公眾,就個別決定的透明性;3.對於搜尋引擎的匿名化數據與一般政策的透明性;4.對於資料主體,拒絕其申請之理由的透明性。

針對1和2,報告指出在不影響資料主體的權利下,搜尋引擎營運者有權自行決定,是否告知使用者搜尋結果是否經去列表處理;亦即其不應透露特定資料主體曾經提出過去列表之要求。

在3的部分,報告建議搜尋引擎在法律允許與對保護資料主體隱私的範圍內,盡可能地透明,提供公眾其如何衡量去列表要求的過程與相關標準。而在4的部分,專家們也建議Google就其決定提供詳盡的說明,並公開較可能通過篩選申請的相關指引,以及關於其決定的各種匿名化統計數據。此兩部分的專家意見與前述2015年的5月,由全球80位學者所發起要求Google公開其究竟如何處理被遺忘權權利行使申請的資料之聯署的意旨,大致相同。

　　本章介紹歐盟資料保護立法中的「被遺忘權」。第一節介紹在《一般資料保護規則》（GDPR）通過前的《個人資料保護指令》（以下簡稱《個資保護指令》）以及其中與被遺忘權相關的部分。第二節則介紹在GDPR以及其中與被遺忘權相關的部分。

第一節　《個資保護指令》

壹、《個資保護指令》背景介紹

　　歐盟資料保護的發展可追溯至1970年代當歐盟部長理事會（Council of Europe）[1]剛通過《歐洲人權公約》第8條，其後並在1981年通過了《個人資料保護公約》（*Data Protection Convention*）。[2]1973年，歐盟執委會（以下簡稱執委會）發布的「資料處理的歐洲共同體政策」通訊文件。[3]該文件雖然主要著重在資料處理的經濟面向，但亦指出其須建立保護歐洲經濟共同體公民的共同措施。[4]

---

[1] 翻譯參照：〈EU簡介〉，《經濟部國際貿易局經貿資訊網》，2021年7月28日，資料引自：https://www.trade.gov.tw/Pages/Detail.aspx?nodeID=4494&pid=725834（檢索日期：2021年10月15日）。關於歐盟各機構中文名稱，亦可參照：王泰銓，〈如何正確使用（翻譯）歐盟機構的名稱：以the European Council為例〉，台灣歐洲聯盟研究協會，2018年10月22日，資料引自：https://www.eusa-taiwan.org.tw/europe_detail/49.htm（檢索日期：2021年10月15日）。

[2] Peter Hustinx, "EU Data Protection Law: TheReview of Directive 95/46/EC and the General Data Protection Regulation," in Cremona, Marise, M (ed.), *New Technologies and EU Law*, Oxford: Oxford University Press, 2017, pp. 126-127.

[3] Communiation SEC (73) 4300 final "Community Policy on Data-Processing". 21 November 1973.

[4] Brendan Van Alesnoy, *Data Protection Law in the EU: Recponsibilities And Liability*, Cam-

　　在1980年代末期，並非各歐盟會員國皆已具有資料保護立法。除了為考量各國立法間的協調（harmoisation）外，減少資料由資料保護程度較高國家流往保護程度較低國家之障礙，理所當然亦為內部市場（internal market）的重點關懷。[5]

　　早在1995年，歐盟就已出現《個資保護指令》。該指令之產生係源於網路的發展與全球影響。[6]並且為平衡歐洲經濟共同體中公民的隱私權利與資料散布的權利。[7]指令本身具有雙面性，其一為要求會員國保護自然人的基本權利與自由，特別是隱私權在尊重個人資料處理的方面；另一方面則同時要求會員國在為上述之保護時勿限制會員國間個人資料之流動。[8]

　　《個資保護指令》的通過，雖然在歐盟法第一支柱的範圍內，但學者如Hijmans與Scirocco在2009年已指出，其亦具有第二支柱與第三支柱的面向。[9]

　　在《個資保護指令》通過之前，僅有法國、愛爾蘭、立陶宛、瑞典、西班牙等少數會員國有資料保護與隱私相關的立法。[10]

　　早期的中文文獻亦指出，相較於在其之前聯合國、經濟合作暨發展組織、歐洲理事會在隱私面向所做過的規範努力，歐盟的《個資保護指令》雖然不具「自動執行的效果」，但對於會員國仍具有強制拘束力。[11]

　　並且，《個資保護指令》的通過距今雖然已超過二十年，歐盟法院對其之解釋仍確保其能符合資料保護相應數位變革所帶來之挑戰。[12]

---

bridge, Intersentia, 2019, p. 261.

[5] Rowland/Kohl/Charlesworth, *Information Technology Law*, New York, NY: Routledge, p. 342.

[6] Kerr, *op. cit.*, p. 227.

[7] Kerr, *op. cit.*, p. 223.

[8] Hustinx, *op. cit.*, p. 131.

[9] Hielke Hijmans/Alfonso Scirocco, "Shortcomings in EU data protection in the third and the second pillars. can the Lisbon Treaty be expected to help?" *Common Market Law Review*, Vol. 46, No. 5, October 2009, p. 1485.

[10] *Ibid.*

[11] 翁清坤，〈論個人資料保護標準之全球化〉，《東吳法律學報》，第22卷第1期，2010年7月，頁15。

[12] Jan Weismantel, *Das "Recht auf Vergessenwerden" im Internet nach dem "Google-Urteil" des EuGH*, Berlin: Duncker & Humblot, 2017, pp. 44-45.

貳、《個資保護指令》內容概括介紹

　　在架構方面，《個資保護指令》分爲七章共34條。除最後的附則（Final Provisions，第32條至第34條）外，第一章「總則」（第1條至第4條）涵蓋指令的宗旨（第1條）、名詞定義（第2條）、適用範圍（第3條），與各會員國在該指令下所採納之法律的適用範圍（第4條）。[13]

　　第二章爲「個人資料處理合法性的一般性原則」（第5條至第21條）。原則部分在本段落後半段有部分介紹。值得一提的是，近年全球關注GDPR，但鮮少有論者提到其實大部分原則、設計，在《個資保護指令》時期即已存在，包括：**第15條「自動化決定」的規範，以及第17條關於技術性與組織性安全措施須考量執行面與時俱進的概念與技術（the sate of art）及成本之要求。**

　　第三章「司法救濟、責任與裁罰」（第22條至第24條）則是在當時指令的架構下賦予會員國資料保護監管機關，就系爭資料處理所涉權利給予當事人司法救濟的權利（第22條），並要求會員國確保控制人就其違法處理活動所生之損害負責（第23條）。

　　第四章「個人資料往第三國的傳輸」（第25條至第26條）規範的Schrem案前歐盟將資料移往歐盟境外所應符合的要件。第五章「行爲準則」只有一條規範的當時指令架構下，歐盟要求會員國應制定讓會員國內行業工會若制定行爲準則，則可提交內國機關審視並提供意見的機制（第27條）。

　　第六章「監管機關及資料處理之個人保護工作組」（第28條至第30條）規範會員國應設立至少一個監管指令執行之機關、其調查與參與訴訟之權限與第29條工作小組之生成；第七章「歐體執行措施」（第31條）則規範執委會下應另設委員會，並採納執行指令之措施。

　　以《個資保護指令》含括的主要原理原則而言，其規範範圍包括：[14]

一、通知（notice）原則：此原則之表現主要在第10條，要求會員國應確保

---

[13] 此部分涉及指令的域外效力，詳見第二章第二節「伍、歐盟法的域外效力」。

[14] 翁清坤，前揭文，頁16。

資料控制人或其代表（the controller or his representative）提供資料主體下列資訊，包括資料控制人或其代表之身分、資料處理之目的以及所欲處理之資料，以及其他更進一步資訊，諸如資料收受者（the recei-pants of data）或其類別、就其自身資料近取與更正之權利（the right of access to and the right to rectify the data）等。

二、同意（consent）原則：此原則則分別展現諸如第7條與第10條；第7條第(a)款將資料主體的明確同意（consent given unambiguously）列作法定得處理資料的基礎之一；第10條第(b)款則賦予資料主體在其資料因以直接行銷為目的而被處理時，依其要求（on request）免費異議之權利。

三、一致性（consistence）原則：此項原則的內涵較為抽象，主要表現在指令第6條，位於整部指令資料品質原則（principles relating to data quality）之段落。舉例而言，根據第6條第1項第(a)款，個人資料之處理應公正且合乎法律（fairly and lawfully）。並且，同條項第(d)款並要求個人資料應保持正確，並在必要的情形，持續被更新，且須採取合理措施確保不正確或不完整之資料，依其被蒐集或進一步處理之目的，能被移除或更正。

四、近取（access）原則：此原則主要在指令的第12條。根據該條第1項，會員國應確保資料主體能從資料控制人得到以下內容之權利。舉例而言，包括第(a)款所規範，在不受限制、不會有過當遲延或費用的情況下，以一定合理的間隔期間，就有關其之資料是否被進行處理，以及若有的情形，獲得以下資訊之權利，包括：資料處理之目的以及所欲處理之資料，以及其他更進一步資訊，諸如系爭資料處理之目的、處理資料的類別、將得到所揭露資料的資料收受者或其類別。

五、安全（security）原則：該條原則展現在第17條。舉例而言，該條第1項謂：會員國應確保資料控制人執行適切技術型與組織性措施，以保護個人資料不受意外或非法損壞、或意外喪失、變更、未經授權揭露或近用，特別是在系爭處理涉及透過網絡（network）傳輸資料時，以及不受所有形式的非法處理。

參、與被遺忘權相關部分

其中，與被遺忘權最相關的部分，莫過於《個資保護指令》第7條列舉了第(a)款至第(f)款六種會員國得允許個人資料被處理的情形。

　　　　會員國應確保個人資料僅得在以下情形為處理：

(a) 資料主體已明確（unambiguously）為同意；或

(b) 系爭資料為履行資料主體為契約一方的契約之所需，或為了在締結契約前應資料主體之要求所採取的行動；或

(c) 系爭處理為資料控制人履行法定義務遵循之所須；或

(d) 系爭處理為保護資料主體重大利益之所須；或

(e) 系爭處理乃為執行具重大公益任務，或為控制人或取得資料第三方（a third party to whom the data are disclosed）執行公權力之所須；或

(f) 系爭處理為資料控制人或取得資料第三方為追求正當利益之所須，除非系爭利益為資料主體受第1條第1項所保護的基本權利或自由之利益所凌駕。

另外一個與被遺忘權明顯相關的是，原《個資保護指令》規範近用權（Right of access）的第12條。學者Frosio指出：指令第12條內涵資訊自決權為歐洲長久以來一直認可被遺忘權的證明。[15]

　　　　會員國應確保資料主體皆有向資料控制人取得以下之權利：

(a) 無合理間隔之限制與無過分遲延或費用的情況下：

　　—確認與其有關之資料是否被處理，以及至少確認處理之目的、所涉資料種類，與資料者接收者或資料揭露對象之種類；

---

[15] Giancarlo F. Frosio, "The Right To Be forgotten: Much Ado About Nothing," *Colorado Technology Law*, Vol. 2 No. 2, 2017, pp. 313-314.

—就被處理之資料及該資料來源的任何可得資訊，獲得以可理
解之形式（in an intelligible form）之告知（communication to
him）；

—至少在第15條第1項所指自動化決定（automated decisions）
之情形，任何關於其所爲自動化資料處理所涉邏輯之知識；

(b) 在適切的情形，就未遵循本指令規範而爲資料處理之更正、刪
除（erasure）或遮蔽（blocking），特別是針對資料不完整或不
正確之本質；

(c) 除在已被證明不可能爲之或必須以不合比例努力爲之的情形
外，對資料被揭露的第三人就爲遵循(b)所爲更正、消除或遮蔽
之通知。

第二節　GDPR

GDPR於2016年5月通過、2018年生效，在全球引發法規遵循的旋風。
而其中，從草案的提出到最終版本的通過，媒體甚至法律專業網站報導亦稱
其含括所謂被遺忘權。

本章介紹GDPR的提出背景與演進過程，及其中所謂被遺忘權之條文，
並分析其與歐盟法院2014年*Google Spain*案判決所建立之被遺忘權，或稱作
「去列表權」之異同。

壹、GDPR提出過程與背景

鑑於智慧聯網等數位科技發展對個人資料與隱私可能帶來的衝擊，執
委會於2012年1月提出GDPR草案[16]的構想，試圖整合過去三大資料保護指
令。[17]並希冀藉由將資料保護管制的層級，提升爲各會員國國民皆可直接適

---

[16] 關於該草案的說明，亦可參見：林玟君，〈論歐盟最新個人資料保護法制〉，《科技法律透
析》，第26卷第11期，2014年11月，頁51-68。

[17] Proposal for A Regulation COM (2012) 11 final "on the protection of individuals with regard to the

用的「規則」（regulation），統一調和目前在「指令」（directive）系統下，各國分歧不一的做法，減輕企業法規遵循的負擔，[18]同時並強化個人對其個人資料的有效掌握（effective control）[19]與歐盟公民之隱私權利。[20]

　　執委會早在2010年的11月即已在通訊文件中提出修正《個資保護指令》的想法，指出迅捷的科技發展與全球化已深刻地改變了我們身邊的世界，並為個人資料的保護帶來新的挑戰。[21]改革的主要原因之一，除了因應時代、科技的變化之外，更是源自於依《里斯本條約》後生效的《歐盟條約》新增的第16條明言規定：人人有受資料保護之權利。惟論者亦有觀察到，在此份政策文件中，尚未提出以一單行法律（a single law）一統全歐資料保護之構想。[22]

　　在執委會與2012年草案同步發布的文件中也提到，科技的極速改變與全球化的發展皆創造了前所未有的個人資料所被蒐集、近取、使用與傳輸的量。透過社群網絡分享資訊與在遠端儲存大量資料，也變成當時歐洲2.5億網民生活的一部分。而個人資料亦成為許多企業的重要資產，蒐集、累積及分析潛在客戶的資料，已變成其經濟活動的重要組成。[23]

　　針對資料長時間持續被利用的風險，前述GDPR草案中更加入了所謂「被遺忘及刪除權」。此一權利的創設，或許更加突顯歐、美對於資料刪除相關規範的差異，[24]也因此引起包括Google Inc.首席隱私顧問彼得・弗萊舍

---

processing of personal data and on the free movement of such data", OJ L 119, 4 May 2016, pp. 1-88.

[18] Francoise Gilbert, "European Data Protection 2.0: New Compliance Requirement in Sight–What the Proposed EU Data Protection Means for U.S. Companies," *Santa Clara Computer & High Technology Law Journal*, Vol. 28, No. 4, September 2012, pp. 815-817.

[19] Hans Graux, et al., "The Right of Forgetting in the Internet Era," in *The Debate On Privacy And Security Over The Network: Regulation And Markets*, Madrid and Barcelona: Ariel and Fundación Telefónica, 2012, p. 10.

[20] Rustad/Kulevska, *op. cit.*, p. 353.

[21] Communication COM (2010) 609 final "A comprehensive approach on personal data protection in the European Union", 4 November 2010.

[22] Gilbert, *op. cit.*, p. 816.

[23] Communication COM (2012) 9 final "Safeguarding Privacy in a Connected World", 25 January 2012.

[24] Jeffrey Rosen, "The Right to Be Forgotten," *Stanford Law Review Online*, Vol. 64, February 2012, p. 88.

（Peter Fleischer）等各方的熱烈討論。[25]同時，該權利之創設亦號稱爲整份草案中最具爭議性的條款。[26]論者或認爲其設置並無實益，但亦有認爲其創設實有所本，僅需更佳的定義。[27]

其實，早在歐盟2010年11月所發布的政策文件中，就提供了關於被遺忘權的初步構想，即個人在相關正當理由不復存在的情況下，使其資料被終止處理與刪除之權利。

2016年4月，上述草案正式通過成爲歐盟第2016/679號規則（Regulation (EU) 2016/679）。論者有注意到，GDPR的修正重點包括：重申當事人權利、深化歐盟內部市場、確保規範更確實落實、具合法性基礎的國際傳輸，以及建立全世界統一的資料保護標準。[28]

GDPR共有99條，在體例上分爲八章。第一章爲「總則」（第1條至第4條），內容包括適用範圍與名詞定義；第二章爲「原則」（第5條至第11條），內容包括個人資料處理的原則、處理的正當性、同意的條件、兒童的同意、特種個資等。

第三章爲「資料主體的權利」（第12條至第22條），爲本規則的重點。第三章又分爲四個部分：第一部分「透明性與模式」僅有一個條文（第12條），介紹透明資訊、通訊、與資料主體行使其權利的模式；第二部分爲「資訊與個人資料之近取」（第13條至第15條），內容包括當系爭個人資料爲從資料主體，以及非從資料主體所取得時應提供的資訊，與資料主體的近取權利；第三部分爲「更正與刪除」（第16條至第20條），內容包括更正權、刪除權（被遺忘權）與資料可攜的權利等；第四部分則爲「異議

---

[25] Peter Fleischer, "Foggy thinking about the Right to Oblivion," *Peter Fleischer: Privacy...?* 9 March 2011, availabe from: http://peterfleischer.blogspot.tw/2011/03/foggy-thinking-about-right-to-oblivion.html (Accessed 15 October 2021).

[26] Christopher Kuner, "The European Commission's Proposed Data Regulation: A Copernican Revolution in European Data Protection Law," in *BNA Privacy & Security Law Report*, 6 Feburary 2012, available from: https://www.huntonprivacyblog.com/wp-content/uploads/sites/18/2012/02/Kuner-EU-regulation-article.pdf (Accessed 15 October 2021), p. 6.

[27] Jef Ausloos, "The 'Right to Be Forgotten' - Worth Remembering?" *Computer Law & Security Review*, Vol. 28, No. 2, April 2012, p. 143.

[28] 林其樺，〈歐盟個人資料保護新展望——改革包裹立法通過後之因應〉，《科技法律透析》，第28卷第5期，2016年5月，頁3。

權與自動化個人決定之產生」（第21條至第22條），內容包括異議權與自動化的個人決定做成（automated individual decision-making），即一般所謂「特徵分析」的相關規範。

第四章至第十章的內容則分別爲：「資料控制人與處理人」（第24條至第43條）、「將個人資料送往第三國或國際組織之傳輸」（第44條至第50條）、「獨立監察機關」（第51條至第62條）、「合作與一致性」（第64條至第76條）、「救濟、責任與罰則」（第77條至第84條）、「與特定處理情形有關條文」（第85條至第91條）、「子法與執行法律」（第92條至第99條）。

貳、GDPR中被遺忘權規範

在執委會於2012年所提出草案中，上述權利被拆爲兩條。第16條談更正，第17條則以「被遺忘及刪除權」（right to be forgotten and to erasure）爲名。雖有論者認爲，此一權利之設置及更名的舉措並無特殊必要，[29]也有學者如Kuner認爲其乃GDPR中進步的象徵。[30]

與前述原《個資保護指令》的第12條比較，草案的第17條多列舉了四項資料主體，得以行使被遺忘及刪除權的請求依據。該條第1項的規定如下：

> 有下列情形之一時，尤其是有關於資料主體尚爲兒童時所被公開（made available）的個人資料，資料主體有權從資料控制者獲得有關於其自身資料之刪除，與續行傳播系爭資料之禁絕（abstention）：
> (a) 資料就其所被蒐集或處理之目的已不再有存在之必要；
> (b) 在資料之處理係奠基於第6條第1項第(a)款（以資料主體同意爲合法性基礎的資料處理），資料主體撤回其同意，或同意儲存

---

[29] Kuner, *op. cit.*, p. 6.

[30] Jan Weismantel, *Das "Recht auf Vergessenwerden" im Internet nach dem "Google-Urteil" des EuGH*, Berlin: Duncker & Humblot, 2017, p. 282.

期間（storage period consented to）已經過且無其他資料處理之
法律基礎；

(c) 資料當事人依據第19條拒絕同意資料處理；

(d) 資料處理不符合本規則其他規定時。

　　在上述的情形下，草案第17條第2項並課予將個人資料公開（has made
personal data public）的資料控制者採取所有負責任措施之義務（take all re-
sponsible steps），包括就資料主體針對與系爭資料任何相關連結（link）、
複本（copy）、再製（replication）刪除之要求，告知處理系爭資料第三
人。該項並規定，在資料控制者就系爭個人資料之公開授權第三人的情形，
資料控制者並應為該資料之公開負責。

　　在2014年3月歐洲議會一讀通過的版本中，[31]將第17條第1項的本文刪除
了「尤其是有關於資料主體尚為兒童時所被公開的個人資料」的文字，同時
新增「並使第三人刪除任何該資料的連結（links）、副本（copy）或再製
（replication）」等語句，並在第(c)款下新增第(ca)目「經歐盟內法院或監
管機關判決確定（final and absolute）系爭資料應被刪除」。另外，歐洲議
會2014年的版本也新增第1a項，要求第1項之適用應取決於資料控制人確認
提出刪除請求之人（the person requesting the erasure），是否為資料主體的
能力。

　　此外，原本備受爭議的第17條第2項，也在2014年歐洲議會版前段部
分，將控制人之義務從「告知處理系爭資料第三人資料主體針對與系爭個人
資料的任何連結、複本、再製的刪除要求。」的告知義務，改為「刪除系爭
資料」的刪除義務；而在後段的部分，原版本欲附加於控制人的負擔降低，
從「在資料控制者授權第三人公開系爭資料的情形，資料控制者並應為該資
料之公開負責」，調整為「控制人並應在可能的情況下告知資料主體相關第
三人所採取之行動」，但也讓系爭條文較具有可執行性。

---

[31] European Parliament legislative resolution of 12 March 2014 (COM(2012)0011–C7– 0025/2012–
　　2012/0011(COD)), OJ C 378, 9 November 2017, pp. 399-492.

表4-1　被遺忘權於2012年執委會草案、2014年歐洲議會、2016年歐盟公告版對照

2012年1月執委會草案	2014年3月歐洲議會版	2016年5月歐盟公告版
第17條被遺忘與刪除權	第17條刪除權	第17條刪除權（被遺忘權）
1. 有下列情形之一時，尤其是有關於資料主體尚為兒童時所被收集的個人資料，資料主體有權要求資料控制者從資料中刪除，與續行傳播系爭資料之禁絕： (a) 資料就其所被蒐集或處理之目的之已不再有存在之必要； (b) 在資料之處理係奠基於第6條第1項第a款（以資料處理）資料主體同意為合法性基礎的，資料主體同意撤回且無其他資料處理之法律基礎，或處理諸存期間已經過且無其他資料處理之法律基礎； (c) 資料當事人依據第19條拒絕同意資料處理； (d) 資料處理不符合本規則其他規定時。 2. 第1項資料控制人將個人資料公開者，應採取其所有責任措施，告知處理系爭資料的任何個人資料之第三人，對與系爭資料的任何連結、複本、再製的刪除要求。在資料的情形，資料控制者並應為該資料之公開負責。	1. 有下列情形之一時，資料主體有權從資料控制者獲得有關於其個人資料之刪除，與續行傳播系爭資料之禁絕、副本或複製、並使第三人刪除任何該資料的連結： (a) 資料就其所被蒐集或處理之目的之已不再有存在之必要； (b) 在資料之處理係奠基於第6條第1項第a款（以資料處理）資料主體同意為合法性基礎的，資料主體撤回且無其他資料處理之法律基礎，或處理諸存期間已經過且無其他資料處理之法律基礎； (c) 資料當事人依據第19條拒絕同意資料處理； (d) 經歐盟內法院或管制機關判決確定系爭資料應被刪除； (e) 資料處理不符合本規則其他規定時。 1a. 第1項之適用刪除請求應取決於資料控制人確認系爭個人資料之刪除請求之人是否為資料主體的能力。 2. 第1項資料控制人在無第6條第1項之基礎下而將個人資料公開者，應採取所有合理措施，告知處理系爭資料的任何個人資料的第三人，刪除系爭資料於第77條。控制人並在可能在可能的情況下告知系爭資料主體相關第三人資料控制者授權已行動。	1. 有下列情形之一時，資料主體有權要求資料控制者將有關於其自身個人資料不經任何不正遲延、從資料控制者獲得刪除；資料控制人亦有不經任何不正遲延（without undue delay）刪除個人資料之義務： (a) 資料就其所被蒐集或處理之目的之已不再有存在之必要； (b) 任何資料之處理係奠基於第6條第1項第a款（以資料處理）資料主體同意為合法性基礎的，或基於第9條第1項第a款，或無其他法律之處理基礎； (c) 資料當事人依據第21條第1項拒絕同意資料之處理，並且無任何相衝突的正當理由、或資料主體依第21條第2項提出異議； (d) 系爭資料之處理違法； (e) 系爭個人資料因為遵循歐盟法或資料控制人所屬會員國法之法定義務而必須被刪除時； (f) 系爭個人資料因為第8條第1項所指資訊社會服務之提供所蒐集。 2. 資料控制人將個人資料公開而依前項即有刪除個人資料之義務時、考量所有可得之科技與執行成本、應採取合理做法、包括採取技術措施、告知處理系爭個人資料之控制人、資料主體已要求刪除任何該個人資料的連結、或複本與再製。

資料來源：筆者翻譯製作。

由上述所述可知，GDPR所規範的「被遺忘權」內容仍以主動的控制面向為主，且與*Google Spain*案判決所建立的「去列表」義務有異。在第17條第2項並特別規範，當資料控制人將個人資料公開者而依同條前項負有刪除個人資料之義務時，必須考量所有可得之科技與執行成本，採取包括技術性措施的合理做法，告知處理系爭個人資料之控制人，資料主體已要求其刪除任何該資料的連結、或複本與再製。

筆者嘗試整理GDPR第17條所規定的「被遺忘權」與*Google Spain*案判決所建立的「去列表權」的權利內涵對照。

表4-2　GDPR「被遺忘權」與*Google Spain*案判決「去列表權」對照

	賦有義務主體	權利之發動要件	義務主體所負義務內涵
GDPR「被遺忘權」	資料控制人	1. 資料就其所被蒐集或處理之目的已不再有存在之必要。 2. 在資料之處理係奠基於GDPR第6條第1項第a款，資料主體撤回其同意，或基於第9條第1項第a款，或無其他資料處理之法律基礎。 3. 資料當事人依第21條第1項拒絕同意資料處理，並且無任何相衝突的處理正當理由，或資料主體依第21條第2項提出異議。 4. 系爭資料之處理違法。 5. 系爭個人資料因為遵循歐盟法或控制人所屬會員國法之法定義務而必須被刪除時。 6. 系爭個人資料因為第8條第1項所指資訊社會服務之提供所蒐集。	資料控制人亦有不經任何不正遲延刪除個人資料之義務；將個人資料公開的資料控制人必須考量所有可得之科技與執行成本，採取包括技術性措施的合理做法，告知處理系爭個人資料之控制人，資料主體已要求其刪除任何該資料的連結、或複本與再製。
*Google Spain*案判決「去列表權」	搜尋引擎服務人	因輸入資料主體姓名，出現在搜尋引擎結果資料之蒐集和處理的目的而不再為必須而變得與《個資保護指令》不相符，尤其是鑑於上述目的且因時間之流逝而變得「不適當、不相關或不再相關、或過當」（inadequate, irrelevant or no longer relevant, or excessive）之情形。	衡量個案所涉公益與對資料主體之侵害後，依個案決定是否刪除。

資料來源：筆者整理。

由表4-2可知，*Google Spain*案判決「去列表權」的義務主體通常僅限縮在搜尋引擎服務人，且有個案判斷的裁量空間。值得注意的是，歐盟法院在*Google Spain*案判決所提出蒐集與處理目的且因時間之流逝而變得「不適當、不相關或不再相關、或過當」（inadequate, irrelevant or no longer relevant, or excessive）之判準，是否會在日後判斷GDPR第17條第1項第(a)款的「資料就其所被蒐集或處理之目的已不再有存在之必要」，仍有待後續觀察。

第五章　被遺忘權在歐盟層級以外影響——以法國為會員國及Google為搜尋引擎產業為例

《歐洲聯盟條約》的第3條第5項規範，就其與更寬廣世界的關係，歐盟應穩固並推廣其價值與利益，並致力於對其公民之保護。第21條第1項並持續補充，歐盟在國際場域的行動應以啟發其創始、發展及擴大之原則為依歸。

此外，學者如Hijmans等亦主張從文字上觀察，《歐洲聯盟基本憲章》（以下簡稱《憲章》）的許多條文文字，包括第7條的隱私與第8條的資料保護，皆明列其保護客體為「所有人」（everyone），與《憲章》第五章（Title V）其他將保護對象限縮在歐盟公民的條文相對照，則更顯現出上述條文的普世性本質（the universal nature）。

本章第一節透過法國資料保護主管機關國家資訊自由委員會（CNIL）在2016年對Google的裁罰決定，以及其他被遺忘權相關案件，試著介紹*Google Spain*案後被遺忘權在歐盟會員國的發展及其對非歐盟區域可能帶來的影響。第二節則透過Google的透明性報告，來說明與探討歐盟被遺忘權是否透過像Google此一跨國網路平台更進一步地發揮其影響力。

第一節　法國發展與全球影響

壹、2016年CNIL裁罰決定

CNIL於2016年對Google的裁罰決定中，除了先就*Google Spain*案歐盟法院的所做出判決做背景說明，之後並分案件事實與裁罰理由介紹。以下僅就相同的順序為本案之陳述，之後並再以小結做簡要分析。

一、案件事實

在簡扼介紹*Google Spain*案的背景後，CNIL提出在法國，根據Google自己所提出的數據，該公司當時在法國所處理「在歐洲資料保護法下搜尋移除」之申請近8萬多件。其中，申請的接受率約有51.5%。[1]而在此期間，**CNIL也經常性地收到居住於法國的網路使用者，對於Google拒絕其申請的異議。**[2]

2015年4月9日，CNIL行文通知提醒Google，為使去列表（de-listing）為有效（effective），不應僅限於其搜尋引擎的歐洲版本。[3]

2015年4月24日，Google回覆其將繼續進行討論，但暫時不會對系統為任何修改，因其認為當時系統之功能已能有效地確保去列表權。[4]

2015年5月21日，CNIL已正式通知命Google於十五日內將相關網頁在其搜尋引擎所有域名的延伸版本（all extentions of its search engine domain name）去列表。[5]

2015年6月18日，CNIL應Google之要求，與其進行會談。會議間，Google要求延長上述之期限，以俾完成相關技術性與法律分析。[6]

2015年6月30日，CNIL同意將期限展延至同年7月31日。同年7月30日，Google向CNIL主席提交異議（an appeal）希望能夠廢棄前述5月21日所為正式通知之決定。[7]

上述異議在2015年9月16日被拒絕。在Google未為任何確認將遵行由前述正式通知所表明限制措施之回覆的情況下，同年9月25日CNIL主席決定向Google展開相關訴訟程序，並指派Lemoine先生為受命法官（reporting

---

[1] "Decision no. 2016-54 of March 10, 2016 of Restricted Committee issuing Google Inc. With a financial penalty," *Law & Economics Home Sites*, available from: https://sites.les.univr.it/cybercrime/wp-content/uploads/2017/08/2016-google.pdf (hereafter: Decision no. 2016-54) (Accessed 15 October 2021), p. 3.

[2] *Ibid.*

[3] *Ibid.*

[4] *Ibid.*

[5] *Ibid.*

[6] Decision no. 2016-54, p. 4.

[7] *Ibid.*

judge）。[8]

　　受命法官Lemoine先生依據其評估在2015年11月17日向Google發出一份報告，列出其認為在本案中所發生違反《法國資料保護法》的情形，要求CNIL應裁定罰金，同時附上要求Google出席2016年1月28日CNIL限定委員會（formation restreinte）[9]之傳票，說明Google有一個月的時間為書面回覆。[10]

　　並且，Google在2016年1月26日向歐盟資料保護第29條工作小組（以下簡稱第29條工作小組）所提出之信函中，承諾其將改善當時的去列表程序。Google表示新的去列表程序將以使用者的IP位址決定，適用於來自申請者的國家，延伸至搜尋引擎的所有版本。[11]

二、裁罰理由

　　CNIL限定委員會所為決定先重申在當時《個資保護指令》第12條與第14條，個人有消除其資料的權利以及在有正當理由的情形，對其資料處理為異議之權利。[12]上述條文並轉化成《法國資料保護法》的第38條與第40條。[13]

　　在重申歐盟法的相關規範與判決後，CNIL限定委員會分別就四個部分展開支持決定之論述。

---

[8]　*Ibid.*

[9]　法文的「formation restreinte」如果是在最高法院通常譯作「小法庭」，CNIL本身將此組織名稱之英文譯成「Restricted Committee」，本書暫將其中文翻譯選譯為「限定委員會」，在組織法上相對於「大會」（séance plénière, plenary session）為較小之組織。The CNIL's restricted committee includes 5 members and a Chairman separate from the Chair of the CNIL. It can impose various sanctions on data controllers who do not comply with law. 可參考：Status & Composition, in *CNIL*, 28 December 2015, available from: https://www.cnil.fr/en/node/287 (Accessed 15 October 2021).

[10]　*Ibid.*

[11]　Decision no. 2016-54, p. 8.

[12]　Decision no. 2016-54, p. 5.

[13]　*Ibid.*

（一）公文通知於法有據

　　針對Google主張前述2015年5月21日之正式通知係依據不明確且無可預測性之法律規範而因此實無法律基礎，且非來自具體的申訴（specific complaints），CNIL首先重申上述《法國個人資料保護法》第38條與第40條之規定，指出其通知於法有據。[14]

　　CNIL限定委員會認為，CNIL主席所為在搜尋引擎所有延伸版本進行去參考化之決定依照前述轉化《個資保護指令》之規定所為，亦經歐盟法院 *Google Spain* 案判決解釋在先。因此，CNIL主席之所為乃實踐立法者透過《法國資料保護法》第11條[15]規定所賦予確保該法之遵行的義務，非不可預測。[16]

　　此外，CNIL限定委員會並注意到，2015年5月21日正式通知的內容在同年4月9日CNIL的行文通知已明確表示過，並設下遵行的截止期限，實為清楚明確（unambiguous）。[17]

　　並且，CNIL限定委員會也指出，2015年5月21日正式通知係來自八份申訴（complaints），亦於本決定中明確表明。[18]但**CNIL限定委員會同時也補充說明，CNIL的裁罰權限並無須取決申訴之存在，亦非為救濟任何申訴人之損失，而係為糾正或裁罰任何違反《法國資料保護法》之行為。**[19]

（二）CNIL所加諸歐盟領域外措施並未逾越其權限

　　針對Google主張《法國資料保護法》並不適用於在法國以外搜尋引擎所為之搜尋，進而CNIL加諸歐盟領域外之措施乃逾越其權限，CNIL限定委

---

[14] Decision no. 2016-54, p. 6.

[15] 該條所規範內容為CNIL之職權。英文翻譯可參考："LOI INFORMATIQUE ET LIBERTES ACT N 78-17 OF 6 JANUARY 1978 ON INFORMATION TECHNOLOGY, DATA FILES AND CIVIL LIBERTIES," in *CNIL*, available from: https://www.cnil.fr/sites/default/files/typo/document/Act78-17VA.pdf (Accessed 15 October 2021).

[16] Decision, p. 6

[17] *Ibid.*

[18] 八份申訴分別為：2014年7月14日所受理的第14020486號、2014年7月26日所受理的第13023478號、2014年7月28日所受理的第14021808號、2014年7月28日所受理的第14021787號、2014年8月7日所受理的第14022964號、2014年8月22日所受理的第14024210號、2014年9月2日所受理的第14020486號、2014年9月8日所受理的第14025413號。

[19] Decision no. 2016-54, p. 6.

員會並不同意這樣的看法。[20]

　　CNIL限定委員會指出，上述Google之主張係基於「Google搜尋」有和各種在地延伸搜尋引擎版本數量的處理系統之假設。但CNIL限定委員會認為在現實上，其僅為具有多方技術性路徑的單一處理系統（a single processing system with multipal technical paths）。[21]

　　CNIL限定委員會進一步解釋，所謂使用搜尋引擎，無論網路使用者所為系爭搜尋的地理位置、顯示搜尋結果所使用之語言、甚至所下搜尋之關鍵字，皆係使用同一處理系統之操作。[22]

　　除了提醒依據歐盟法院*Google Spain*案判決，《法國資料保護法》亦適用於Google搜尋服務，因位於Google France對位於美國的搜尋引擎營運人有所貢獻，CNIL限定委員會也再進一步補充，依據《法國資料保護法》第48條，其亦有權決定去列表之方式，無論系爭處理係全部或部分在法國領土內所為，包括系爭控制人在其他歐盟會員國之情形。[23]

　　此外，針對Google所主張在所有搜尋引擎版本下進行去參考化，將因其域外效力（extraterritorial effects）、違反國際睦誼（international right of "comity"）並侵害他國主權，CNIL限定委員會則回應本決定實僅涉居住於法國國內個人之權利，惟其權利為享有「有效與完整」之保護。[24]CNIL限定委員會並強調，去列表權來自資料刪除權與異議權（the rights to erase data and to object），適用時必須對所有處理皆為有效而無限制，即便是與外國權利（foreign rights）相衝突之情形。[25]

（三）全球去參考化合乎比例原則

　　針對Google所主張，全球性去列表化將對言論與資訊自由帶來不合比例原則之攻擊，CNIL限定委員會以三點理由表示不同意見。

---

[20] *Ibid.*

[21] *Ibid.*詳細說明可參見：Padova, *op. cit.*, p. 19.

[22] *Ibid.*

[23] Decision no. 2016-54, *op. cit.* p. 7.

[24] *Ibid.*

[25] *Ibid.*

1. 去列表並未移除實際內容

　　CNIL限定委員會提醒，所謂去列表並未從網路世界清除任何內容，甚至並未將系爭網頁從索引中移除（deindex）；若使用其他搜尋關鍵字仍可搜得被去列表之網頁。[26]

2. 去列表權僅得在一定要件下行使

　　承上，CNIL限定委員會提醒，去列表僅有在異議權或清除資料權一定要件滿足的條件下，方有其適用。在異議權的情形，須證明有正當利益；在清除資料權的情況，則必須舉證系爭資料具不明（obsolute）、不完整或錯誤之本質。[27]

3. 沒有理由可支持僅在歐洲延伸版本去列表化且此做法有所缺漏

　　CNIL限定委員會認為，僅在歐洲延伸版本下進行去列表化沒有理由（unfounded），因如google.fr或google.es等不同的域名僅為近用單一處理系統的各種技術性路徑。[28]CNIL限定委員會同時也指出，上述做法並不完整，因為網路使用者仍可藉由搜尋引擎非歐洲的版本近用系爭被去列表之連結。[29]

（四）以IP位址決定之替代措施

　　針對Google在2016年1月26日向第29條工作小組主席提出，以使用者的IP位址決定，適用於來自申請者的國家，延伸至搜尋引擎的所有版本的去列表方式，CNIL限定委員會分別從位於法國境內居民與境外網路使用者之角度說明其認為此做法仍不完整（incomplete）：[30]

1. 法國境內居民

　　在法國境內居民的部分，CNIL限定委員會認為上述做法仍能被使用者規避。舉例而言，在這些居民在歐盟內旅遊時，仍可透過Wi-Fi網路從非歐

---

[26] *Ibid.*

[27] Decision no. 2016-54, *op. cit.* p.8.

[28] *Ibid.*

[29] *Ibid.*

[30] Decision no. 2016-54, *op. cit.* p. 8-9.

盟版本的搜尋引擎近用系爭被去列表之連結，或是在非歐盟區旅遊時，透過任何一種網路連結方式近用。[31] 此外，CNIL限定委員會也注意到住在邊界的居民可輕易地取得非法國之電信服務；以及無論對居住於法國境內任何地方的使用者，皆可透過諸如VPN[32]來規避上述去列表之作法。[33]

2. 法國境外網路使用者

　　針對法國境外的網路使用者，CNIL限定委員會注意到，無論是歐盟內其他會員國居民透過使用非歐洲的搜尋引擎版本，或歐盟外之使用者透過任何版本的搜尋引擎，皆得近用被去列表之資訊。[34]

　　針對此種情形，CNIL限定委員會表示基本權利之保護不應依資料收受者（data receipant）而有所不同。CNIL限定委員會並提醒，無論是在歐盟或法國的立法中皆表明個人可就資料之處理行使權利，無論該資料之收受者為誰。[35]

　　綜上，CNIL限定委員會認為只有在整個搜尋引擎上進行去列表化，才能確保對個人權利的有效保護，並裁處Google罰金10萬歐元。[36]

三、小結

　　網路的國界和各國家現實的國界雖然不一致，我們仍須面對現今世界各國仍僅對該國域名有實質管領力的事實。以權限而言，若從「實質有效」執行*Google Spain*案判決中的去列表權而言，CNIL固可要求Google刪除各域名下的相關連結，以達到對法國境內請求人的有效保護，儘管歐盟法院在2019年已明確其非來自歐盟法的要求。

　　但就實質的層次而言，*Google Spain*案判決雖然把在加州的Google Inc.透過「在活動的脈絡中」可以將其行為列入預先裁判之訴的審理範圍；但就

---

[31] Decision no. 2016-54, *op. cit.* p. 9.

[32] 中文或有譯作虛擬私有網路。

[33] Decision no. 2016-54, *op. cit.* p 9.

[34] *Ibid.*

[35] *Ibid.*

[36] Decision, pp. 8-9.

執行層次而言，以*Google LLC v. CNIL*案為例，假設未來Google不遵行CNIL的裁定，其所能命繳納罰鍰的對象也只有位於法國的Google France。

而在網路的疆界，若CNIL執意將其掌管範圍延伸到其他國家的域名，未來可想見若發生諸如涉及各國對特定言論價值判斷不同的案件時（如對大屠殺的否認或對伊斯蘭的嘲諷），堅持拓展網路疆界的國家在面對他國的反撲而有衝突的情形，最終仍要面對最關鍵的決定因素，還是跨國平台衡量各國市場大小比例、商譽、營收等的營運考量。

貳、其他法國實務發展

一、*Shefet*案

2014年9月，巴黎地方法院（Tribunal de grande instance de Paris）對Google在法國的分公司開罰，要求Google在法國的分公司於母公司的全球網絡上移除一則涉及名譽毀損文章的相關連結。[37]

本案當事人為住在法國三十年的丹麥律師Dan Shefet。Shefet向Google France要求將涉及他業務過失的文章去列表化，[38]Google France僅在google.fr的法國域名下進行去列表化，Shefet遂將案件提告至法國地方法院。[39]Google則被法國法院判賠1,000歐元。[40]

此案的指標性意義在於，它發生的時點僅在*Google Spain*案後的六個月，顯示法國法院當時對於被遺忘權積極的態度。

---

[37] Owen Bowcott/Kim Willsher, "Google's French arm faces daily €1,000 fines over links to defamatory article," *The Guardian*, 13 November 2014, available from: https://www.theguardian.com/media/2014/nov/13/google-french-arm-fines-right-to-be-forgotten (Accessed 15 October 2021).

[38] Joseph, Plambeck, "Daily Report: Google and the Spread of the 'Right to Be Forgotten'," *The New York Times*, 6 August 2015, available from: https://bits.blogs.nytimes.com/2015/08/06/daily-report-google-and-the-spread-of-the-right-to-be-forgotten (Accessed 15 October 2021).

[39] "Ordonnance du 16 Septembre 2014 (Google France Case)," *Global Freedom of Expression*, available from: https://globalfreedomofexpression.columbia.edu/cases/ordonnance-du-16-septembre-2014-google-france-case (Accessed 15 October 2021).

[40] Bowcott/Willsher, *op. cit.*

二、*Les Echos*案

此外，法國最高法院（Cour de cassation）於2016年5月16日做出關於被遺忘權與言論自由衝突的判決[41]。

本案中當事人為一對兄弟[42]，其要求專門報導金融時事的法國《迴聲報》（*Les Echos*）移除該報自身資料庫中一篇2006年關於法國中央行政法院對當事人兄弟關於證券監管業務裁罰報導之連結，而非如在2014年歐盟法院*Google Spain*案判決中，向類似Google或Bing的搜尋引擎營運人請求。

而法國最高法院認定，要求該報從其檔案資料移除個人姓名，或以去索引（de-indexing）方式限制系爭文章之近取，已逾越可以對新聞自由限制的範圍，拒絕兩兄弟的聲請。[43]

從本案中，可看出即便是向來擁護被遺忘權的法國，在該權利與其他可能該國價值更重視基本自由諸如媒體自由相衝突時，仍須以個案權衡，並非一味地保障個人隱私與資料保護權利。

三、小結

從上述兩個案例可以看出，自2014年*Google Spain*案後，CNIL無疑是對被遺忘權的司法實務採取較具積極性的主管機關。但其積極的態度亦非無所界線，從*Les Echos*案中我們可看出，即便是法國在當被遺忘權與其他基本自由諸如媒體自由相衝突時，仍須依個案權衡，而非單面地保護資料主體的權利。

---

[41] "Cour de cassation chambre civile 1- Audience publique du jeudi 12 mai 2016--N de pourvoi: 15-17729," *Legifrance*, 12 May 2016, available from: https://www.legifrance.gouv.fr/affichJuriJudi.do?idTexte=JURITEXT000032532166 (Accessed 15 October 2021).

[42] Elena Perotti, "French judge establishes prevalence of freedom of the press on Right to be Forgotten," *Media Laws*, 25 May 2016, available from: http://www.medialaws.eu/french-judge-establishes-prevalence-of-freedom-of-the-press-on-right-to-be-forgotten (Accessed 15 October 2021).

[43] Marc Rees, "Devant la Cour de cassation, la liberté de la presse peut l'emporter sur le droit à l'oubli," *Next Inpact*, 31 May 2016, available from: https://www.nextinpact.com/article/22495/100059-devant-cour-cassation-liberte-presse-peut-l-emporter-sur-droit-a-l-oubli (Accessed 15 October 2021).

第二節　Google透明性報告

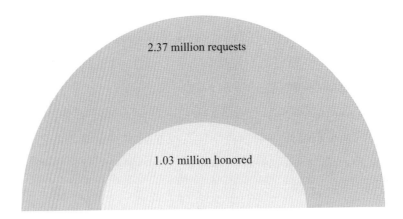

圖5-1　Google所收到請求與依請求刪除數量

Data Include European requests made between May 2014 and December 2017.

　　在*Google Spain*案於2014年剛宣判時，許多質疑的聲音著眼於像Google這樣的私人平台是否有能力，以及是否適合處理像去列表這種每件個案中皆有公、私益等利益權衡的請求。本節主要介紹Google的「透明性報告」，希望透過報告內容對於「被遺忘權」實務執行狀況有更完整了解，再以這樣的了解為基礎，推演相關立法政策、行政實務或管制考量之建議。

壹、被去列表的內容

　　Google的「透明性報告」自2014年起整理在歐盟法下的搜尋結果移除申請案例[44]，本書僅翻譯並整理Google所提出的例示執行狀況如表5-1。

44　〈依歐洲隱私權保護法規提出的內容撤除要求〉，Google資訊公開報告，資料引自：https://transparencyreport.google.com/eu-privacy/overview（檢索日期：2022年3月1日）。

表5-1　Google透明性報告各國案件刪除與否內容整理

國家	申請年分／案件編號	申請要求內容	處理做法
奧地利	2020/1	Google收到一位家長代表子女提出的要求，希望從其撤除2019年的97個社群媒體網站網址和新聞報導網址，其網站內容是該名子女的另一位家長宣稱該子女失蹤。而要求撤除的家長提供了證據，證明其具有該名子女的單獨監護權，且該子女實際上並未失蹤。	由於這些網站中包含未成年人的機密資訊，因此Google撤除了92個網址。要求撤除的家長提供的另外五個網址資訊不全，因此Google無法加以處理。
	2019/1	Google收到奧地利資料保護主管機關代表某人提出的要求，希望從Google搜尋結果中撤除40個網址。這些網址連結的網頁報導兩人聘僱代理孕母。代理孕母懷孕後，雙方為了費用起爭執，因而登上新聞版面。	由於這已經是七年多前的事件，而且連結的網頁內容含有機密的個人資料，因此Google撤除了這些網址，以維護家長的名譽。
	2017/1	Google接獲奧地利資料保護機關替曾為該國政治人物之商人，包括針對來自具公信度新聞媒體，以及政府檔案等22個連結的刪除請求。	鑑於該資料主體曾為公眾人物之身分，其於目前專業領域中的重要地位與系爭連結之本質等考量，Google並未刪除任何URL連結。
	2015/1	一對被控商業詐欺的夫婦，要求Google移除關於其所涉嫌犯罪的文章。	Google並未將系爭文章從搜尋結果中移除。
比利時	2020/1	比利時資料保護主管機關將某人向Google提交的內容移除要求轉交給Google。該名人士要求從Google搜尋結果中，撤除二則關於其過去罪行及有罪判決的新聞報導，其中包括多次對未成年人施以肢體暴力和性侵。該資料保護主管機關要求Google說明，為何拒絕撤除這些網址。	由於此人犯下的罪行重大，而且相關資訊的提供依然攸關大眾的正當利益，因此Google並未撤除這些網址。
	2020/2	Google收到某人提出的要求，希望從Google搜尋結果中，撤除包含新聞報導在內的六個網址。其網站內容為法院判決該名人士因開車不小心，導致一名孩童死亡及其他四名孩童重傷。此事件發生迄今已逾十五年，法院判處此人執行社區服務，併科罰金。法院判定孩童對此意外亦應負部分責任。	由於此事件年代久遠，且此人僅被判處輕微的刑責，因此Google撤除了五個網址。另一個網頁已鎖定，Google無法存取，因此並未撤除其網址。
	2020/3	Google收到某人提出的要求，希望從Google搜尋結果中，撤除一則新聞報導。報導內容為要求撤除者因殺人未遂及持有大麻入獄服刑時企圖自殺。	由於報導發布迄今已有一段時間（八年），而且其自殺企圖為敏感資訊，因此Google已按照要求撤除該新聞報導。

表5-1　Google透明性報告各國案件刪除與否內容整理（續）

國家	申請年分／案件編號	申請要求內容	處理做法
比利時	2019/1	Google收到比利時資料保護主管機關代表某人提出的要求，希望從Google搜尋結果撤除12個網址。這些網址連結的網頁報導當事人犯下詐欺、商標侵權和商業詐騙罪，因此遭罰30萬歐元和一年有期徒刑，但已獲判緩刑。	由於報導發布時間久遠，而且犯罪紀錄的時效已過，因此Google已按照資料保護主管機關的要求撤除網址。
	2018/1	Google收到比利時資料保護主管機關代表某科技公司的前約聘人員提出的要求，希望我們從Google搜尋中撤除18筆搜尋結果；當中的新聞和法院文件與要求者針對不當解僱和員工權利，對前雇主提出的訴訟有關。	Google已按照資料保護主管機關提出的要求，將全部18筆搜尋結果撤除。
	2018/2	Google收到某位Vlaams Blok黨前市議會成員提出的要求，希望從Google搜尋結果中撤除八個網址，這些網址所連結的網頁含有要求者於一起謀殺案與兩起謀殺未逐案的訴訟和判決相關資訊。	有鑑於要求者過去的政治職務和罪行的嚴重性，因此Google並未撤除任何網址。
	2017/1	Google接獲比利時資料保護機關之申請，要求刪除五個描述一犯嫌暴力攻擊一位被害人之事件。該事件中的犯嫌事後被判有罪。	Google刪除的其中三個不再包含該犯嫌姓名的URL連結，但保留另外二個含有其姓名之連結。
	2015/1	申請人在過去五年內曾受法院重罪判決，但上訴時獲判無罪，並要求Google移除關於系爭事件之文章。	Google從鍵入該申請人姓名的搜尋結果中移除了系爭網頁（連結）。
	2014/1	一位申請人要求Google移除某一報導其未成年時參加競賽相關文章的連結。	Google從鍵入該申請人姓名的搜尋結果中，移除了系爭網頁（連結）。
保加利亞	2018/1	Google收到某人提出的要求，希望從Google搜尋結果中撤除二篇新聞報導；這些報導指控要求者對自己的小孩性虐待。	由於當事人提供的證明顯示其已獲法庭宣判無罪，因此Google已將二個網址撤除。
克羅埃西亞	2020	克羅埃西亞資料保護主管機關將某人向Google提交的內容移除要求轉交給Google。該名人士要求撤除一則新聞報導，內容是有關其在克羅埃西亞擔任交通運輸公司的領導人職位。該報導指控此人用人唯親且苛待員工。此人目前仍任職原本的職務。該資料保護主管機關要求Google說明，為何拒絕撤除這則新聞報導。	由於此人擔任公司管理職位，而且目前仍任職原本的職務，因此Google並未撤除這則新聞報導。

表5-1　Google透明性報告各國案件刪除與否內容整理（續）

國家	申請年分／案件編號	申請要求內容	處理做法
捷克	2018	Google收到前國營企業資深官員提出的要求，希望其從Google搜尋結果中撤除數篇新聞報導；報導內容描述警方針對要求者將大量業務交付廠商的貪腐行為而展開調查。	由於該案件尚未定讞，因此Google並未撤除該新聞報導。
丹麥	2020/1	丹麥資料保護主管機關將某人向Google提交的內容移除要求轉交給Google。該名人士要求撤除五則關於其過去罪刑和有罪判決的新聞報導，報導內容是此人參與了重大毒品走私。此人已在十一年前出獄。該資料保護主管機關要求Google說明為何拒絕撤除這幾則新聞報導。	由於此人服刑期滿迄今已有一段時間，因此Google撤除了這五則新聞報導。
愛沙尼亞	2020/1	Google收到愛沙尼亞資料保護主管機關代表某人提出的要求，該要求附帶一項不具拘束力的建議，希望其撤除11個網址。這些網站報導了此人在二十多年前涉及了一樁逃漏稅醜聞，此人事後已將稅款全數繳清。該資料保護主管機關指出，由於事件發生迄今已有一段時間，加以此人並非公眾人物，僅被判刑數月，往後亦未涉入任何不法行為，因此撤除這些網址實屬適當。	基於該資料保護主管機關提出的理由，考量到事件發生迄今已有一段時間，Google已按照該主管機關的要求撤除相關網址。
芬蘭	2020/1	Google收到某位前芬蘭高層政治人物的要求，由於其已離開政壇並改名換姓，因此希望從Google搜尋結果中撤除七則新聞報導和自己的維基百科網頁。	有鑑於此人在政壇上具有重要的歷史地位，Google並未撤除任何相關網址。
	2020/2	芬蘭資料保護主管機關轉交某位前芬蘭市長向Google提交的內容移除要求。這位前任市長要求撤除一則新聞報導，內容係針對其在任內涉嫌濫用職務的調查。該資料保護主管機關要求Google說明為何拒絕撤除這則新聞報導。	考量到此人在政壇中的職位，以及民選官員職業操守所涉及的公共利益，Google並未撤除該網址。
	2020/3	芬蘭資料保護主管機關轉交某個支持穆斯林女性的非政府組織創辦人向Google提交的要求，希望從Google搜尋結果中撤除二個網址（一則新聞報導和一則社群媒體貼文），其內容包含創辦人以該非政府組織管理階層身分所發表的演說和訪談。該名創辦人通知資料保護主管機關其已改信其他宗教，不再參與該非政府組織。該資料保護主管機關要求Google說明為何拒絕撤除相關網址。	由於網站中的資訊攸關個人機密資訊（宗教信仰），而且創辦人對於該非政府組織的參與資訊從此以後已不再具有公共利益，因此Google撤除了這二個網址。

表5-1　Google透明性報告各國案件刪除與否內容整理（續）

國家	申請年分 / 案件編號	申請要求內容	處理做法
芬蘭	2018/1	Google收到芬蘭資料保護主管機關提出的資訊調閱要求，希望其能說明為何拒絕受理某人提出的要求。要求撤除的網址建立於2015年，當中內容討論了當事人性虐待一名未成年人長達九年的時間，而遭判三年有期徒刑。	由於罪行十分嚴重，且判決尚未失效，因此Google並未撤除相關網址，並以此為由向資料保護主管機關說明未撤除原因，並且已獲同意。
	2018/2	Google收到芬蘭資料保護主管機關提出的要求，希望其能說明為何不撤除七個與某人相關的網址。這些網址所連結的網頁包含當事人於2016年在道路放置金屬陷阱，涉及多起妨礙交通及危害道路安全案件，而遭判四年有期徒刑。	有鑑於此判決距今不遠，以及該名當事人的行為對社會造成的危害，Google決定不撤除相關網址，並已於事後獲資料保護主管機關同意。
	2017/1	Google接獲芬蘭境內一位遺孀之申請，要求從Google搜尋中刪除一論壇網頁指涉死者犯下多起性犯罪。原要求為刪除死者之姓名。	Google依據《芬蘭資料保護法》刪除系爭URL連結。
法國	2020/1	Google收到CNIL代表某人提出的要求，該要求建議從Google搜尋結果中撤除二個網址（日期為2020年1月的網誌文章以及該網誌首頁）。該篇網誌文章的作者自稱遭到性侵，並聲稱加害人是要求撤除內容的這名人士。CNIL主張此資訊性質敏感，而且沒有其他來源可證實這項指控。在CNIL提出要求的同時，受指控的這名人士已就其中一個網址對Google LLC提起訴訟。法院已駁回此訴訟，判定該案件適用的法律依據應為誹謗，而非《法國資料保護法》。	有鑑於指控內容涉及犯罪且為近期事件，並考量到法院的判決，Google並未撤除相關網址。
	2020/2	Google收到CNIL代表某人提出的要求，希望從Google搜尋結果中撤除由法國政府民事及商業公告系統「BODACC」所發布的一個網址。網址所顯示的內容，宣布了某間新公司的成立，而此人曾是該公司的創辦人暨董事長。CNIL主張，該資訊已過時（此人已不再是董事長），但無法從行政主管機關的來源網站移除資訊。	Google遵照CNIL對此事的看法，同意撤除網址。
	2020/3	Google收到CNIL代表一名現任鄉鎮市民代表所提出的要求，該要求建議撤除三個網址，這些網址連結至2019年發布的三則新聞稿，報導內容為最近鄉鎮市代表會中討論的各個事項，包括對鄉鎮市民代表進行定期及強制毒品測試的提案。CNIL主張，雖然新聞稿報導內容正	考量到公共利益和政治人物在政壇中的角色，以及新聞稿已清楚說明該鄉鎮市民代表有出席該次討論，並沒有受到使用毒品的指控，Google並未撤除相關網址。

表5-1　Google透明性報告各國案件刪除與否內容整理（續）

國家	申請年分／案件編號	申請要求內容	處理做法
法國		確詳盡，但在Google搜尋上顯示這些與該鄉鎮市民代表相關的文章，可能會讓使用者產生錯誤的印象，誤以為該名鄉鎮市民代表與毒品使用有關聯。	
	2020/4	Google收到CNIL提出的命令，要求從Google搜尋結果中撤除2016年的一則新聞報導和一則網誌文章。這些網址顯示的內容，報導了一位性虐待罪行累犯的最新刑期，並報導該犯罪行為人先前違反了接近未成年人的禁令。該犯罪行為人近期已服刑完畢。	此命令是依照法國法院先前針對類似情事案件所做出的最終判決而制定，Google同意遵從此命令。已從Google搜尋結果中撤除了這二個網址。
	2019/1	Google收到CNIL代表某人提出的要求，希望從Google搜尋結果中撤除一個網址。該網址連結的網頁記錄了當事人因謀殺合作夥伴而遭判十年有期徒刑。	由於案件年代久遠，因此Google按照要求撤除網址。
	2019/2	Google收到CNIL代表某醫療專業人士提出的要求，希望從Google搜尋結果中撤除一個網址。該網址連結的網頁含有當事人先前病患的訪談，內容在批評當事人的專業能力。	由於內容發布的時間久遠，且當事人從未因醫療疏失遭人控告，因此Google已按照要求撤除網址。
	2018/1	Google收到CNIL代表某人提出的要求，希望從Google搜尋結果中撤除一個網址，其所連結網頁報導了當事人逃離接受精神分裂症治療的精神病院，並且指稱當事人於2001年的一起謀殺案中遭判有罪，但不負刑事責任。	由於該網址所連結的網頁含有與對方心理健康相關的機密資訊，因此Google已將網址撤除。
	2018/2	Google收到CNIL代表某人提出的要求，希望從Google搜尋結果中撤除四個網址，其所連結網頁記錄了當事人因性侵一名兒童及一名成年女性而遭判刑。	由於當事人已服滿刑期，因此Google已將四個網址撤除。
	2018/3	Google收到CNIL代表某人提出的命令，希望從Google搜尋結果中撤除一個網址，其所連結網頁記錄了當事人於1990年代後期因多起強姦案而遭判刑。	由於案件年代久遠，且當事人已服滿刑期，因此Google已將該網址撤除。
	2018/4	Google收到CNIL代表某人提出的要求，希望從Google搜尋結果中撤除七個網址。該名委託人於某次恐怖攻擊失敗事件中教唆家庭成員參與並提供協助，因此遭判刑二年有期徒刑。	由於CNIL證實當事人已服滿刑期，因此Google已將七個網址撤除。

表5-1　Google透明性報告各國案件刪除與否內容整理（續）

國家	申請年分 /案件編號	申請要求內容	處理做法
法國	2018/5	Google收到政府官員提出的要求，希望撤除45個網址。當中的內容聲稱，要求者於社會住宅的分配作業中獲得不當利益。	要求者提供了法院裁判結果，其中裁定該指控有誤，因此Google已將45個網址撤除。
	2018/6	Google收到CNIL代表某人提出的要求，希望能從Google搜尋結果中撤除三個網址，所連結內容討論了當事人因謀殺直系親屬而遭判刑。	由於當事人在案發當時年僅18歲，且已服滿刑期，因此Google已將三個網址撤除。
	2018/7	Google收到某人提出的要求，希望其能從Google搜尋結果中撤除六個連往2016年巴拿馬文件案報導的網址，當中內容指稱要求者身兼某境外公司的主管和股東，但要求者向Google提供了無罪證明。	由於Google發現網址內容與當事人的職涯具有直接關聯，因此並未撤除六個網址。此外，由於網址內容並未提及當事人犯下任何罪行，因此當事人提供的犯罪紀錄證明不足以駁斥其指控。
	2018/8	Google收到CNIL代表某人提出的要求，希望能從Google搜尋結果中撤除五個網址，其中包括一篇新聞報導、一個政府網站和三個網誌網址。這些網頁的內容報導了當事人因持有兒童色情作品且企圖與兒童性交而遭逮捕及判刑。	由於網址內容包含的報告是在訴訟前撰寫完成，且報導提及適用的最重刑度，因此Google已將四個網址撤除。此外，有鑑於要求者在提出要求時已服滿刑期，因此Google也撤除了連往該政府網站的網址。
	2017/1	某間電子商務公司的總經理要求從Google搜尋移除討論其網站的社群媒體網頁及新聞文章，其並主張系爭網頁與文章包含個人資料已侵害其隱私，要求移除鍵入其姓名與該公司名的搜尋結果。	Google刪除了依申請者姓名搜尋結果中的一條URL連結，但並未刪除用公司名搜索的搜尋結果，因為系爭個人之姓名已不在網頁上。Goolge並未移除剩下二條URL連結。
	2017/2	Google接獲一申請人要求，從Google搜尋上刪除數個關於其於未成年時以某一政治運動領袖參與選舉，以及當時他所擔任的其他政治職位的數個URL連結。	因為申請人目前看似並未從事政治生涯且於事件當時為未成年，Google刪除了13個URL連結。但保留了另外一個指涉與申請人同姓名，但實為不同人之網頁URL連結。
	2015/1	一位因持有兒童性虐待圖像而被定罪的神父，要求Google移除報導其所受宣判以及被教會逐出的數篇文章。	Google並未從搜尋結果中移除系爭網頁。

表5-1　Google透明性報告各國案件刪除與否內容整理（續）

國家	申請年分／案件編號	申請要求內容	處理做法
德國	2020/1	Google收到德國資料保護主管機關代表德國某位前歐盟機關約聘人員所提出的命令，要求撤除歐盟公務員法庭網站上的二個網址。網址顯示的內容包含此法院對於該名約聘人員所提起之訴訟的裁判全文，訴訟內容為該約聘人員針對工作相關爭議控告歐盟機關。該資料保護主管機關主張德國通常會將裁判內容匿名處理，並強調潛在雇主對於勞資爭議通常抱持負面觀感，因此該裁判內容會對該約聘人員的求職能力帶來負面影響。	由於歐盟機構決定在網站上發布未經過匿名處理的內容，並且向搜尋引擎提供該內容，因此Google原先拒絕撤除網址。然而，Google現已遵照該資料保護主管機關的命令，撤除這二個網址。讓其決定撤除網址的部分原因是，該法庭的裁決內容仍可透過經常出現在文獻引用中的案件參考編號查詢而得。
	2020/2	Google收到來自某人的要求，希望從Google搜尋結果中撤除二則新聞報導。這些報導內容是關於該名人士在1980年代初期，因謀殺和搶劫罪名而遭到定罪。這二則報導也描述了犯罪行為人如何從前東歐（DDR）逃到德意志共和國（西歐），並且提到此人的逃逸提高了審判的難度。	由於此犯罪行為人仍在獄中服刑，而且出獄日期未定，因此Google並未撤除相關新聞報導。
	2020/3	一家德國大型公司執行長提出要求，希望從Google搜尋結果中撤除136個網址，這些網址連結的圖片和新聞報導，指控該執行長在非洲從事付費以合法獵殺野生動物的活動。	有鑑於要求撤除者在德國為公眾人物，且狩獵觀光乃是國際普遍關注議題，大眾對於此公眾人物助長這類行為發表了強烈譴責，Google並未撤除136個網址中的任何一個網址。
	2020/4	某企業主的要求，希望從Google搜尋結果中撤除13個網址。網址連結的圖片和新聞報導調侃該企業主所選的公司名稱。該企業主的姓名及其職業名稱的組合和納粹年代的慣用語具有相同的措辭。	由於其名稱使人聯想到納粹問候語純屬意外，並未攸關公共利益，因此Google已按照要求刪除所有網址。
	2019/1	Google收到某位前新聞記者提出的要求。當事人是一位知名的公眾人物，十五年前遭人指控涉及性侵案，但已獲判無罪。當時媒體曾對該案件的訴訟過程進行大幅報導。	這個案件年代久遠，且當事人已獲判無罪，Google因此撤除了183個網址，以維護當事人的名譽。
	2019/2	Google收到要求，希望從Google搜尋結果中撤除五個網址。這些網址連結的報導內容指出，某知名藝人在指控所屬機構的高層人員有性騷擾行為後受到停止演藝活動的處分，因而對此感到不滿。報導除了說明審判結果，同時也提及了與當事人性傾向有關的私人資訊。	由於網址連結的網頁含有與當事人性傾向相關的資料，Google撤除了這些網址，以維護當事人的名譽。

表5-1　Google透明性報告各國案件刪除與否內容整理（續）

國家	申請年分／案件編號	申請要求內容	處理做法
德國	2019/3	Google收到德國右翼政黨前市政成員提出的要求，希望從Google搜尋結果中移除17個網址。當事人多年前已退出該政黨。	由於當事人已退出政壇，而且多年來沒有跡象顯示當事人從事政治活動，Google撤銷了這些網址。
	2019/4	Google收到漢堡資料保護主管機關代表某人提出的要求，希望從Google搜尋結果中撤除二個網址。這些網址連結的網頁報導了當事人因為在美國行竊而遭到逮捕，報導中的資訊包含個人資料，例如當事人的全名、年齡和臉部相片。	由於情節輕微，且案件年代久遠，因此Google按照要求撤除這些網址。
	2018/1	Google收到某位前政治人物提出的要求，希望從Google搜尋結果中撤除三個網址，其所連結的網頁報導了要求者近期退出政壇與毒品醜聞有關。	由於當中內容揭露了該名政治人物的私人住家地址，而不只是關於醜聞的資訊，因此Google已將三個網址撤除。
	2017/1	Google接獲一申請，要求刪除四篇含有申請學者個人照片、報導其學術研究的新聞文章。申請理由係因該學者變更性別與新的姓名。	Google並未刪除系爭文章，因其認上述文章仍持續與該學者的專業生涯與研究相關。
	2017/2	Google接獲四筆申請，要求刪除一篇關於某一個人在德國被控謀殺其妻之文章。該文已經匿名化處理，而並未指出該被控嫌疑人之姓名。	由於其姓名在該文章中已經匿名化，Google僅刪除由該個人姓名搜索之文章（連結）。
	2017/3	Google接獲一筆申請要求，從Google搜尋刪除四個URL連結，其中包括內容含有法院案件紀錄的政府網頁。申請者在紀錄中被列為性侵害與人口販賣案件之受害人，且案發當時其為未成年人。	Google刪除了申請人所要求的全部四個連結。
	2015/1	某位教師十幾年前曾因輕微犯行獲有罪判決，要求Google移除與該判決相關的文章。	Google已從使用系爭申請人姓名為搜尋的結果中移除相關網頁。
	2014/1	某性侵案被害人要求Google移除該案件的新聞報導文章連結	Google已從對方姓名的搜尋結果中移除相關網頁
希臘	2020/1	Google收到外國皇室家族成員的要求，希望從Google搜尋結果中撤除36則關於性騷擾調查的新聞報導。	考量到要求撤除者在政壇中的角色，以及報導內容為近期事件，Google並未撤除相關新聞報導。
	2020/2	Google收到一名希臘律師兼前政治人物提出的要求，希望從Google搜尋結果中撤除21則新聞報導，這些報導指出此人在1980年代涉入金融和政治醜聞。法院因案件罹於時效而宣判此人無罪，並未就事實上有罪或無罪進行裁定。	考量到有爭議的法院訴訟距今年代久遠，Google撤除了20個並未指出本案最後以無罪總結的網址。不過，有一個網址顯示的內容包含本案完整報導和無罪宣判的結果，因此Google並未將其撤除。

表5-1　Google透明性報告各國案件刪除與否內容整理（續）

國家	申請年分／案件編號	申請要求內容	處理做法
希臘	2020/3	希臘法院發布了初步命令，要求Google封鎖五個網址（三個Blogger網址和二個YouTube網址）。這些網址所顯示的內容，指控某位法官違反法院組織法和司法人員身分相關規則。	由於此命令具有法律拘束力，因此Google撤除了所有網址。
匈牙利	2020	Google收到某位營造業企業主的要求，希望從Google搜尋結果中撤除一則指控該企業主施工不良的新聞報導。	由於報導內容與該名企業主的職業有關，因此Google並未撤除相關網址。
	2018/2	Google收到某人提出的要求，希望從Google搜尋結果中撤除1984年的一篇德國新聞報導。其內容報導了要求者因試圖劫持東德班機以逃離至西德而遭判有罪	Google已將該網址撤除，原因是其內容十分陳舊，且與現已廢除的東德刑法有關，該法律禁止向西德非法移民。
	2018/3	Google收到某人提出的要求，希望從Google搜尋結果中撤除1984年的一篇德國新聞報導。其內容報導了要求者因試圖劫持東德班機以逃離至西德而遭判有罪。	Google已將該網址撤除，原因是其內容十分陳舊，且與現已廢除的東德刑法有關，該法律禁止向西德非法移民。
	2015/1	某高層官員針對數十年前的某件刑事案件有罪定讞判決，要求Google移除數篇近期討論該案件文章。	Google並未從搜尋結果中將系爭文章移除。
愛爾蘭	2020/1	Google收到愛爾蘭資料保護委員會（DPC）代表某位醫師提出的要求，該要求附帶不具拘束力的建議，希望從Google搜尋結果中撤除九則新聞報導。報導內容涉及該醫師的執業生涯，並針對其未經合法授權即從事管制藥品之採購、進口及管理的不當作為提出指控。DPC主張，由於新聞報導所引述的業務與該醫師執業內容是兩回事，而且該醫師就該問題已獲無罪宣判，因此撤除相關新聞報導實屬恰當。	Google遵照DPC對此案所持立場，撤除了七個網址。Google也撤除了該名醫師姓名搜尋結果中的另外二個網址，遵從其網頁作者不在網頁上公開醫師姓名的決定。
	2020/2	Google收到DPC代表二位當事人提出的要求，該要求附帶不具拘束力的建議，希望從Google搜尋結果中撤除一則新聞報導。報導內容涉及當事人一連串個人不動產投資貸款的相關高等法院訴訟。DPC主張由於當事人的投資及借貸與其專業能力無關，因此撤除這則新聞報導實屬恰當。	Google已按照要求，撤除該新聞報導。

表5-1　Google透明性報告各國案件刪除與否內容整理（續）

國家	申請年分／案件編號	申請要求內容	處理做法
愛爾蘭	2019/1	Google收到愛爾蘭資料保護主管機關代表某人提出的要求，希望其從Google搜尋結果中撤除三個網址。這些網址連結的網頁報導某銀行先前提供給當事人的一筆貸款獲得簡易判決令，涉及的金額達數百萬歐元。當事人曾將這筆貸款提供給旗下企業。	由於要求者仍繼續擔任同一家企業的負責人，因此Google並未撤除這些網址。
	2019/2	Google收到某大型企業的前高層員工提出的要求，希望從Google搜尋結果中撤除一個網址。該網址連結的新聞報導描述了當事人控告前雇主有不當解僱的行為。	由於事件年代久遠，而且解僱的原因並不是當事人有任何過失行為，Google撤除了該網址。
	2019/3	Google收到某人代表自己及其子女提出的要求，希望從Google搜尋結果中撤除三個網址。這些網址連結的網頁報導了近期一起針對某航空公司提出的傷害案件，而當事人在這個案件中打贏了官司。	Google撤除了含有當事人子女姓名的相關網頁網址，但並未撤除有當事人姓名的網頁網址。這起案件已在最近結案，大眾可透過新聞媒體得知判決結果，但法律針對未成年人提供了額外的保護措施。
		Google收到將2014年某一則新聞報導去列表的要求。該則新聞報導內容是關於某個人的家暴案件被宣判無罪，但該案宣判無罪的原因是控方無法向法官提出能夠證明受害者傷勢的驗傷單。	鑑於新聞中的嫌疑人已受無罪宣告，Google將系爭文章為去列表處理。
義大利	2020/1	Google收到義大利資料保護主管機關代表某位企業家兼大學教授所提出的命令，要求其撤除一則有關此人與組織犯罪分子具有商業往來的新聞報導。該資料保護主管機關表示，報導中提及的事實不足以對這名人士發動調查，且該篇報導已構成調查該作者是否有誹謗行為的依據。	Google已遵照命令撤除這則新聞報導。
	2020/2	義大利資料保護主管機關將某位前義大利地區首府高階政府官員向Google提交的內容移除要求轉交給Google。這位前政府官員要求從Google搜尋結果中，撤除43則指控其收受賄賂的新聞報導。該名官員最終因賄賂而被判有罪。該資料保護主管機關要求Google說明為何拒絕撤除相關網址。	由於政府官員涉案訴訟攸關公共利益，而且網址連結內容為新聞報導的呈現，有罪判決也證明指控屬實，因此Google並未撤除相關網址。

表5-1　Google透明性報告各國案件刪除與否內容整理（續）

國家	申請年分／案件編號	申請要求內容	處理做法
義大利	2020/3	義大利資料保護主管機關將某位已故前檢察官及法官家屬向Google提交的內容移除要求轉交給Google。家屬要求從Google搜尋結果中撤除22則新聞報導，這些報導描述該已故人士因收受賄賂操縱多件司法訴訟、貪腐及濫用職權而遭到定罪。此人在1994年遭到逮捕後隨即被解除公職，並於2010年過世，期間並未再度擔任相關職務。該資料保護主管機關要求Google說明為何拒絕撤除相關網址。	由於定罪迄今已有一段時間，而且此人遭定罪後並未再任公職，因此Google已撤除所有新聞報導。
	2020/4	Google收到來自某人的要求，希望從Google搜尋結果中撤除40則新聞報導。這些報導的內容為此人被判一般殺人罪，並參與一項協助囚犯脫逃未遂的行動。	有鑑於其罪刑的嚴重性，Google拒絕撤除35個網址。有三個網址的內容因已無法在網路上取得，所以Google並未將其撤除。Google撤除了出現在其姓名搜尋結果中的另外二個網址，遵照網頁作者不在網頁上公開犯罪行為人姓名的決定。
	2019/1	Google收到義大利資料保護主管機關的要求，希望Google進一步說明之前收到某企業顧問提出的要求後，決定不將16個網址從Google搜尋結果中撤除的理由。該顧問最近因為與某犯罪組織的犯罪行為有關而正在接受調查。要求者遭懷疑涉嫌洗錢，並且為犯罪組織從事的非法交易提供後勤支援。	當事人提出要求時，該事件發生尚未滿一年，而且當中的14個網址連結的網頁與正在進行中的調查行動相關，因此Google並未撤除這些網址。不過，另外二個要求撤除的網頁根本未提及當事人的姓名。在網頁作者似乎無意透露當事人的身分下，Google在搜尋結果中撤除了這些頁面。
	2018/1	Google收到義大利資料保護主管機關提出的要求，希望撤除2014年到2015年間的七個網址，所連結網頁詳述了某人先前任職的公司遭指控未支付員工薪資，且面臨破產的情況。	由於當事人於同一行業成立新公司，且網址資訊仍與其職涯具關聯性，因此Google並未撤除七個網址。
	2018/2	Google收到義大利資料保護主管機關提出的要求，希望撤除19個網址。這些網址所連結的內容詳述了某人在通話中針對義大利最大銀行之一的破產情事所進行的對話，因此認為該通話遭非法竊聽。	由於該資訊的來源違法，且對方姓名對公眾利益並無明顯助益，因此Google已將全部19個網址撤除。

表5-1　Google透明性報告各國案件刪除與否內容整理（續）

國家	申請年分／案件編號	申請要求內容	處理做法
義大利	2017/1	Google收到一項申請，要求將數十篇近期且具一定公信力（reputable）的新聞報導文章去列表，報導內容係關於某個人性侵害案件之定罪，且其中包含受害者影像。	Google起初拒絕將相關報導去列表，但義大利資料保護主管機關去函Google，要求其對此項決定提出說明。鑑於本案發生的近期性與犯罪本質的嚴重性，Google決定維持不將系爭文章去列表之原處置。義大利資料保護主管機關亦同意Google不將系爭內容為去列表之決定。
	2017/2	Google接獲某家網路安全公司的前員工申請，要求將2015年新聞報導去列表，報導內容係關於其相關活動以及離開前公司的決定。他目前經營自己的網路安全公司。	Google並未將任何URL連結去列表化，原因是系爭資訊與他公眾生活中的專業角色有緊密關聯。
	2014/1	一名女子因姓名出現在數十年前有關其夫被謀殺案件的文章中，要求Google移除相關網頁。	Google從以姓名為搜尋的結果中移除相關網頁。
	2014/2	一名女性因自行發布的圖片遭到轉貼，要求Google移除轉貼網頁的連結。	Google從以姓名為搜尋的結果中移除相關網頁。
	2014/3	某單一個人要求Google移除一正式國家文件副本的連結。系爭文件係由國家機關所發布，陳述該申請人所犯詐欺罪行。	Google並未從搜尋結果中移除相關網頁。
	2014/4	Google接獲一位數十年前發生的犯罪被害人女性之申請，要求移除三個討論該案件的網頁連結。	Google從以姓名為搜尋的結果中移除相關網頁。
		Google收到來自單一個人的數項請求，要求刪除20個關於其利用專業職權所為金融犯罪近期文章之連結。	Google並未從搜尋結果中刪除網頁（連結）。
拉脫維亞	2015/1	一位在抗議活動中遭刺傷的政治運動人士，要求Google移除與該事件有關某篇文章之連結。	Google從以受害人姓名為搜尋之結果中移除了系爭網頁（連結）。
馬爾他	2020/1	馬爾他資料保護主管機關將某位知名企業家向Google提交的內容移除要求轉交給Google。該名企業家要求從Google搜尋結果中撤除一則新聞報導，該篇報導詳細討論了該企業家的經商歷史，以及其因從事郵件詐騙而遭到有罪宣判等過往事件。該資料保護主管機關要求Google說明為何拒絕撤除這則新聞報導。	由於網址所顯示的內容是此人目前職涯的相關重要資訊，Google並未撤除該網址。

表5-1　Google透明性報告各國案件刪除與否內容整理（續）

國家	申請年分 / 案件編號	申請要求內容	處理做法
荷蘭	2020/1	Google收到荷蘭資料保護主管機關代表某位商界人士提出的要求，該要求附帶不具拘束力的建議，希望從Google搜尋結果中撤除一則討論此人辛勤創業的新聞報導。該資料保護主管機關主張此報導內容過舊，刊登迄今已逾八年，且新聞來源在報導最下方提供的更正資訊也證明報導內容並不正確，因此撤除該新聞報導實屬恰當。	Google並未撤除這則新聞報導。基於荷蘭法院判例法，其並未採納該資料保護主管機關的觀點，認定超過八年以上的報導內容即為過舊。在這個案例中，報導內容與該名商界人士持續參與的經營模式相關。Google將新聞來源發布的更正資訊視為錯誤內容的澄清，對於該名商界人士而言，Google認為最佳做法是向該國內知名新聞來源說明自身疑慮。
	2019/1	Google收到荷蘭資料保護主管機關代表某人提出的要求，希望從Google搜尋結果中撤除45個網址。事件發生期間，當事人為兇殺案嫌犯、荷蘭頭號通緝要犯，同時還是國際追緝行動的目標。當事人在之後自首，並因過失殺人而遭判十年以上有期徒刑。	由於當事人犯下的罪行重大，而且網址連結的網頁內容依然攸關公眾正當利益，因此Google並未撤除這些網址。
	2019/2	Google收到某人提出的要求（此人過去曾因持有及散布兒童色情相關內容而被判處有罪），希望從Google搜尋結果中撤除17篇新聞報導。這些報導提到當事人因持有及散布兒童與動物色情內容而遭到定罪。當事人被判二十個月有期徒刑，目前尚未服滿刑期。	由於這是近期發生的事件，而且當事人尚未服滿刑期，因此Google並未撤除任何相關網頁。
	2018/1	Google收到某位政治人物提出的要求，希望從Google搜尋結果中撤除一個網址，其所連結網頁含有要求者發表的言論，而要求者聲稱這些言論遭到斷章取義。	由於該網址包含的政治言論與該政治人物的公開生活有直接關聯，因此Google並未撤除該網址。
	2018/2	Google收到某人的要求，希望撤除一個網址。該網址會連往負責預防恐怖攻擊的政府部門網站，且包含要求者與恐怖組織的關係資訊。	由於相關資訊是由政府部門發布，且內容對公眾利益影響重大，因此Google並未撤除該網址。
	2017/1	Google收到以Google Inc.為對象的法院命令，要求將某則網誌文章從Google搜尋結果中移除。系爭網誌內容為某專業人士在街上持武器恐嚇他人遭定罪。	Google針對該項命令之裁定聲明異議，但法院並未認定異議有理由。Google乃將相關網誌文章去列表。
	2017/2	Google接到單一個人要求刪除關於報導公眾對於其濫用社會福利撻伐、超過50個的文章與部落格連結。	Google並未從搜尋結果中刪除網頁（連結）。

表5-1　Google透明性報告各國案件刪除與否內容整理（續）

國家	申請年分／案件編號	申請要求內容	處理做法
挪威	2020/1	Google收到挪威資料保護主管機關代表某位營造業人士提出的要求，希望從Google搜尋結果中撤除三則指控此人詐欺及不適任的新聞報導。	Google認為報導內容與該名商界人士的職業相關，因此拒絕撤除相關網址。Google要求該資料保護主管機關重新考量其決定，目前仍在等待資料保護主管機關的回覆。
	2018/1	Google收到挪威資料保護主管機關的命令，要求撤除一個連往2017年新聞報導的網址。當中討論了數十年前的資料當事人承認從事性虐待的事實，該名當事人目前在藝術界小有名氣。該網址所連結的網頁主要在說明上述新聞報導討論這起性虐待事件時，為什麼要提及該名當事人的姓名？	資料保護主管機關認定將該網址保留在搜尋結果中對公眾利益並無明顯助益，因此Google已將其撤除。
波蘭	2020/1	波蘭資料保護主管機關轉交某位教師向Google提交的內容移除要求。該名教師要求從Google搜尋結果中撤除31則新聞報導，這些報導內容涉及此教師曾短暫實行的政策：禁止孩童攜帶任何內含特定卡通人物圖片的物品到校。該名教師認為，此類圖片違反天主教教會的教義。該資料保護主管機關要求Google說明為何拒絕撤除相關新聞報導。	由於報導內容與該教師的教育職業相關，因此Google並未撤除其中14個網址。另外17個網址雖出現在教師姓名的搜尋結果中，但由於其內容並未包含教師的姓名，因此Google已將網址撤除。資料保護主管機關已認可其決定。
	2020/2	波蘭資料保護主管機關轉交某位商界人士向Google提交的內容移除要求。該名商界人士要求從Google搜尋結果中撤除二則新聞報導，這些報導內容指控，此人士利用與高知名度政府官員間的交情，發展自身的營造業務。該資料保護主管機關要求Google說明為何拒絕撤除這幾則新聞報導。	由於報導內容與此商界人士的職涯相關，而且此人與高知名度政府官員的關係涉及公共利益，因此Google並未撤除這二個網址。
	2020/3	波蘭資料保護主管機關將某人向Google提交的內容移除要求轉交給Google。該名人士希望撤除的13則新聞報導中顯示，此人使用二個不同的身分假冒成律師，非法為客戶提供服務。該資料保護主管機關要求Google說明為何拒絕撤除相關網址。	由於此案涉及的詐欺行為備受關注，且攸關大眾當下與日後的公共利益，因此Google並未撤除其中12個網址。其中一個網頁的作者決定不在網頁上公開這名人士的姓名，因此Google遵從其決定撤除了該網址。
	2019/1	Google收到要求，希望從Google搜尋結果中撤除一個網址。該網址連結的網頁含有一篇新聞報導，內容指控要求者的博士論文造假。這起事件演變成一起更大的醜聞，導致由同一位教授指導的40多篇類似論文因為抄襲而遭到註銷。	由於該網址連結的報導內容攸關公眾利益，且當中的資訊與當事人的職業生涯相關，因此Google並未撤除網址。

表5-1 Google透明性報告各國案件刪除與否內容整理（續）

國家	申請年分/案件編號	申請要求內容	處理做法
波蘭	2018/1	Google收到某位已退居媒體業幕後的電視名人提出的要求，希望從Google搜尋結果中撤除115個網址，其所連結的文章內容與要求者過去在電視業從事的工作有關。	由於當事人仍是公眾人物，且依然與媒體業有所關聯，因此Google並未撤除115個網址。
	2015/1	某商界知名人士向Google要求移除其與某報社間訴訟的相關文章。	Google並未從搜尋結果中移除相關文章。
葡萄牙	2020/1	Google收到葡萄牙資料保護主管機關代表某人提出的命令，要求從Google搜尋結果中撤除其維基百科個人資料。該網頁包含其個人生平、從事職業及過去刑事訴訟的相關資訊。該資料保護主管機關下令撤除該網頁，主張網頁內容無關公共利益。	Google原先撤除了網址，但因其認為該網頁內容與此人從事職業相關，並另向資料保護主管機關提出申訴。申訴期間，該維基百科個人資料已經編輯，移除了刑事訴訟相關資訊，資料保護主管機關僉認已無撤除網址的必要。Google則恢復該網址。
	2017	Google收到某位大學教授的申請，要求將二篇含有批評他執行具爭議校園政策決定內容的網誌文章予以移除。	Google將系爭網誌文章去列表，理由為其內容與該名申請人作為大學教授的公眾角色有關。在收到（該國）資料保護機關針對此案件的詢問後，Google經過重新評估並依葡萄牙就誹謗相關之法律（而非資料保護法制），在葡萄牙的搜尋服務中將一個URL網址去列表。隨後Google並收到資料保護機關要求將其餘網誌文章去列表的命令。Google遵循了該命令之要求。
	2017	Google收到來自葡萄牙資料保護主管機關的命令，要求將有關某知名商人涉嫌詐欺、偽造文書以及逃漏稅的一則刑事偵查新聞報導去列表。	Google將系爭網頁從搜尋結果中移除。
羅馬尼亞	2020/1	Google收到羅馬尼亞資料保護主管機關代表現任高階政府官員提出的內容移除命令，要求撤除14個網址（新聞報導和其他來源）。網址顯示的內容討論了此官員過去擔任政治職務時涉入的政治醜聞，以及其與外國駐羅馬尼亞外交官員具有私下關係的傳聞。	由於要求撤除者是非常知名的公眾人物，因此Google並未撤除其中12個討論政治醜聞的網址，目前正為此移除命令向法院提起訴訟。Google撤除了二個網址，因為這二個網址僅聚焦於此人的私生活，和其公職工作無關。

表5-1　Google透明性報告各國案件刪除與否內容整理（續）

國家	申請年分／案件編號	申請要求內容	處理做法
羅馬尼亞	2019/1	Google收到某位前警官提出的要求，希望從Google搜尋結果中移除12個網址。這些網址連結的網頁指出，當事人自2014年起在值勤期間收受違規用路人的賄賂，涉及的案件數超過20起。	由於所有罪行都是在當事人擔任握有權力的公職人員時犯下，因此Google並未撤銷這些網址。
西班牙	2020/1	Google收到前政府官員提出的要求，希望從Google搜尋結果中撤除三則新聞報導。這些報導的內容是此人違法對公共招標程序施以影響力，並因此遭到免除公職的處分。	考量到此人在政壇中的角色，Google並未撤除相關新聞報導。此人針對Google的決定向西班牙資料保護主管機關提出了申訴。該資料保護主管機關已駁回其申訴，並認可Google的決定。
	2020/2	Google收到某位醫師的要求，希望撤除Google搜尋結果中的三個社群媒體討論串。此醫師在討論串中因質疑COVID-19疫情的嚴重性而遭受批評。	由於網址顯示的內容與此醫師的職業相關，因此Google並未刪除這些網址。
	2019/1	Google收到某位高階行政主管提出的要求，希望撤除45篇新聞報導，內容指出當事人涉及一起眾所周知的貪汙醜聞案。要求者提供了一份法院文件，指出該案件已因技術性原因而被駁回。不過，法院實際上並未判定當事人有罪或無罪。	由於有關單位仍在進行調查，而且調查內容與當事人目前的經商職務密切相關，因此Google並未撤除其中41個有爭議的網址。另外，Google撤除了四個連結內容未提及當事人姓名的網址，確保這些網址不會因當事人姓名而躍上查詢排名。
	2019/2	Google收到西班牙資料保護主管機關代表某人提出的內容移除要求，希望從Blogger中撤除四個網址。這些網址連結的網頁指出，要求者所屬的公司涉嫌主導一起全球性老鼠會事件，並指控要求者從事犯罪活動。	Google按照西班牙資料保護主管機關的命令撤除這些網址。Google認為與刑事犯罪行為相關的爭議資訊攸關公眾利益、沒有證據可證明指控內容不實、網址連結的內容與要求者的職業生涯相關，而且對未來的客戶或供應商可能具有參考價值，因此Google決定提出申訴。法院同意其意見，因此Goole已將這四個網址恢復。
	2019/3	Google收到西班牙資料保護主管機關代表某人提出的內容移除要求，要求從Google搜尋結果中撤除三篇新聞報導。這些報導提到了要求者經營的企業涉嫌授予不存在的瑞士大學學位。	由於資料保護主管機關的命令具有法律約束力，因此Google移除了這些網址。不過，Google認為相關資訊仍與當事人未來的職涯發展相關，因此其已就這項決定向西班牙國家法院提出申訴。

表5-1　Google透明性報告各國案件刪除與否內容整理（續）

國家	申請年分／案件編號	申請要求內容	處理做法
西班牙	2018/1	Google收到某地區基礎建設局（Minister of Infrastructure）局長提出的要求，希望能從Google搜尋結果中撤除四篇新聞報導；當中包含要求者因毆打家人而遭判有罪。	由於請求人的政府官員身分使網址內容對公眾利益影響重大，因此Google並未撤除四個網址。
	2018/2	Google收到某間製造公司行政主管提出的要求，希望能撤除49個網址，這些網址所連結的內容指控其涉及政治人物與其他知名主管的貪汙情事。該主管提供了相關法院文件，並聲稱該文件顯示自己於相關案件已獲判無罪。	在審查過法院文件後，Google發現法院已暫停訴訟程序，且目前判決對當事人不利。由於此案件備受關注，而且法院判決尚未定讞，因此Google並未撤除49個網址。
	2018/3	Google收到某位歐洲議會成員提出的要求，希望從Google搜尋結果中撤除數個網址（當中的部分網址會連往大型新聞網站的文章），這些網址指控要求者涉嫌收賄及貪汙醜聞。	由於要求者為知名政治人物，且網址內容對公眾利益影響重大，因此Google並未撤除該網址。
	2018/4	Google收到西班牙資料保護主管機關提出的內容移除要求，希望能從Google搜尋結果中撤除一篇新聞報導，當中內容描述了某商人參與一項境外避稅計畫。	Google撤除了相關網址，但同時針對這項命令向資料保護主管機關長官提出申訴。該長官決定維持資料保護主管機關原先的決定後，Google隨即向國家法院提出申訴。
	2017	Google收到某單一個人所提出的申請，要求將一篇新聞資料庫（news archive）中的報導去列表。該則報導的內容係關於其因近五十年前的車禍肇事致死案件而列入警察事件紀錄簿。	鑑於系爭事件距今相隔甚久，Google將系爭文章去列表。
	2017	Google收到單一個人所提出的申請，要求分別將一篇1994年的新聞報導及另一則2007年的論壇貼文去列表，其內容係關於申請者先前作為國家所認定恐怖組織政治部門首腦的相關活動。	Google基於公眾利益之理由，並未將系爭報導與貼文去列表。
瑞典	2019/1	Google收到要求，希望從Google搜尋結果中撤除五個網址。要求者在犯下多樁罪行（包括搶劫）後承諾接受強制治療，並多次接受媒體採訪，談論自己吸毒和接受治療的經歷。此外，要求者還經營了一個有關健康議題的網誌。	由於資料當事人在出於自願的情況下，近期內就其經歷多次發表公開聲明，Google決定不撤除這些網址。
	2018/1	Google收到某人提出的要求，希望撤除四個網址。這些網址所連結的目錄網頁含有要求者的個人地址和電話號碼。	Google撤除了相關網址。

表5-1　Google透明性報告各國案件刪除與否內容整理（續）

國家	申請年分／案件編號	申請要求內容	處理做法
瑞典	2018/2	Google收到某大型個人資訊匯總目錄的總編輯提出的要求，希望撤除三個網址（包括某瑞典大型報社的一篇文章），其所連結的網頁批評了要求者的工作。	由於要求者希望Google撤除的三個網址與其職涯有直接關聯，因此Google並未撤除這些網址。
		一位聲稱來自瑞典及斯洛伐克人透過數個電子郵件地址，且聲稱代表多人（代表其家人、律師或友人）向Google提出了數十則申請。當Google要求其提交進一步聲明時，申請者無法提供任何證實其獲得代表上述人士授權之證明。	由於Google認其有理由相信系爭申請並非基於善意所提出，Google並未對任何內容為去列表處理。
	2015	一位女性要求Google從搜尋結果移除出現其個人地址的多個網頁。	Google從以該申請人姓名為搜尋的結果中移除了系爭網頁。
瑞士	2019/1	Google收到某律師代表某位謀殺案嫌犯家屬提出的要求，希望其從Google搜尋結果中撤除2019年以來四篇談及嫌犯及嫌犯家人的網誌文章，原因在於這些文章提及了該名家屬的姓名。	Google撤除了提到嫌犯家屬姓名的網誌文章，原因在於這些文章在談及罪嫌犯下的謀殺案時，不經意提到家屬的名字。
英國	2020/1	某個足球隊的離職員工要求撤除一則新聞報導，報導內容是此人公開宣稱曾目擊他人偽造與新球員簽約的相關文件簽名。此人所屬的足球聯盟已進行內部調查，並未發現任何違規行為。	由於新聞報導發布迄今已有一段時間（六年），且此人並未在該足球聯盟或球隊中擔任有權責的職位，因此Google已撤除這則新聞報導。
	2020/2	Google收到要撤除35個Google搜尋網址的要求。多數網址顯示的內容（包括政府網站上的五個頁面）是有關要求撤除者對子女的監護權所提起的刑事訴訟，以及其在入獄服刑期間的長期絕食抗議。其中一個網址為私人住家地址目錄，包含此人的姓名和地址。	考量到政府決定發布相關資訊並提供給搜尋引擎，Google並未撤除政府網站上的五個頁面。由於此人遭判處重刑，Google亦拒絕撤除23個非政府網站的網址。Google撤除了私人住家地址目錄的網址，因為該網址提供了此人的私人住家地址，而該資訊和其有罪判決無關。其他網址未包含此人的相關資訊，因此Google拒絕撤除。
	2020/3	某位英國極右翼政治團體的重要人物要求移除一篇網誌文章的網址，文章內容暗示此人的博士學位造假，該學位是由美國在2004年宣告為「野雞大學」的教育機構頒發。此外，這篇網誌文章還指控此人創辦了具有相似詐騙性質的教育機構。此人為專業受聘教授，且為教會中的資深宗教人員。	由於這些資訊攸關此人的職業以及其在政壇中的職位，Google並未撤除這個網址。

表5-1 Google透明性報告各國案件刪除與否內容整理（續）

國家	申請年分 / 案件編號	申請要求內容	處理做法
英國	2019/1	Google收到某國家／地區高層政府官員提出的要求，希望撤除124個網址。這些網址連結的網頁指出當事人在當地涉及貪汙醜聞。	由於當事人所屬國家／地區的法院已裁定所有罪名不成立，因此Google撤除了這些網址，以維護當事人的名譽。
	2019/2	Google收到要求，希望撤除一個網址。該網址連結的網頁包含一篇新聞報導，聲稱在某頂尖科技公司任職資深經理的要求者騷擾工作團隊中的多名女同事。要求者在提出要求時，仍任職於同一間公司。	由於要求者無法提供可證明自身清白的文件，而且這起與 Me Too 運動有關的事件攸關公眾利益，並與要求者目前的職位相關，因此Google並未撤除網址。
	2019/3	Google收到英國資料保護主管機關代表某人提出要求，希望從Google搜尋結果中撤除七個網址。這些網址連結的網頁聲稱，當事人在擔任某資源開採公司的高層職員時涉及貪汙。當事人被控將金額超過上億歐元的合約，交予與其家庭成員有關聯的公司，但未揭露這些公司與其家族之間的關係。當事人提出要求時仍在該公司擔任相同職位，且有關單位正在進行調查。	由於有關單位仍在進行調查，而且調查內容與當事人目前的經商職務密切相關，因此Google並未撤除任何網址。
	2018/1	Google收到某人提出的要求，指出一個網址所連結的網頁含有美國超過十年前某刑事訴訟案的相關資訊，而要求者於該案中列為被告，因此希望從Google搜尋結果中撤除該網址。要求者希望撤除的網頁隸屬於美國聯邦貿易委員會（FTC）的網站。Google之前已將包含相同內容的其他網頁撤除，但按照英國資訊委員辦公室（Information Commissioner's Office, ICO）的要求，並未撤除美國政府網站代管的網頁。	Google按照ICO先前的指示，撤除了該網址。
	2018/2	Google收到ICO代表某人提出的要求，希望撤除2010年的一篇新聞報導；當中描述了當事人因對伴侶造成嚴重的人身傷害而遭判刑三十週有期徒刑。	由於ICO證實該判決已根據英國法律於2015年失效，因此Google配合要求撤除了該網址。
		Google收到某位前銀行職員提出之申請，要求將2008年關於其因盜領年長者的銀行帳戶款項案件而入監服刑的新聞報導文章移除。根據英國法律，其有罪判決紀錄於2013年即可塗銷。	在（英國的）資料保護主管機關亦要求Google將相關文章移除後，Google將四篇文章為去列表化處理。

表5-1　Google透明性報告各國案件刪除與否內容整理（續）

國家	申請年分／案件編號	申請要求內容	處理做法
英國	2017	Google收到一位在數年前遭控於某酒吧性侵害一名女性且經定罪的個人所提出的二項申請。該個人在上訴之後，獲改判無罪。數家報業於2014年及2015年報導關於其定罪及改判無罪的判決。	Google最初拒絕將任何系爭網頁去列表。但在資料保護機關鑑於根據報導年分及系爭當事人已經改判無罪等原因向Google提出去列表之要求後，Google將44個URL連結去列表。不過，Google拒絕移除二個URL連結。拒絕將其中一個連結去列表的原因為其內容涉及另一名不同的人士。另一個連結則因其為較近期的報導，內容確認系爭申請人已獲判無罪。
	2017	Google收到一項申請，要求將一則關於十幾年前一位女性殺害虐待他的丈夫，然後企圖自殺的新聞文章去列表。	Google起初回絕該項申請，但英國資料保護主管機關要求Google將相關報導去列表，原因為該名女性申請人已依英國法律服刑期滿，且似乎不會對他人造成明顯的威脅。Google依資料保護主管機關的要求，將三篇相關事件的新聞報導去列表。
	2017	Google收到來自某名人伴侶的數項申請，希望將刊登其伴侶數十年前因任裸體模特兒展示的相片的相關網頁進行去列表。部分網頁包含圖像，其他網頁則只有文字資訊。	Google將包含圖像的相關URL網址連結去列表，但並未將討論擔任裸體模特兒的URL連結移除，因為這些內容與系爭申請者伴侶目前的公眾人物生活（public life）有關。
	2017	Google收到曾於2012年因申請人社會福利詐騙案件被定罪所提出的申請，要求將近300篇有關該定罪案件的新聞報導依據其所提供後來翻案證明其為無罪的文件去列表化。	Google根據申請者所提供的文件將293個URL連結去列表。該申請者之後又另提出申請，希望Google能將其他數個有關其因偽造文書遭定罪的相關網頁去列表。在重新審視其所提供的社會福利詐騙案無罪證明文件原本，Google發現該文件係偽造，因而恢復了先前所去列表的所有URL連結。
	2015	在Google移除一則未成年人犯罪的相關新聞之後，該報業隨即針對Google移除了系爭新聞的行動發表另一篇報導。ICO命Google將這第二則報導從當事人姓名為搜尋的結果中移除。	Google已從申請人姓名為搜尋的結果中移除相關網頁（連結）。

表5-1　Google透明性報告各國案件刪除與否內容整理（續）

國家	申請年分／案件編號	申請要求內容	處理做法
英國	2014/1	一位申請人要求移除含有其定罪判決的地方簡易治安法院（local magistrate）裁定新聞摘要連結。根據《英國更生保護法》（*UK Rehabilitation of Offenders Act*）的規定，這項判決紀錄時效已滿，可申辦塗銷。	Google從其姓名的搜尋結果中移除相關網頁。
	2014/2	Google收到一位前神職人員要求Google移除二個針對其利用職權犯下性虐待指控所展開之調查文章的報導連結。	Google並未從搜尋結果中移除網頁（連結）。
	2014/3	某媒體從業人員曾於網際網路發布不當內容，要求Google撤除四個相關報導文章連結。	Google並未從搜尋結果中移除網頁（連結）。
	2014/4	一位申請人要求Google移除報導關於其因在職所犯性侵害案件而遭解職的文章連結。	Google並未從搜尋結果中移除網頁（連結）。
	2014/5	一位醫師要求Google移除逾50個關於一次整容手術事件新聞報導網頁的連結。	Google從對方姓名的搜尋結果中，移除了包含該醫師個人資訊，但未移除提及該次手術之網頁。其他報導該事件的網頁連結則仍顯示在搜尋結果中。
	2014/6	一位身任公職官員的申請人，要求Google移除某個學生組織呼籲其下台連署網頁的連結。	Google並未從搜尋結果中移除網頁（連結）。
	2014/7	Google收到某人提出的要求，希望撤除六個網址。這些網址所連結的網站含有要求者在從事上一份工作時拍攝的裸照。	由於該內容具敏感性質、缺乏關聯性，加上要求者已更換工作，Google撤除了相關網址。

資料來源：https://transparencyreport.google.com/eu-privacy/overview，筆者分國別按年整理編號並做部分文字修改編輯。

　　其中，比較有趣的案例大概是會員國當地主管機關要求，而Google並未遵循或未完全依主管機關所提出的要求或建議，同時提供拒絕依照要求理由的案件，如法國的2020/1、2020/3號案、愛爾蘭的2019/1號案、義大利的2019/1號案、荷蘭的2020/1號案、波蘭的2020/1、2020/2號案等。這些案例或可說明權力的轉移，可參見第三章第一節*Google Spain*案之小結討論。

　　此外，從2020年後，更有在之前尚未有行使被遺忘權的國家，如克羅埃西亞、丹麥、愛沙尼亞，開始有了相關權利實踐的案例。

貳、撤除內容、數量、移除比例與國別分析

在刪除要求所在網站方面，由圖5-2、圖5-3可看出行使被遺忘權的連結所在網頁其實有各型各類（其他，即無法分類占大宗）；但仍能看到**新聞類網站（18.5%）**與**社交媒體（12.5%）**加總占Google去列表行使的近三成。

以內容的類型而言，談到被遺忘權最常聯想到的犯罪資訊其實僅占6.5%。

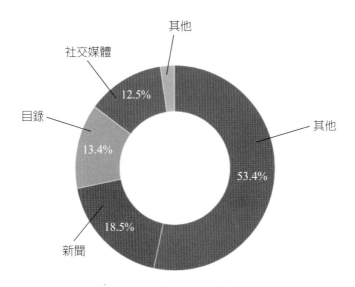

圖5-2　2014年5月13日至2022年3月4日全球刪除要求所在網站類別

說明：圖表顯示了Google完成撤除評估的網址數量百分比，並依要求中指明的網站所屬類別細分。圖表中未涵蓋仍待審核或需要補充資訊才能處理的網址撤除要求。這份資料可回溯至2016年1月。

資料來源：https://transparencyreport.google.com/eu-privacy/overview。

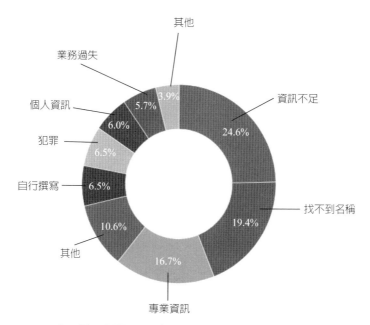

圖5-3　2015年5月13日至2022年3月4日全球刪除要求內容所屬類別

說明：圖表顯示了Google完成撤除評估的網址數量百分比，並依要求指定網址的內容所屬類別細分。圖表中未涵蓋仍待審核或需要補充資訊才能處理的網址撤除要求。這份資料可回溯至2016年1月。

資料來源：https://transparencyreport.google.com/eu-privacy/overview。

　　圖5-4、圖5-5，說明Google自2014年開始處理被遺忘權的情形。

　　圖5-4統計自2014年7月至2018年1月Google每日所收受歐盟被遺忘權的申請量。從點擊Google所呈現的互動式圖表我們得知，除了在*Google Spain*案判決剛宣判的數個月內，單日申請量可以破萬之外，一般單日的申請量在2014年7月至2015年7月期間落在2,800至4,600左右。2015年7月至2016年7月的申請量則落在2,800至3,000左右。2016年7月至2017年7月的申請量則落在2,200至3,100左右。2017年7月至2018年1月的申請量則穩定落在1,800至2,100左右。

　　另外，從2014年5月28日到2021年10月31日，Google在全球所收到申請數量為118萬3,984個，共要求刪除460萬9,497個網址。[45]

---

[45] 同前註。

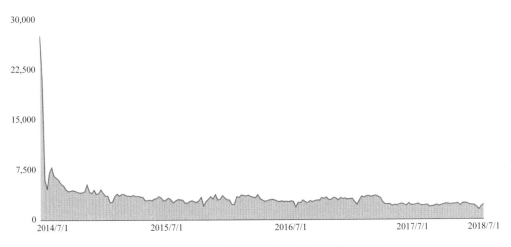

圖5-4　自2014年7月至2018年1月的申請量統計

資料來源：https://transparencyreport.google.com/eu-privacy/overview。

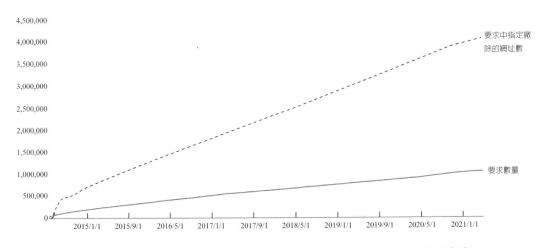

圖5-5　自2014年7月至2021年9月的申請要求數與要求撤除網址量統計

資料來源：https://transparencyreport.google.com/eu-privacy/overview。

以2019年間為例，Google在法國從2018年12月9日至2019年12月8日共收到請求刪除11萬3,141個網址、[46]德國從2018年12月9日至2019年12月8日共收到請求刪除網址的數量則為7萬9,557個。[47]

圖5-6至圖5-10則可看出截至最新截止日起，申請要求獲許可或拒絕的比例，並可依國別選擇。

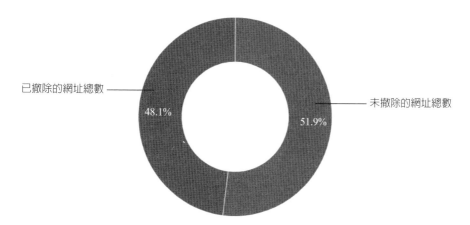

圖5-6　2014年5月28日至2021年11月9日Google於全球的申請移除比例統計

說明：圖表顯示的是經過審核後撤除的網址數量百分比和實際數量，基中採用的資料可回溯至2014年5月29日，也就是Google正式推出要求處理程序的首日。圖表中未涵蓋仍待審核或需要補充資訊才能處理的網址撤除要求。

資料來源：https://transparencyreport.google.com/eu-privacy/overview。

舉例而言，圖5-6是全球截至2021年11月9日申請筆數的統計圓餅圖。從圖5-6可以看出在全球的範圍下，未移除與已移除的網誌總數占總申請筆數的比例為51.9%與48.1%，將近為1：1。若再與至2018年1月的英國比較（見圖5-7），則可看出國家間仍有不同之差異。

---

[46] 本數據乃從Google網頁累積數相減而來：至2018年12月16日Google在法國累積所收受要求刪除網址數為57萬1,769，至2019年12月8日則為68萬4,910。

[47] 本數據乃從Google網頁累積數相減而來：至2018年12月9日Google在德國累積所收受要求刪除網址數為47萬2,271，至2019年12月8日則為55萬7,828。

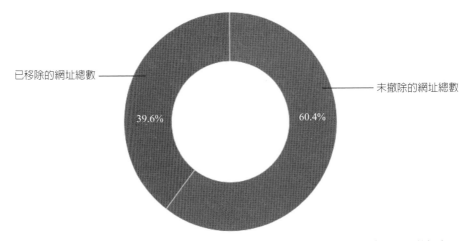

圖5-7　2014年5月28日至2018年1月23日Google於英國的申請移除比例統計

資料來源：https://transparencyreport.google.com/eu-privacy/overview。

　　以未退出歐盟的英國為例，截至2018年1月，其係未移除網址有超過60%的國家。截至2019年12月，其他如羅馬尼亞（67%）、斯洛維尼亞（61.9%）等國亦如是。這樣的比列可能顯示當時在該會員國的管轄區域內，申請人對行使去參考化權可能還不甚熟悉。

　　但若將時間拉近至較近的2018年11月30日至2021年11月9日，則可從未移除網址總數百分比的降低，如羅馬尼亞（45.6%）、斯洛維尼亞（42.7%），發現這些會員國的申請者對於行使去參考化權更為熟悉。

　　不過，總而言之，目前歐盟區大部分國家的未移除網址總數與已移除總數相比，仍在接近1：1的範圍，如圖5-8、圖5-9、圖5-10德、法、荷等國的統計圖。且在2018年11月29日至2021年11月8日更出現未移除網址總數比例低於已撤除未移除網址總數。（法國：44.7%、德國：41.4%、荷蘭：42.0%）。

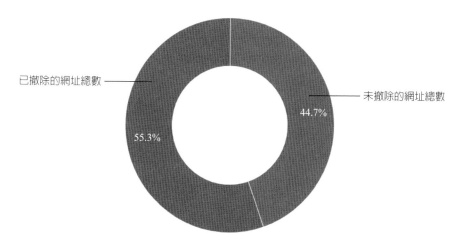

圖5-8　2018年11月29日至2021年11月8日Google於法國的申請移除比例統計

資料來源：https://transparencyreport.google.com/eu-privacy/overview。

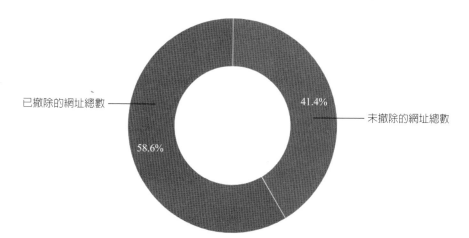

圖5-9　2018年11月29日至2021年11月8日Google於德國的申請移除比例統計

資料來源：https://transparencyreport.google.com/eu-privacy/overview。

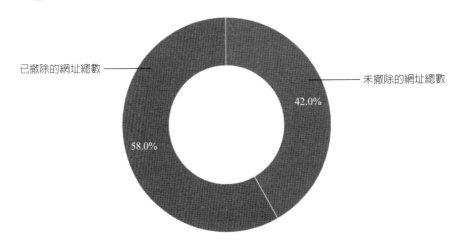

已撤除的網址總數

未撤除的網址總數

42.0%

58.0%

圖5-10　2018年11月29日至2021年11月8日Google於荷蘭的申請移除比例統計

資料來源：https://transparencyreport.google.com/eu-privacy/overview。

參、小結

　　綜上所述，可以看出被遺忘權在歐盟各國內執行狀況可能依會員國的風土民情、權利意識等因素而不盡相同。但就整體而言，儘管申請請求的數量龐大，諸如Google這樣的平台似乎還未出現執行歐盟法院*Google Spain*案判決的重大困難。

　　以去列表權的發展而言，在*Google Spain*案後原本許多質疑聲浪在於是否適合將此一判斷的裁量交予如Google的搜尋引擎服務業者。但在實際執行逾近八年後，至少在Google的情形，其已證明私人網路平台確實在現今確實肩負起更多實際諸如言論自由與隱私衝突之政策衡量的重任。

第六章 結論

第一節 截至目前被歐盟法院層級之被遺忘「權」仍僅限於政策想像

　　被遺忘權究竟是什麼？讀者若從第一章讀到這裡或許還是有些疑惑。由Korenhof、Ausloos、Szekely、Ambrose、Sartor與Leenes等學者所合著的〈為被遺忘權計時——以「時間」作為決定資料保留或移除因素之研究〉一文指出被遺忘權在隱私與資料保護的脈絡下使用。若奠基於隱私的保護，它指的是「遺忘權」（right to oblivion）；若以資料保護為出發，其所指涉的則是「刪除權」（right to erasure）。而學者Bert-Jaap Koops在2011年即提出：關於被遺忘權的討論可溯源至1990年代，除了權利的形式外，亦有論者認其為一種道德、社會價值或政策目標。

　　若以歐盟法院過往的預先裁判之訴判決來觀察，事實是無論是2014年的*Google Spain*案或2019年的*Google LLC v. CNIL*案，雖然後者有在文字將審理的範圍明確在right to be dereferenced，其實兩判決內容實都奠基於歐盟《個人資料保護指令》（以下簡稱《個資保護指令》）的去列表權。

　　以時序而言，2014年的*Google Spain*案雖然在媒體被大肆用被遺忘權討論，結合原本從2012年歐盟執委會（以下簡稱執委會）所提出《一般資料保護規則》（GDPR）草案第17條，大眾或許在當時很自然地有一種被遺忘權終於已經／要在歐盟獲得確立的期待。

　　但隨著GDPR最後在2016年經過歐盟議會協商版本的確立，以及2017年*Lecce v. Manni*案認定在歐盟層次被遺忘權的個人隱私與資料保護法益並未優越於公司登記處資訊的促進交易第三人信賴之利益，我們或許可以在當時就大膽假設被遺忘權作為法律權利在歐盟的推進是有限度。

圖6-1　去列表權作為被遺忘權的一種態樣

資料來源：筆者整理。

時序繼續推到2019年*Google LLC v. CNIL*案，歐盟法院明確使用去參考化權（right to de-referencing）來表述資料主體可以向搜尋引擎營運人所行使、要求請求刪除以其姓名為搜索後所出現特定不適當、不再適當或過分之結果。至此，對被遺忘權所代表價值仍有期待的人士，或許可以主張歐盟層級被遺忘權落實在法律形式仍有超越去列表權的可能。

惟以事實觀察，在資料經濟蓬勃發展的大數據現在進行式、中國通過目前全球就架構而言數一數二綿密個人資料保護法制的2022年，本書主張在未來一至兩年就權利範圍的擴張，歐盟法院不會也不宜做出無助於跨國資訊服務業在歐盟維持甚至擴張其業務的決定。

綜上所述，本書主張：截至目前在歐盟法院層級，範圍比去列表權更廣的被遺忘「權」仍僅限於政策想像、尚不存在。以法律設計與實踐而言，現行GDPR第17條的刪除權加上歐盟法院持續發展的動態性解釋，實已能就隱私與資料保護做出事實上有效且足夠（effective and sufficient）的界線防守。

第二節 *Google Spain*案判決後效應

誠如第三章的分析,在*Google Spain*案判決《歐盟運作條約》第16條關於個人資料保護權利的嚴格適用。同時,該判決也創造了廣義「被遺忘權」下的「去參考化權」。

並且,*Google Spain*案判決無疑地限縮了言論自由與近用資訊的權利,且在尚無GDPR的當時,確立了《個資保護指令》對雖非設立於歐盟會員國境內的搜尋引擎營運服務人,只要系爭資料之處理發生在該搜尋引擎營運服務人位於會員國領域內營業所的活動脈絡之中,其所進行之資料處理亦將有歐盟法之適用。

*Google Spain*案是否可行使的具體判斷標準固然遭受許多批評,但從其後歐盟資料保護第29條工作小組(以下簡稱第29條工作小組)的指引、Google所聘請獨立專家所出具的報告,在在皆顯示歐盟法作為一個不斷演化、同時具備歐陸與海洋法特色法體系的強大功能。亦即,即便2014年的*Google Spain*案僅提供抽象的判斷標準,依據包括歐盟法院與歐洲人權法院在過往的案例法,仍能使法安定性、法確定性獲得一定的保障。

並且,歐盟法院在本案判決中,將確認去列表權是否請求有理由之權限交到如Google此類私人公司手中。此處一般提出意見者或許會有兩種思考:其一是即便是Google本身亦負荷不了大量的申請;其二則主張判斷去參考化的基本權利間衡量應由主管機關為之。

針對第一種思考,現實上Google在*Google Spain*案後的五年已持續完成該案的合規如前章的第二節所介紹。但事實上Google做得到其實不能即正當化其對上述判斷負有義務。

第二種思考則無可避免地必須面對各國主管機關、甚至司法機關是否有進行上萬筆的請求審核的能力。以法國而言,2018年12月至隔年12月收到請求要求去參考化11萬個網址,這可能是一般國家公務機關所殊難想像以人力配合的。另一方面,對由資本在一定數額度以上的跨國集團平台而言,即便是部分透過人力檢視並處理上述去參考化的要求,亦並非在其能以相對合理成本所不能完成之事。前章Google透明性報告的介紹即為最好的例證。

　　在對歐盟相關成文法立法之影響方面，GDPR第17條第1項第(a)款的「資料就其所被蒐集或處理之目的已不再有存在之必要」，是否與*Google Spain*案所建立的判準一致，從*Google LLC v. CNIL*案中歐盟法院的論理，或許可以看出歐盟法院在去參考化的情形，傾向維持一脈相承的發展。但是否對在去參考化外，更上位階的「被遺忘權」有所影響，可能仍待從具體案例中觀察。

第三節　GDPR、*Lecce v. Manni*案、*Google LLC v. CNIL*案等後*Google Spain*案重要發展

　　2014年*Google Spain*案後，歐盟法院首度再針對「被遺忘權」所為之判決是2017年的*Lecce v. Manni*案。這邊有個前提重點必須提醒：若我們採Voss與Castets-Renard的看法，[1]將被「被遺忘權」看成是資料主體一種概括的權利型態，則可以在體系中將*Google Spain*案中所涉權利歸屬為「被遺忘權」下的「去參考化權」，*Lecce v. Manni*案則稍微又將討論焦點移回較上位階、涵蓋較廣的「被遺忘權」，並特別探討涉及公家機關為公益目的而設資料庫中所存放供大眾近用之資料。

　　另一方面，在*Google LLC v. CNIL*案後，歐盟法院對於「被遺忘權」的立場可謂更加清晰。在整體體系方面，藉由「去參考化權」（right to de-referencing）用語的使用，無疑確立其為「被遺忘權」下的一種特殊權利型態。在管轄權範圍方面，藉由將決定權交回內國管轄法院，筆者認為歐盟法院無疑退後一步（take a step back），不會作為科技產業在歐洲發展的絆腳石。

---

[1]　Voss/Castets-Renard, *op. cit.*, pp. 288-289.

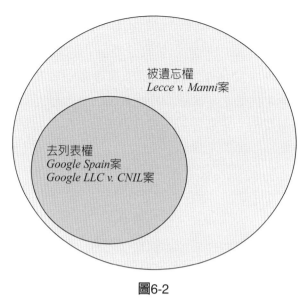

圖6-2

資料來源：筆者整理。

第四節 被遺忘權在資訊社會中的功能想像

　　被遺忘權此一理想原本即涉及眞實的追求與個人形象維護間的平衡。在搜尋引擎的脈絡下，在現今的世界，將某些連結從搜尋結果中移除，雖然在技術上並未將所有「事實」或資訊從網路世界抹除，但因爲搜尋困難度的增加，卻可能造成某些如歷史研究的困難、甚至因對資訊近取的限制，進而產生對特定人、特定事件觀感、甚至認知的改變。

　　從本書的文獻分析我們可得知從成文法的角度，現今的歐盟被遺忘權始自《個資保護指令》，並延伸至現在的GDPR。但從法理的角度，從droit à oublie、甚至早期的貴族間的名譽捍衛，被遺忘權需求被看見的初衷其實源自於人對自我、他我如何透視自己形象的維護。以下僅就歐盟脈絡下三個被遺忘權功能面向來探討並建議其未來發展趨勢。

壹、建議以類型化作為立法管制及司法實務發展方向

從包括第29條工作小組於2014年11月所公布的指導意見中與「Google被遺忘權諮詢小組」在2015年2月發布的報告建議即可看出，特別是隱私與言論自由、新聞自由或其他基本權利相衝突時，都可依循資料主體是否在公眾生活中扮演明顯角色、系爭資訊是否為敏感性資料等個案類型差異，而有不同的處理方式。

從2014年*Google Spain*案至今，歐盟法院所受理的被遺忘權指標性案例，大致如本書所含括的*Lecce v. Manni*案與*Google LLC v. CNIL*案。前者無疑確立具高度公益性資料仍有其不可被遺忘性。後者則雖無關單一資料主體於具體案件中關於資料主體類型、資料類型的特定適用，卻也再度得出將是否採取全球網域封鎖，這樣可能讓歐盟資料保護法下的被遺忘權，透過執行方式產生實際的域外效力的裁量權，留給內國資料監管機關，而非在歐盟層級有統一答案的結論。

以歐盟法體系的角度而言，過往在2018年前歐盟本就原《個資保護指令》的執行給與會員國更多空間。但2018年後，各國人民可各自援引GDPR作為內國法請求權基礎直接行使權利，歐盟法院勢必應就無可避免就各會員國法院對於規則不同的詮釋，透過實際受理預先裁判之訴的方式來進行統一解釋，方能確保為使包括跨國企業等民間單位能降低法遵成本而將指令提升至規則層級的初衷。

但本書付印之際，GDPR已生效執行滿四年。未來歐盟法院是否會透過申請人基於GDPR第17條所提出涉及被遺忘權的預先裁判之訴為歐盟被遺忘權畫出全歐盟可一致適用的類型化輪廓，仍有待持續觀察。

貳、歐盟域外效力自抑與國際資料保護立法之趨同

國際間在GDPR生效後，又有觸發諸如巴西、泰國、印度，甚至中國都出現新的個人資料保護立法。這些立法例中，亦納入了域外效力的規範。2014年被認為確立歐盟被遺忘權的*Google Spain*案中最大的爭議點之一即是：歐盟法院在當初GDPR未生效前，將總部位於加州的Google Inc.對網路世界內容的編排索引，透過Google Spain在西班牙的廣告行銷，納入歐盟法

的管轄權範圍。

　　但誠如前面第二章第二節伍、歐盟法的域外效力所介紹，近年來歐盟在包括資料保護在內等不同領域的立法皆有創設不同於以往，而能擴張歐盟法域外適用的連繫因素。

　　以被遺忘權下的去列表權為例，*Google Spain*案判決原本即在2014年透過歐盟法院的判決將非位於歐盟的控制人納入歐盟的管轄範圍。但在更廣一點的歐盟資料保護法的範圍下，前述對於域外控制人的涵納已透過在2018年生效的GDPR的第2條完成。

　　而在去列表權執行方式的層次，歐盟法院在2019年的*Google LLC v. CNIL*案則將是否在所有網域版本皆須移除，此是否會產生實際的域外效力執行方式的裁量權，留給歐盟會員國的內國資料監管機關。

　　並且，跳脫成文法的層次，歐盟外如日本也透過實務案例肯認被遺忘權。[2]但以全球而言，並於多數的管轄權皆已承認被遺忘權。

　　綜上所述，本書推論歐盟雖然在包括資料保護法等領域的立法層次大量運用新興的連繫因素擴張其立法影響力，但在執行的層次上，或許鑑於他國亦可能採取互「礙」措施影響的政治考量，仍非無限上綱地擴張其法制的實際影響。而Svantesson所提出市場主權理論，或可作為後續觀察、甚至預測歐盟法院政治考量的方向。

參、去列表權以人格權為基礎形塑個人網路形象

　　誠如先前所述，Hildebrandt在2006年提出隱私的核心在於認同的概念。[3]而當隱私權的概念在17世紀開始發展時，部分是從人格權下的名譽權所衍生出來。在2014年*Google Spain*案判決剛出現時，有些論者則認為個人將能無限延伸塑造其網路形象。並且，先前也有介紹的Bygrave整理資料隱私通常以成文立法架構的方式出現。

　　再從被遺忘權的理論層次，Tamo與George即已整理出其若奠基於隱私

2　關於日本案例的中文介紹，可參見如：徐彪豪，〈日最高院被遺忘權判決提供搜尋引擎業者受理請求衡量判準〉，《科技法律透析》，第29卷第3期，2017年3月，頁7-9。

3　Berlee, *op.cit.*, pp. 136-137.

的保護，它指的是「遺忘權」；若以資料保護為出發，其所指涉的則是「刪除權」。並且，在提出結論前，本書想再提醒Lynskey提出三種可能的觀察模式，分別為：

一、資料保護與隱私互為輔助工具。

二、資料保護為隱私權的一個面向。

三、資料保護為一具多目的之權利；其中的一個目的為隱私，但不僅侷限於此。

　　綜上，本書主張在被遺忘權的脈絡下，其所奠基的資料保護與隱私並未完全重疊。本書認為其核心仍始於如人格權般保障個人形塑自我形象的權利。其中有資料保護成文立法的部分，法條文字已清楚保障範圍。但界線尚未明確的部分，自然得再從隱私保護的法理出發，並衡量若有相衝突的權利，擘劃其界限。

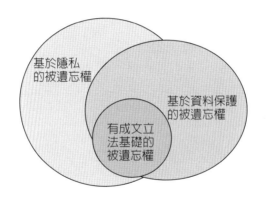

圖6-3　不同的被遺忘權法理基礎

資料來源：筆者整理。

　　而既然被遺忘權的法理基礎可能不同，其保障範圍自然各有所異。如同前述類型化的建議，未來無論是在歐盟或其他各國，被遺忘權的發展勢必仍與其所奠基的法理基礎、資料主體類型、系爭資訊類型、與相衝突法益、請求對象有關，而所得出的結論有異。原則上，若系爭資料如有法定明文保存年限則執行上的判斷較為容易；但在法無明文的情形，資料主體若為具公益性的公眾人物，則與其有關非屬單純私生活性質且有助公益討論的資訊則會

偏向保留。而在資訊本身性質的層次，敏感性愈高，則得請求刪除的可能性
愈高；但若請求刪除的對象本身即為具有高度公益性的資料庫或平台，而非
一般的網路搜尋引擎或網站，則刪除的可能性又降低。（如表6-1）

表6-1　被遺忘權行使之類型化

系爭主體是否為公眾人物	系爭資料為非性生活、性取向、財務金融、犯罪紀錄等較不敏感性資訊	所請求刪除空間是否為一般網路搜尋、報章媒體等非具高度公益性資料庫	較可能請刪除或移除的結果
是（偏向應保留）	是（偏向可保留）	是（偏向可刪除）	
		否（偏向應保留）	
	否（偏向應刪除）	是（偏向可刪除）	刪除（如*Hannover v. Germany*二號案：公眾人物、家庭滑雪照、休閒性較高媒體）
		否（偏向應保留）	
否（偏向可刪除）	是（偏向可保留）	是（偏向可刪除）	刪除（如*Google Spain*案：非公眾人物、破產資訊、一般媒體法定公告）
		否（偏向應保留）	保留（如*Gardel v. France*案：非公眾人物、犯罪紀錄、性犯罪者登記資料庫） 保留（如*Lecce v. Manni*案：非公眾人物、任內申請清算資訊、官設公開公司登記處）
	否（偏向應刪除）	是（偏向可刪除）	
		否（偏向應保留）	

資料來源：筆者整理。

　　但無論是類型化能做到多麼細緻，總還是有尚未明朗的地帶。此時，在
歐盟的脈絡可能還是必須回到*Google Spain*案所列出「excessive or no longer
necessary」的判準，只是在判決公布六年後即有GDPR的通過，最主要透過
被遺忘權下去列表權執行此項判準、在第一線把關的，還是如Google的跨國
線上平台。平台執行很難評論好或不好，現實是各國行政、司法機關沒有相
應預算、能力執行，或許勉強稱得上功能最適。

在個人的層次，或許對大部分的人來說，最幸運的事就是一輩子都不用碰上需要去思考是否應行使被遺忘權的事情。在歐盟的脈絡，鑑於二戰的歷史，對資料與隱私保護的固著來自於包括國家等任何巨獸對於個人資料掌握過多的不信任。雖然被遺忘權所能救濟的通常是已經有公開近取途徑的資料；但全世界人民共同的渴望，在物聯網急遽發生、即將對我們身處的世界產生質變的現在，在目前仍是對自我資料的掌控。而立法與司法實務能貢獻的，應該就是協助社會在現今的脈絡下，取得個人對自我形象掌控人格法益與其他法益相衝突時，建構供未來一段時間可預期、協助秩序平衡的權衡架構，即便實際執行必須落在如跨國企業私人與一般個人的私人之間。

Mayer-Schöenerger在其專書中指出：遺忘是有用的，因其使得人們能夠調整並重建記憶，進行概念化的思考（to generalize），並建構抽象的概念。[4]但本書想指出的是，思考是一件很個人的事。在隱私的基礎上，若有欠缺合理期待的侵入，自然應賦予個救濟的可能。

以去列表權而言，雖然從搜尋引擎結果中移除僅是增加資訊搜尋的困難，但並不意味個人對自我形象控制所衍生對資料的控制可以總是無條件擴展成他人對第三人所提供資訊限制近取之義務。更遑論其可能對歷史或其他任何學科研究可能產生的障礙。

但即便在資訊每天都爆炸的2022年，一個人是否就因資訊在每一個人的手機上爆炸，而無法掌控自己如何面對不認識的人如何想自己這件事、甚至必然因此受到傷害，我想是值得我們每個人再去反芻的。

肆、寫在最後：資料經濟下，數位主權、數據治理與跨國網路平台的互動

*Google Spain*案判決的宣判在本書出版之際已滿八年。去列表權無疑已在該判決後經過如Google等跨國網路平台的努力在某程度已付諸實現。

2021年底中國通過了《個人信息保護法》，以法條的架構內容而言，並不遜於2016年歐洲議會所通過GDPR的版本。

---

4   Viktor Mayer-Schönberger, *Delete: The Virtue of Forgetting in the Digital Age*, Princeton: Princeton University Press, 2009, p. 133.

　　從2014年到2022年，除了涵蓋泰國、印度等各管轄權，包括美國的諸如加州、維吉尼亞等各州不斷通過新的個資法制或持續相關倡議與討論。若從中國的發展觀察，也可看到各國逐漸意識到個資管制不只是原本1996年歐盟所推動《個資保護指令》背後的隱私、人格權的實踐，反而可能是開展各種新型態數位經濟、整體包括國家安全的數據治理、以及深化諸如區域、雙邊數位貿易的前提。

　　被遺忘權或許是一種浪漫的想像，但從歐盟被遺忘權的發展觀察，它所述說的其實是所有數位主權在面對發展資料經濟時，如何在不得不面對與跨國網路平台互動的同時，並向其所必須回應之人民確保其權益未受妥協的故事。

　　故事要說得好最好是有好的腳本，腳本好的國家未來前景或許看好，但受限於原本腳本的劇組也可考慮看看別的故事是如何組織發展的。因為資料、資訊的價值也正因為流動、分析等近用的可能而不斷提升；對跨境流動的資料之需求勢必推動著全球資料治理法制的趨同，而保障個人隱私和促進資料價值利用也因科技的進展而非無並進的可能。

歐洲聯盟官方文件

A European Data Protection Framework for the 21st Century.

Article 29 Data Protection Working Party Opinion 1/2008 on Data Protection Issues Related to Search Engines (2008), WP 148.

Article 29 Data Protection Working Party Opinion 1/2010 on the concepts of "controller"and "processor" (2010), WP 169.

Article 29 Data Protection Working Party Opinion 8/2010 on Applicable Law (2010), WP 179.

Article 29 Data Protection Working Party Opinion Guidelines on the Implementation of the Court of Justice of the European Union Judgment on "Google Spain and Inc. v. Agencia Española de Protección de Datos (AEPD) and Mario Costeja González" C-131/12 (2014), WP 225.

Case C-97/96, Verband deutscher Daihatsu-Händler eV v.Daihatsu Deutschland GmbH, 1997 ECR I-06843.

CaseC-101/01, Criminal proceedings against Bodil Lindquvist, 2003 ECR I-12971.

Case C-131/12, Google Spain SL, Google Inc. v. Agencia Española de Protección de Datos (AEPD), 2014 ECR 317.

Case C-138/11, Compass-Datenbank GmbHv. Republik Österreich, ECLI:EU:C:2012:449.

Case C-274/99, Bernard Connolly v Commission of the European Communities, 2001 ECR I-01611.

Case 325/09, L'Oréal SA and Others v eBay International AG and Others, 2011 ECR I-06011.

Case C-360/10, Belgische Vereniging van Auteurs, Componisten en Uitgevers CVBA (SABAM) v. Netlog NV, ECLI:EU:C:2012:85.

Case C-398/15, Camera di Commercio, Industria, Artigianato e Agricoltura di Lecce v. Salvatore Manni, ECLI:EU:C:2017:197.

Case C-413/14, Intel Corporation Inc. v. European Commission, ECLI:EU:C:2017:632.

Case C-507/17, Google LLC v. Commission nationale de l'informatique et des libertés (CNIL), ECLI:EU:C:2019:772.

Charter of the Fundamental Rights of the European Union, O.J. (C 326), 26 October 2012, pp. 391-407.

Communiation SEC (73) 4300 final "Community Policy on Data-Processing". 21 November 1973.

Communication COM (2010) 609 final "A comprehensive approach on personal data protection in the European Union", 4 November 2010.

Communication COM (2012) 9 final "Safeguarding Privacy in a Connected World", 25 January 2012.

Directive 95/46/EC of the European Parliament and of the Council of 24 October 1995 "on the protection of individuals with regard to the processing of personal data and on the free movement of such data", OJ L 281, 23 November 1995, pp. 31-50.

Directive 2000/31/EC of 8 June 2000 "on certain legal aspects of information society services, in particular electronic commerce, in the Internal Market (E-Commerce Directive)", OJ L 178, 17 July 2000, pp. 1-15.

European Parliament legislative resolutionof 12 March 2014(COM (2012) 0011-C7-0025/2012 - 2012/0011(COD)),OJ C 378, 9 November 2017, pp. 399-492.

Joined Cases C-92/09 and C-93/09, Volker und Markus Schecke GbR and Hartmut Eifert v Land Hessen, 2010 ECR I-11063.

Joined Cases C-236/08 to C-238/08, Google France SARL v Louis Vuitton Malletier SA, 2010 ECR I-2417.

Joined Case C-465/00, C-138/01 and C-139/01, Rechnungshof v Österreichischer Rundfunk and Others and Christa Neukomm and Joseph Lauermann v Österreichischer Rundfunk, 2003 ECR I-04989.

Joined Case C-468/10 and C-469/10, Asociación Nacional de Establecimientos Financieros de Crédito (ASNEF), Federación de Comercio Electrónico y Marketing Directo (FECEMD) v Administración del Estado, 2011 ECR I-20181.

Opinion of Advocate General Jääskinen in Case C-131/12, Google Spain SL, Google Inc. v. Agencia Española de Protección de Datos (AEPD), 2014 ECR 317.

Opinion of Advocate GeneralJääskinen in Case C-138/11, Compass-Datenbank GmbHv. Republik Österreich, ECLI:EU:C:2012:449.

Opinion of Advocate General Bot in Case C-398/15, Camera di Commercio, Industria, Artigianato e Agricoltura di Lecce v. Salvatore Manni, ECLI:EU:C:2017:197.

Opinion of Advocate General Szpunar in Case C-507/17, Google LLC v. Commission nationale de l'informatique et des libertés (CNIL), ECLI:EU:C:2019:772.

Proposal for A Regulation COM (2012) 11 final "on the protection of individuals with regard to the processing of personal data and on the free movement of such data", OJ L 119 4.5.2016, pp. 1-88.

Regulation No 236/2012 of 14 March 2012 "on Short Selling And Certain Aspects Of Credit Default Swaps", OJ L 86, 24 March 2012, pp. 1-24.

Regulation No 648/2012 of 4 July 2012 "on Otc Derivatives, Central Counterparties And Trade Repositories", OJ L 201, 27 July 2012, pp. 1-59.

歐洲人權法院文件

Aleksey Ovchinnikov v. Russia, no. 24061/04 (2010).

B.B. v. France, no. 5335/06 (2010).

Convention for the Protection of Human Rights and Fundamental Freedoms (European Convention on Human Rights, as amended) (ECHR).

Gardel v. France, no. 16428/05 (2010).

Niemietz v. Germany, no. 13710/88 (1992).

The Observer And The Guardianv. United Kingdom, no. 13585/88 (1991).

Times Newspapers Ltd v. The United Kingdom, no. 3002/03 and 23676/03 (2009).

Von Hannover v. Germany, no. 59320/00 (2005).

Von Hannover v. Germany (no. 2), no. 40660/08 and 60641/08 (2012).

專書

王泰銓，《歐洲共同體法總論》，台北：三民書局，1997年。

丘宏達（著）／陳純一（修訂），《現代國際法》，台北：三民書局，2012年。

姜皇池，《國際公法導論》，台北：新學林出版股份有限公司，2008年。

許慶雄／李明峻，《現代國際法入門》，台北：月旦出版中心，1993年。

陳麗娟，《歐洲共同體經濟法》，台北：五南圖書出版股份有限公司，2005年。

陳麗娟，《里斯本條約後歐洲聯盟新面貌》，台北：五南圖書出版股份有限公司，2018年。

Mattias Herdegen著／張恩民譯，《歐洲法》，台北：韋伯文化國際出版有限公司，2006年。

羅傳賢，《立法程序與技術》，台北：五南圖書出版股份有限公司，2012年。

Berlee, Anna, *Access to Personal Data in Public Land Registers: Balancing Publicity of Property Rights with the Rights to Privacy and Data Protection*,

The Hague: Eleven International Publishing, 2018.

Bygrave, Lee A., *Data Privacy in Context*, Oxford: Oxford University Press, 2014.

Barnard, Catherine/Peers Steve, *European Union Law*, Oxford: Oxford University Press, 2017.

Chalmers Damien, et al., *European Union Law*, Cambridge: Cambridge University Press, 2014.

Hijmans, Hielke, *The European Union as Guardian of Internet Privacy- The Story of Art 16 TFEU*, Switerland: Springer International Publishing, 2016.

Jones, Meg Leta, *Control+Z: The Right to Be Forgotten*, New York & London: New York University Press, 2016.

Lynskey, Orla, *The Foundations of EU Data Protection Law*, Oxford: Oxford University Press, 2016.

Nissenbum, Helen, *Privacy in Context: Technology, Policy, and the Integrity of Social Life*, California: Stanford University Press, 2010.

Rallo, Artemi, *The Right to Be Forgotten on the Internet: Google v Spain*, Washington, D.C.: Electornic Privacy Information Center, 2018.

Rothfeder, Jeffrey, *Privacy for Sale: How Computerization Has Made Everyone's Private Life an Open Secret*, New York: Simon & Schuster, 1992.

Rowland, Diane/Kohl, Uta/Charlesworth, Andrew, *Information Technology Law*, New York, NY: Routledge, 2017.

Strumpf, Felix, *Das Recht auf Vergessenwerden—Das Google Urteil des EuGH: Verbote der zwwiten Chance im digitalen Zeitalter oder Ende der freien Kommunikation im Internet?* Baden-Baden: Tectum Verlag, 2017.

Swire, Peter/Kennedy-Mayo, DeBrae, *U. S. Private-sector Privacy*, Portsmouth: International Association of Privacy Professional, 2020.

Van Alesnoy, Brendan, *Data Protection Law in the EU: Roles, Recponsibilities And Liability*, Cambridge, Intersentia, 2019.

Weber, Rolf H/Staiger, Dominic, *Transatlantic Data Protection in Practice*,

Berlin Heidelberg: Springer, 2017.

Weismantel, Jan, *Das "Recht auf Vergessenwerden" im Internet nach dem "Google-Urteil"des EuGH*, Berlin: Duncker & Humblot, 2017.

專書論文

李震山，〈基因資訊利用與資訊隱私權之保障〉，刊載於法治斌教授紀念論文集編輯委員會（編），《法治與現代行政法學：法治斌教授紀念論文集》，台北：元照出版，2004年，頁83-110。

吳志光，〈歐盟法院訴訟類型〉，刊載於洪德欽／陳淳文（編），《歐盟法之基礎原則與實務發展（上）》，台北：國立臺灣大學出版中心，2015年，頁151-212。

蔡柏毅，〈歐盟「個人資料保護規則」導讀〉，刊載於財團法人金融聯合徵信中心編輯委員會（編），《歐盟個人資料保護規則》，台北：財團法人金融聯合徵信中心，2016年，頁1-14。

Azurmendi, Ana, "Spain- The right to be forgotten. The right to privacy and theinitiative facing the new challenges of the information society," in Schünemann Wolf J./Baumann, MaxOtto (eds.), *Privacy, Data Protection and Cybersecurity in Europe*, Cham: Springer, pp. 17-30.

Chiu,Wen-Tsong, "Limits and Prospects of the Right to Be Forgorrten in Taiwan," in Werro, Franz (ed.), *The Right To Be Forgotten: A Comparative Study of the Emergent Right's Evolution and Application in Europe, the Americas, and Asia*, Cham: Springer, pp. 311-318.

Guadamuz, Andres, "Developing a Right to Be Forgotten," in Synodinou, Tatiana-Eleni, et al. (eds.), *EU Internet Law: Internet Law Regulation and Enforcement*, Cham: Springer, 2017, pp. 59-76.

Graux, Hans, et al., "The Right of Forgetting in the Internet Era," in *The Debate On Privacy And Security Over The Network: Regulation And Markets*, Madrid and Barcelona: Ariel and Fundación Telefónica, 2012, pp. 93-106.

Haga, Yuriko, "Right to Be Forgotten: A New Privacy Right in the Era of Internet," in Corrales, Marcelo, et al. (eds.), *New Technology, Big Data and the Law*, Singapore: Springer, 2017, pp. 97-126.

Hustinx, Peter, "EU Data Protection Law: The Review of Directive 95/46/EC and the General Data Protection Regulation," in Cremona, Marise (ed.), *New Technologies and EU Law*, Oxford: Oxford University Press, 2017, pp. 123-173.

Kuner, Christopher, "The Internet and the Global Reach of EU Law," in Cremona, Marise, et al. (eds.), *EU Law Beyond EU Borders: The Extraterritorial Reach of EU Law*, Oxford: Oxford University Press, 2019, pp. 112-145.

Lavrysen, Laurens, "Protection by the Law: The Positive Obligation to Develop a Legal Framework to Adequately Protect ECHR Rights," in Haeck, Yves, et al. (eds), *Human Rights and Civil Liberties in the 21st Century*, Dordrecht: Springer, 2014, pp. 69-129.

Markou, Christiana, "The 'Right to Be Forgotten': Ten Reasons Why It Should Be Forgotten," in Gutwirth, Serge, et al. (eds.), *Reforming European Data Protection Law*, Dordrecht: Springer Netherlands, 2015, pp. 203-226.

Vested-Hansen, Jens, "Article 7— Respect for Private and Family Life (Private Life, Home and Communications)," in Steve, Peers (eds.), *The EU Charter of Fundamental Rights: A Commentary*, Baden-Baden/Munich/Oxford: Nomos/C.H.Beck/Hart Publishing, 2014.

Zanfir, Gabriela, "Tracing the Right to Be Forgotten in the Short History of Data Protection Law: The 'New Clothes' of an Old Right," in Gutwirth, Serge, et al. (eds.), *Reforming European Data Protection Law*, Dordrecht: Springer Netherlands, 2015, pp. 227-249.

期刊論文／學位論文

孔德澔，《被遺忘權的實然與應然：以數位上改過自新權的理論爲中心》，國立政治大學法律學系碩士論文，2020年6月，頁1-208。

何明瑜，〈歐盟競爭法調查程序中當事人權利之保障——以歐盟水泥案爲中心〉，《公平交易季刊》，第16卷第2期，2008年04月，頁1-42。

吳兆琰，〈論政府資料探勘應用之個人資料保護爭議〉，《科技法律透析》，第19卷第11期，2007年11月，頁21-39。

邱文聰，〈從資訊自決與資訊隱私的概念區分──評「電腦處理個人資料保護法修正草案」的結構性問題〉，《月旦法學》，第168期，2009年5月，頁172-189。

林玫君，〈論歐盟最新個人資料保護法制〉，《科技法律透析》，第26卷第11期，2014年11月，頁51-68。

林其樺，〈歐盟個人資料保護新展望──改革包裹立法通過後之因應〉，《科技法律透析》，第28卷第5期，2016年5月，頁2-4。

范姜真媺，〈網路時代個人資料保護之強化──被遺忘權利之主張〉，《興大法學》，第11期，2016年5月，頁61-106。

徐彪豪，〈M2M時代下的資料保護權利之進展──歐盟與日本觀察〉，《科技法律透析》，第25卷第11期，2013年11月，頁47-62。

徐彪豪，〈從歐盟法院實務看資料保護在智慧聯網時代下發展──以資料保存指令無效案和西班牙Google案為例」〉，《科技法律透析》，第26卷第8期，2014年8月，頁60-66。

徐彪豪，〈被遺忘權近期發展──歐盟法院判決週年後回顧與本土觀察〉，《科技法律透析》，第27卷第11期，2015年11月，頁50-70。

徐彪豪，〈日最高院被遺忘權判決提供搜尋引擎業者受理請求衡量判準〉，《科技法律透析》，第29卷第3期，2017年3月，頁7-9。

翁清坤，〈論個人資料保護標準之全球化〉，《東吳法律學報》，第22卷第1期，2010年7月，頁1-60。

郭戎晉，〈論歐盟個人資料保護立法域外效力規定暨其適用問題〉，《政大法學評論》，第161期，2020年6月，頁1-70。

陳思廷，〈ASP產業促進會呼籲歐盟個人資料保護指令須跟上科技的腳步〉，《科技法律透析》，第13卷第6期，2001年6月，頁12-13。

陳起行，〈資訊隱私權法理探討──以美國法為中心〉，《政大法學評論》，第64期，2000年12月，頁297-341。

許炳華，〈被遺忘的權利：比較法之觀察〉，《東吳法律學報》，第27卷
　　第1期，2015年7月，頁125-163。

張志瑋，〈記憶或遺忘，抑或相忘於網路──從歐洲法院被遺忘權判決，檢
　　視資訊時代下的個人資料保護〉，《政大法學評論》，第148期，2017年
　　3月，頁1-68。

張陳宏，〈個人資料之認定──個人資料保護法適用之啓動閥〉，《法令月
　　刊》，第67卷5期，2016年5月，頁67-101。

黃源浩，〈法國行政第三人撤銷訴訟之研究〉，《臺大法學論叢》，第48
　　卷第4期，2019年12月，頁1863-1926。

彭金隆等著，〈巨量資料應用在台灣個資法架構下的法律風險〉，《臺大管
　　理論叢》，第27卷第2期特刊，2017年5月，頁93-118。

彭麟之，《數位化時代下被遺忘權之探討與建構：兼論與言論自由之衝
　　突》，東吳大學法律學系碩士班碩士論文，2018年1月，頁1-172。

葉芳如，〈歐盟有關個人資料保護指令生效〉，《資訊法務透析》，第10
　　卷第12期，1998年12月，頁12-13。

葉志良，〈大數據應用下個人資料定義的檢討：以我國法院判決爲例〉，
　　《資訊社會研究》，第31期，2016年7月，頁1-33。

詹文凱，〈美國法上個人資訊隱私的相關判決〉，《律師雜誌》，第233
　　期，1999年2月，頁30-40。

楊立新／韓煦，〈被遺忘權的中國本土化及法律適用〉，《法律適用》，第
　　2卷，2015年2月，頁24-34。

楊柏宏／陳銘雄，〈被遺忘權之研析──以歐盟法院Google Spain SL案及
　　歐盟個資保護規章爲中心〉，《萬國法律》，第208期，2016年8月，頁
　　98-120。

楊柏宏，《被遺忘權之研究──以歐盟個資保護規章及歐盟法院Google
　　Spain SL案爲中心》，國立交通大學科技法律研究所碩士論文，2017年6
　　月，頁1-84。

楊智傑，〈個人資料保護法制上『被遺忘權利』與『個人反對權』：從
　　2014年西班牙Google v. AEPD案判決出發」〉，《國會月刊》，第43卷第

7期，2015年7月，頁19-43。

廖欣柔，〈歐盟被遺忘權簡介暨我國實務見解觀察整理〉，《萬國法律》，第223期，2019年2月，頁46-59。

劉定基，〈大數據與物聯網時代的個人資料自主權〉，《憲政時代季刊》，第42卷第3期，2017年1月，頁265-308。

劉靜怡，〈網路社會規範模式初探〉，《臺大法學論叢》，第28卷第1期，1998年10月，頁1-45。

劉靜怡，〈社群網路時代的隱私困境：以Facebook為討論對向〉，《臺大法學論叢》，第41卷第1期，2012年3月，頁1-70。

劉靜怡，〈淺談GDPR的國際衝擊及其可能的因應之道〉，《月旦法學雜誌》，第286期，2019年2月，頁5-31。

劉孟涵，論被遺忘權之發展與在我國建構之可能性，國立臺灣大學法律學研究所，2019年7月，頁1-153。

樓一琳／何之行，〈個人資料保護於雲端運算時代之法律爭議初探暨比較法分析：以健保資料為例〉，《臺大法學論叢》，第46卷第2期，2017年6月，頁339-422。

蔡昀臻／樊國楨，〈個人資料管理系統驗證要求事項標準化進程初探：根基於ISO/IEC JTC 1/SC 27在2017-01公布的框架〉，《資訊安全通訊》，第23卷第4期，2017年，頁1-36。

蔡孟芩，〈如何「被遺忘」？——歐盟法院2019年9月24日C 136/17及C 507/17兩件Google案對「被遺忘權」的闡釋〉，《月旦裁判時報》，第93期，2020年3月，頁79-90。

謝祥揚，〈論『資訊隱私權』〉，《東吳法研論集》，第3卷，2007年4月，頁123-156。

蘇慧婕，〈歐盟被遺忘權的概念發展——以歐盟法院Google Spain v. AEPD判決分析為中心〉，《憲政時代》，第41卷第4期，2016年5月，頁473-516。

Abramson, Jeffrey, "Searching for Reputation: Reconciling Free Speech and the 'Right to Be Forgotten'," *North Carolina Journal of Law & Technology*,

Vol. 17, No. 1, June 2015, pp. 1-78.

Abril, Patricia Sanchez/Moreno, Eugenio Pizarro, "Lux In Arcana: Decoding the Right to BE Forgotten in Digital Archives," *Laws*, Vol. 5, No. 3, August 2016, pp. 38-39.

Ambrose, Meg Leta, "It's About Time: Privacy, Information Lifecycles, and the Right to be Forgotten," *Stanford Technology Law Review*, Vol. 16, No. 2, May 2013, pp. 369-380.

Ambrose, Meg/Ausloos, Jef, "The Right to Be Forgotten Across the Pond," *Journal of Information Policy*, Vol. 3, September 2013, pp. 1-23.

Ausloos, Jef, "The 'Right to Be Forgotten'- Worth Remembering?" *Computer Law & Security Review*, Vol. 28, No. 2, April 2012, pp. 143-152.

Azzi, Adèle, "The Challenges Faced by the Extraterritorial Scope of the General Data Protection Regulation," *Journal of Intellectual Property, Information Technology and E- Commerce Law*, Vol. 9, No. 2, October 2018, pp. 126-137.

Bartolini, Cesare/Siry, Lawrence, "The Right to Be Forgotten in the Light of the Consent of the Data Subject," *Computer Law & Security Review*, Vol. 32, No. 2, April 2016, pp. 218-237.

Bennett, Steven C., "The 'Right to Be Forgotten': Reconciling EU and US Perspectives," *Berkeley Journal of International Law*, Vol. 30, No. 1, April 2012, pp. 161-195.

Bolton, Robert, "The Right to Be Forgotten: Forced Amnesia in a Technological Age," *The Right to Be Forgotten: Forced Amnesia in a Technological Age*, Vol. 31, No. 2, October 2015, pp. 133-144.

Bygrave, Lee A., "Privacy Protection in A Global Context–A Comparative Overview," *Scandinavian Studies in Law*, Vol. 47, September 2004, pp. 319-348.

Caravà, Eleonora, "Personal Data Kept in Companies Registers: The Denial of the 'Right to be Forgotten'," *European Data Protection Law Review*, Vol. 3,

No. 2, February 2017, pp. 287-292.

Cate, Fred H., "The EU Data Protection Directive, Information Privacy, and the Public Interest," *Iowa Law Review*, Vol. 80, No. 3, March 1995, pp. 431-443.

Chenou, Jean-Marie/Radu, Roxana, "The 'Right to Be forgotten': Negotiating Public and Private Ordering in the European Union," *Business & Society*, Vol. 58, No. 1, June 2017, pp. 1-29.

De Baets, Antoon, "A Historian's View on the Right to Be Forgotten," *International Review of Law, Computers & Technology*, Vol. 30, No. 1-2, February 2016, pp. 57-66.

Erdos, David, "From the Scylla of Restriction to the Charybdis of Licence? Exploring the Scope of the 'Special Purposes' Freedom of Expression Shield in European Data Protection," *Common Market Law Review*, Vol. 52, No. 1, February 2015, pp. 119-154.

Frantziou, Eleni, "Further Developments in the Right to be Forgotten: The European Court of Justice's Judgment in Case C-131/12, Google Spain, SL, Google Inc v Agencia Espanola de Proteccion de Datos," *Human Rights Law Review*, Vol. 14, No. 4, October 2014, pp. 761-777.

Frenzel, Eike Michael, "Facilitating the Flow of Public Information: The CJEU in Favour of Distinctive Rule/Exception Regulation in Member Stataes," *European Data Protection Law Review*, Vol. 3, No. 2, 2017, pp. 283-286.

Fried, Charles, "Privacy," *The Yale Law Journal*, Vol. 77, No. 3, January 1968, pp. 475-493.

Friesen, Jessica, "The Impossible Right to Be Forgotten," *Rutgers Computer & Technology Law Journal*, Vol. 47, No. 1, January 2021, pp. 173-196.

Frosio, Giancarlo F., "The Right To Be forgotten: Much Ado About Nothing," *Colorado Technology Law*, Vol. 2 No. 2, 2017, pp. 307-336.

Gilbert, Francoise, "European Data Protection 2.0: New Compliance Requirement in Sight- What the Proposed EU Data Protection Means for U.S. Companies," *Santa Clara Computer & High Technology Law Journal*, Vol. 28,

No. 4, September 2012, pp. 815-863.

Gömann, Merlin, "The new territorial scope of EU data protection law: Deconstructing a revolutionary achievement," *Common Market Law Review*, Vol. 54, Iss. 2, April 2017, pp. 567-590.

Hatzopoulos, Vassilis/Roma, Sofia, "Caring for sharing? The Collaborative Economy under EU law," *Common Market Law Review*, Vol. 54, No. 1, February 2017, pp. 81-127.

Hijmans, Hielke/Scirocco, Alfonso, "Shortcomings in EU data protection in the third and the second pillars. Can the Lisbon Treaty be expected to help?" *Common Market Law Review*, Vol. 46, No. 5, October 2009, pp. 1485-1525.

Hoffman, David, et al., "The Right To Obscurity: How We Can Implement The Google Spain Decision," *North Carolina Journal of Law & Technology*, Vol. 3, No. 4, March 2016, pp. 437-468.

Keller, Daphne, "The Right Tools: Europe's Intermediary Liability Laws And The EU 2016 General Data Protection Regulation," *Berkeley Technology Law Journal*, Vol. 33, No. 1, June 2018, pp. 287-364.

Kelly, Michael J./Satola, David, "The Right to Be Forgotten, in: University of Illinois Law Review," Vol. 1, May 2017, pp. 1-65.

Kerr, Julia, "What Is a Search Engine? The Simple Question the Court of Justice of the European Union Forgot to Ask and What It Means for the Future of the Right to be Forgotten," *Chicago Journal of International Law*, Vol. 17, No. 1, July 2016, pp. 217-243.

Koops, Bert-Jaap, "Forgetting Footprints, Shunning Shadows. A Critical Analysis of the 'Right to Be Forgotten' in Big Data Practice," *SCRIPTED*, Vol. 8, No. 3, December 2011, pp. 229-256.

Lee, Edward, "The Right to Be Forgotten v. Free Speech," *I/S: A Journal of Law and Policy for the Information Society*, August 2015, pp. 85-112.

Mantelero, Alessandro, "Right to Be Forgotten and Public Registers. A Request to the European Court of Justice for A Preliminary Ruling," *European Data*

Protection Law Review, Vol. 2, No. 2, April 2016, pp. 231-235.

Meeusen, Johan, "The 'Logic of Globalization' Versus the 'Logic of the Internal Market': A New Challenge for the European Union," *Acta Universitatis Carolinae Iuridica*, Vol. 66, No. 4, December 2020, pp. 19-29.

Padova, Yann, "Is The Right to Be Forgotten A Universal, Regional, or 'Glocal' Right?" *Internattional Data Privacy Law*, Vol. 9, No. 1, February 2019, pp. 15-29.

Post, Robert C., "Data Privacy and Dignity Privacy: Google Spain, the Right to Be forgotten, and the Construction of Public Sphere," *Duke Law Journal*, Vol. 67, No. 5, February 2018, pp. 981-1072.

Rosen, Jeffrey Rosen, "The Right to Be Forgotten," *Stanford Law Review Online*, Vol. 64, February 2012, pp. 88-92.

Rustad, Michael L./Kulevska, Sanna, "Reconceptualizing the Right to Be Forgotten to Enable Transatlantic Data Flow," *Harvard Journal of Law and Technology*, Vol. 28, No. 2, July 2015, pp. 349-417.

Schwartz, Paul M., "The EU-US Privacy Collision: A Turn to Institutions and Procedures," *Harvard Law Review*, Vol. 126, No. 7, May 2013, pp. 1966-2009.

Scott, Joanne, "The New EU 'Extraterritoriality'," *Common Market Law Review*, Vol. 51, No. 5, October 2014, pp. 1343-1380.

Stute, David. J., "Prviacy Almighty? The CJEU's Judgment in Google Spain SL v. ADPD," *Michgan Journal of International Law*, Vol. 36, No. 4, December 2015, pp. 649-680.

Svantesson, Dan Jerker B., "The Extraterritoriality of EU Data Privacy Law-Its Theoretical Justification and Its Practical Effect on U.S. Businesses," *Stanford Journal of International Law*, Vol. 50, No. 1, December 2014, pp. 53-102.

Tamo, Aurelia/George, Damian, "Oblivion, Erasure and Forgetting in the Digital Age," *Journal of Intellectual Property, Information Technology and E-*

Commerce Law, Vol. 5, No. 2, September 2014, pp. 71-87.

Tourkochoriti, Ioanna, "The Snowden Revelations, the Transatlantic Trade and Investment Partnership and the Divide between U.S.- E.U. in Data Privacy Protection," *University of Arkansas at Little Rock Law Review*, Vol. 36, No. 2, July 2014, pp. 161-176.

Voss, W. Gregory/Castets-Renard, Céline, "Proposal for an International Taxonomy on the Various Forms of the 'Right to Be Forgotten': A Study on the Convergence of Norms," *Colorado Technology Law Journal*, Vol. 14, No. 2, June 2016, pp. 281-344.

Weber, Rolf, "The Right to Be Forgotten─More Than a Pandora's Box," *Journal of Intellectual Property, Information Technology and Electronic Commerce Law*, Vol. 2, No. 2, July 2011, pp. 120-130.

Warren, Samuel D./Brandeis Louis D., "The Right to Privacy," *Harvard Law Review*, Vol. 4, No. 5, December 1890, pp. 193-220.

Whitman, James Q., "The Two Western Cultures of Privacy: Dignity versus Liberty," *The Yale Law Journal*, Vol. 113, No. 6, April 2014, pp. 1151-1221.

Wolters, Pieter, "The Territorial Effect of the Right To Be Forgotten after Google v CNIL," *International Journal of Law and Information Technology*, Vol. 29, No. 1, January 2021, pp. 57-76.

網路資料

王泰銓，〈如何正確使用（翻譯）歐盟機構的名稱：以the European Council 為例〉，台灣歐洲聯盟研究協會，2018年10月22日，資料引自：https://www.eusa-taiwan.org.tw/europe_detail/49.htm（檢索日期：2021年10月15日）。

〈中華人民共和國個人信息保護法〉，中國人大網，資料引自：http://www.npc.gov.cn/npc/c30834/202108/a8c4e3672c74491a80b53a172bb753fe.shtml（檢索日期：2021年10月15日）。

〈私隱專員欲推「被遺忘權」憂打壓言論及新聞自由〉，獨立媒體電子網站，2015年4月16日，資料引自：http://www.inmediahk.net/node/1033436（檢索日期：2021年10月15日）。

〈『忘れられる権利』認められるべきか　グーグル検索結果『違法決定』の妥当性は〉，産経ニュース電子網站，2014年10月29日，資料引自：http://www.sankei.com/economy/news/141029/ecn1410290004-n1.html（檢索日期：2020年10月15日）。

〈依歐洲隱私權保護法規提出的內容撤除要求〉，Google資訊公開報告，資料引自：https://transparencyreport.google.com/eu-privacy/overview（檢索日期：2021年10月15日）。

范姜眞媺，〈歐盟及日本個人資料保護立法最新發展之分析報告〉，法務部，2016年12月30日，資料引自：https://www.moj.gov.tw/media/6788/73169381670.pdf?mediaDL=true，頁1-212。

〈個人情報の保護に関する法律〉，e-GOV Japan，資料引自：https://elaws.e-gov.go.jp/search/elawsSearch/elaws_search/lsg0500/detail?lawId=415AC0000000057（檢索日期：2021年10月15日）。

〈財團法人金融聯合徵信中心：歐盟個人資料保護規則本文部分〉，國家發展委員會，資料引自：https://ws.ndc.gov.tw/Download.ashx?u=LzAwMS9hZG1pbmlzdHJhdG9yLzEwL3JlbGZpbGUvMC8xMTY5MS9iNGZiZTA0OS1jYWQ1LTQ3MGEtYjhlMy00ZGU0NjhmOWIxMGMucGRm&n=5q2Q55uf5YCL5Lq66LOH5paZ5L%2bd6K236KaP5YmH5pys5paH6YOo5YiGLnBkZg%3d%3d&icon=..pdf（檢索日期：2021年10月15日）。

黃渝之，〈歐盟對於「被遺忘權」公布指導方針與實施準則〉，資策會科技法律研究所，2014年12月，資料引自：https://stli.iii.org.tw/article-detail.aspx?no=64&tp=1&d=6719（檢索日期：2021年10月15日）。

〈歐洲聯盟第29條資料保護工作組的相關文件〉，澳門個人資料保護辦公室，2018年5月4日，資料引自：https://www.gpdp.gov.mo/index.php?m=content&c=index&a=show&catid=19&id=7（檢索日期：2021年10月15日）。

〈歐盟第29條工作小組適足性參考文件〉，國家發展委員會，2021年5月26

日，資料引自：https://ws.ndc.gov.tw/Download.ashx?u=LzAwMS9hZG1-pbmlzdHJhdG9yLzEwL3JlbGGZpbGUvMC8xMTY5MS80Njk5OGUwYi05 NDRhLTQ5MDQtYTFiOS03Y2U4ZTI4YmM4ODcucGRm&n=V1AyNTT pganotrPmgKflj4PogIPmlofku7bkuK3oi7Hnv7vora%2FlsI3nhacucGRm&ic on=..pdf（檢索日期：2021年10月15日）。

〈EU簡介〉，經濟部國際貿易局經貿資訊網，2021年7月28日，資料引自： https://www.trade.gov.tw/Pages/Detail.aspx?nodeID=4494&pid=725834（檢 索日期：2021年10月15日）。

〈Google，Googlebot〉，Google搜尋中心，2021年2月2日，資料引自： https://support.google.com/webmasters/answer/182072?hl=zh-Hant（檢索日 期：2021年10月15日）。

"About the council," *Google*, Feburary 2015, available from: https://www. google.com/advisorycouncil (Accessed 15 October 2021).

Alan Travis/Charles Arthur, "EU court backs 'right to be forgotten': Google must amend results on request," *The Guardian*, 13 May 2014, availabe from: http://www.theguardian.com/technology/2014/may/13/right-to-be-forgotten-eu-court-google-search-results (Accessed15 October 2021).

"Belgian DPA imposes €600.000 fine on Google Belgium for not respecting the right to be forgotten of a Belgian citizen, and for lack of transparency in its request form to delist," *EDPB*, 16 July 2020. Available from: https://edpb. europa.eu/news/national-news/2020/belgian-dpa-imposes-eu600000-fine-google-belgium-not-respecting-right-be_en (Accessed 15 October 2021).

Bowcott, Owen/Willsher, Kim, "Google's French arm faces daily €1,000 fines over links to defamatory article," *The Guardian*, 13 November 2014, avail-able from: https://www.theguardian.com/media/2014/nov/13/google-french-arm-fines-right-to-be-forgotten (Accessed 15 October 2021).

"Britons ask Google to delete 60,000 links under 'right to be forgotten'," *The Guardian*, 12 October 2014, availabe from: http://www.theguardian.com/ technology/2014/oct/12/google-60000-links-right-to-be-forgotten-britons

(Accessed15 October 2021).

Brown, Colleen Theresa/Manoranjan, Tasha D., "South Korea Releases Guidance on Right to Be Forgotten," *Lexology*, 9 May 2016, available from: https://www.lexology.com/library/detail.aspx?g=21be3837-0c43-4047-b8b5-9e863960b0b9 (Accessed 15 October 2021).

Commission Europeenne, "À Monsieur Le Président Et Aux Membres De La Cour De Justice De L'Union Européenne- Observations Écrites," *European Commission*, 27 June 2012, available from: http://ec.europa.eu/dgs/legal_service/submissions/c2012_131_obs_fr.pdf (Accessed 15 October 2021).

"Conclusions Mme Aurélie Bretonneau, rapporteur public," *Conseil d'État*, 19 July 2017, available from: https://www.conseil-etat.fr/fr/arianeweb/CRP/conclusion/2017-07-19/399922?download_pdf (Accessed 15 October 2021).

"Cour de cassation chambre civile 1- Audience publique du jeudi 12 mai 2016- -N de pourvoi: 15-17729," *Legifrance*, 12 May 2016, available from: https://www.legifrance.gouv.fr/affichJuriJudi.do?idTexte=JURITEXT000032532166 (Accessed 15 October 2021).

Debate, "Should The U.S. Adopt The 'Right To Be Forgotten' Online?" *National Public Radio*, 18 March 2015, available from: http://www.npr.org/2015/03/18/393643901/debate-should-the-u-s-adopt-the-right-to-be-forgotten-online (Accessed 15 October 2021).

"Decision no. 2016-54 of March 10, 2016 of Restricted Committee issuing Google Inc. With a financial penalty," *Law & Economics Home Sites*, available from: https://sites.les.univr.it/cybercrime/wp-content/uploads/2017/08/2016-google.pdf (Accessed 15 October 2021), p. 3.

Di Blasi, Gabriel, "A twist on the brazilian right to be forgotten," 31 May 2018, available from: https://www.lexology.com/library/detail.aspx?g=4284eba6-69d2-42fa-816d-7439733146ca (Accessed 15 October 2021).

Fleischer, Peter, "Foggy thinking about the Right to Oblivion," *Peter Fleischer: Privacy...?*, 9 March 2011, availabe from: http://peterfleischer.blogspot.

tw/2011/03/foggy-thinking-about-right-to-oblivion.html (Accessed15 October 2021).

Goodman, Ellen P., "Open Letter to Google From 80 Internet Scholars: Release RTBF Compliance Data," *Medium*, 13 May 2015, available from: https://medium.com/@ellgood/open-letter-to-google-from-80-internet-scholars-release-rtbf-compliance-data-cbfc6d59f1bd (Accessed 15 October 2021).

Google Advisory Council, "The Advisory Council to Google on the Right to be Forgotten," *Google*, 6 Feburary 2015, availabe from: https://drive.google.com/a/google.com/file/d/0B1UgZshetMd4cEI3SjlvV0hNbDA/view?pli=1 (Accessed15 October 2021).

Google Advisory Council, "The Advisory Council to Google on the Right to be Forgotten," *Google*, 6 Feburary 2015, available from: https://static.google-usercontent.com/media/archive.google.com/zh-TW//advisorycouncil/advisement/advisory-report.pdf (Accessed 15 October 2021).

Google Spain, S.L. et Google, Inc., "Résumé Des Observations Écrites Présentées Le 2 Juillet 2012 Par Google Spain, S. L. Et Google Inc. Dans L'Affaire C-131/12 Conformément À L'Article 23, Paragraphe 2, Du Protocole Sur Le Statut De La Cour De Justice De L'Union Européenne," *FP Logue*, 22 October 2012, available from: http://www.fplogue.com/wp-content/uploads/2017/12/Google-Spain-C-131-12fr_Redacted.pdf (Accessed 15 October 2021).

Gouvernement hellénique, "Observations de la Grèce Affaire C-131/12," *FP Logue*, 22 October 2012. Available from: http://www.fplogue.com/wp-content/uploads/2017/12/Greece-C-131-12fr.pdf (Accessed 15 October 2021).

Hsu, Piao-Hao, "The Right To Be Forgotten And Its Ramifications in Taiwan, China And Japan," *blogdroiteuropéen*, 30 June 2017, available from: https://blogdroiteuropeen.files.wordpress.com/2017/06/bobby-article-taiwan-final-version.pdf (Accessed 15 November 2021).

"Inclusion in National Sex Offender Database Did Not Infringe The

Right To Respect For Private Life," *European Court of Human Rights*, 17 December 2009, available from: https://hudoc.echr.coe.int/app/conversion/pdf/?library=ECHR&id=003-4480954-5400075&filename=003-4480954-5400075.pdf (Accessed 15 October 2021).

Korenhof, Paulan/Ausloos, Jef/Szekely, Ivan/Jones, Meg /Sartor, Giovanni/Leenes, Ronald E., "Timing the Right to Be Forgotten: A Study into 'Time' as a Factor in Deciding About Retention or Erasure of Data," 13 May 2014, available from: https://ssrn.com/abstract=2436436 (Accessed 15 October 2021).

Kuner, Christopher, "The European Commission's Proposed Data Regulation: A Copernican Revolution in European Data Protection Law," *BNA Privacy & Security Law Report*, 6 Feburary 2012, available from: https://www.hunton-privacyblog.com/wp-content/uploads/sites/18/2012/02/Kuner-EU-regulation-article.pdf (Accessed 15 October 2021).

L'Autriche, "Observations de l'Autriche Affaire C-131/12," *FP Logue*, 22 October 2012, available from: http://www.fplogue.com/wp-content/uploads/2017/12/Austria-C-131-12fr_Redacted.pdf (Accessed 15 October 2021).

La République de Pologne, "Observations de la Pologne Affaire C-131/12," *FP Logue*, 22 October 2012, available from: http://www.fplogue.com/wp-content/uploads/2017/12/Poland-C-131-12fr_Redacted.pdf (Accessed 15 October 2021).

La République italienne, "Avvocatura generale dello stato Cour de justice de l'Union européenne-Observations," *FP Logue*, 22 October 2012, available from: http://www.fplogue.com/wp-content/uploads/2017/12/Italy-C-131-12fr_Redacted.pdf (Accessed 15 October 2021).

"LOI INFORMATIQUE ET LIBERTESACT N 78-17 OF 6 JANUARY 1978 ON INFORMATION TECHNOLOGY, DATA FILES AND CIVIL LIBERTIES," *CNIL*, available from: https://www.cnil.fr/sites/default/files/typo/

document/Act78-17VA.pdf (Accessed 15 October 2021).

Mayer, Andre, "Right to be forgotten: How Canada could adopt similar law for online privacy," CBC News, 16 June 2014, available from: http://www.cbc.ca/news/technology/right-to-be-forgotten-how-canada-could-adopt-similar-law-for-online-privacy-1.2676880 (Accessed 15 October 2021).

"Ordonnance du 16 Septembre 2014 (Google France Case)," *Global Freedom of Expression*, available from: https://globalfreedomofexpression.columbia.edu/cases/ordonnance-du-16-septembre-2014-google-france-case (Accessed 15 October 2021).

Palmer, Aeryn, "Wikimedia Foundation files petition against decision to extend the 'right to be forgotten' globally," *Wikimedia Foundation*, 19 October 2016, available from: https://diff.wikimedia.org/2016/10/19/petition-right-to-be-forgotten/ (Accessed 15 October 2021).

Perotti, Elena, "French judge establishes prevalence of freedom of the press on Right to be Forgotten," *Media Laws*, 25 May 2016, available from: http://www.medialaws.eu/french-judge-establishes-prevalence-of-freedom-of-the-press-on-right-to-be-forgotten (Accessed 15 October 2021).

"Personal Data Protection Act B.E. 2562 (2019)," *Electronic Transactions Development Agency*, https://www.etda.or.th/app/webroot/content_files/13/files/The%20Personal%20Data%20Protection%20Act.pdf (Accessed 15 October 2021).

Plambeck Joseph, "Daily Report: Google and the Spread of the 'Right to Be Forgotten'," *The New York Times*, 6 August 2015, available from: https://bits.blogs.nytimes.com/2015/08/06/daily-report-google-and-the-spread-of-the-right-to-be-forgotten (Accessed 15 October 2021).

"Princess Caroline's Husband Killed as Boat Flips Over: Monaco: Tragedy revisits the royal family: Princess Grace died in car accident eight years ago," *Los Angeles Times*, 4 October 1990, available from: https://www.latimes.com/archives/la-xpm-1990-10-04-mn-2171-story.html (Accessed 15 October

2021).

"Privacy considerations of online behavioural tracking," *European Union Agency for Network and Information Security*, 14 November 2012, available from: https://www.enisa.europa.eu/publications/privacy-considerations-of-online-behavioural-tracking (Accessed 15 October 2021).

Rees, Marc, "Devant la Cour de cassation, la liberté de la presse peut l'emporter sur le droit à l'oubli," *Next Inpact*, 31 May 2016, available from: https://www.nextinpact.com/article/22495/100059-devant-cour-cassation-liberte-presse-peut-l-emporter-sur-droit-a-l-oubli (Accessed 15 October 2021).

"Request to Block Bing Search Results In Europe," *Bing.com*, available from: https://www.bing.com/webmaster/tools/eu-privacy-request (Accessed 15 October 2021)

Royaume D'Espagne, "Observations de l'Espagne Dans L'Affaire C-131/12," *FP Logue*, 22 October 2012, available from: http://www.fplogue.com/wp-content/uploads/2017/12/Spain-C-131-12fr.pdf (Accessed 15 October 2021).

"Search removal request under data protection law in Europe," available from: https://support.google.com/legal/contact/lr_eudpa?product=websearch (Accessed 15 October 2021).

"Status & Composition," *CNIL*, 28 December 2015, available from: https://www.cnil.fr/en/node/287 (Accessed 15 October 2021).

"Study on data collection and storage in the EU," *European Union Agency for Network and Information Security*, 23 Feburary 2012, available from: https://www.enisa.europa.eu/publications/data-collection (Accessed 15 October 2021).

"The right to be forgotten - between expectations and practice," *European Union Agency for Network and Information Security*, 20 November 2012, available from: https://www.enisa.europa.eu/publications/the-right-to-be-forgotten (Accessed 15 October 2021).

"Tillsyn enligt EU: s dataskyddsförordning 2016/679– Googles hantering av begäranden om borttagande från dess söktjänster," *Swedish Authority for Privacy Protection*, 10 March 2020, https://www.imy.se/globalassets/dokument/beslut/2020-03-11-beslut-google.pdf (Accessed 15 October 2021) .

"Trai wants you to have right to be forgotten: What that means for your data," *Business Standard*, 18 July 2018, available from: https://www.business-standard.com/article/current-affairs/trai-wants-you-to-have-right-to-be-forgotten-what-that-means-for-your-data-118071800401_1.html (Accessed 15 October 2021).

Travis, Alan /Arthur, Charles, "EU court backs 'right to be forgotten': Google must amend results on request," *The Guardian*, 13 May 2014, available from: http://www.theguardian.com/technology/2014/may/13/right-to-be-forgotten-eu-court-google-search-results (Accessed 15 October 2021).

Yuniar, Resty Woro, "Indonesia's 'Right to Be Forgotten' Raises Press Freedom Issues," 31 October 2016, available from: http://www.wsj.com/articles/indonesias-right-to-be-forgotten-raises-press-freedom-issues-1477908348 (Accessed 15 October 2021).

誌謝

這本論文能夠以專書的形式出土見世、這樣半工半讀時而休學的六年半，要感恩的人太多。

家人方面，要感恩我偉大的媽媽，楊秀容女士。感恩她辛苦地拉拔與用心栽培，在一切給與不給的堅持，讓我能成爲一個盡量不把一切都當作理所當然的人。感恩我已逝的父親，徐恆雄先生；感恩他五十三年來一直支撐這個家。很遺憾我在他離世後才更深地體會他對我們的用心與付出。感謝我的二姊，她一直以來對自己的要求，是我的榜樣。謝謝我的大姊，謝謝她願意在遠方默默地支持我們。

在專業上，要感恩的人更多。我的第一個老闆，劉靜怡教授，她的研究事業的專業與卓越，是我在台大法律系五年後第一次看到我真心覺得可以作爲典範的學者。感恩陳聰富教授、羅大法官昌發與張文貞院長，和我荷蘭碩論的指導Klara Bonnstra教授，沒有她們的推薦、鼓勵與協助，我無法在一年內取得碩士學位，並因此仍然對繼續攻讀博士保有興趣。

感恩我的第二個老闆，孫文玲博士；她在資策會科法所打造的政策研究團隊與環境，真正開啓了我對比較法與比較科技法制政策研究的興趣。

感恩我的第一位博論指導老師陳麗娟教授與師公Prof. Dr. Dr. Dr. h.c. mult. Klaus J. Hopt，他們確立了我對於歐盟法研究的信心，並給予許多對論文與人生的寶貴意見及幫助。沒有陳麗娟老師的提攜，我無法在淡江前三年的就學期間，就得到申請歐盟莫內研究計畫、舉辦國際研討會、兼課等珍貴經驗。

感恩謝大法官銘洋、李貴英教授、洪德欽研究員、蘇宏達教授與其所帶領的臺灣歐洲聯盟中心團隊、何之行研究員、早稻田大學的須網隆夫教授、韓國外國語大學的康裕德Yoo-Duk Kang教授、德國基爾全球化研究中心（Kiel Centre for Globalization）Wan-Hsin Liu博士，在他們的鼓勵與協助下，讓我有幸在2018年獲科技部補助前往德國漢堡的馬普國際私法與比較法研究中心進行駐點研究，並在淡江歐研在學期間透過科技部等單位的多次獲補助前往加拿大、日本、澳洲等國參加國際研討會發表，有信心繼續在歐盟研究的領域耕耘。

更要感恩我的第二組指導卓忠宏院長與張兆恬教授，感恩兩位教授的雪中救援，真的只能有再造之恩形容。特別是兆恬老師，她在研究上的洞見讓我在論文的最後一哩路上少走很多苦勞。口試委員中的劉定基教授與涂予尹教授、計畫書審查的陳曉慧教授，也都給予我許多相當珍貴、具建設性的建議。

感恩我的第四個老闆蘇柏毓律師，沒有他的卓越團隊領導能力、工作道德、效率與包容，我是絕對沒有心力在全職工作之餘完成這部作品。感恩我在LINE的長官許惠嵐總監與好同事林若凡女士，她們在我沒有資金奧援的博士就讀期間，提供難能可貴的機會與幫助。

感恩政大李佩錞老師：感謝她於逢甲任教期間邀請我到國際科技管理學院（ISTM）兼任以英語教授商事法入門，讓我體會教學相長的樂趣。同樣不吝提供我客座經驗機會的還有淡江外交的鄭欽模主任，讓我得以第一次開授國際公法、歐盟法研究、歐洲人權法研究，算是一圓人生教育英才的夢想。同樣要感恩藍元駿教授、葉志良教授、李韶曼助理教授的盛情邀請，讓我有多次客座講座的機會。另外還要特別感謝淡江國際學院院助理陳躍升先生；感恩他七年來的專業協助，讓我在這趟旅程少了許多原本可能還要面對的磨難。

出版的協助方面，感恩五南圖書劉靜芬副總編與才華洋溢封面設計蔡哲哲帥氣小哥的不離不棄，以及編輯郁婷在多項專案滾動中的悉心校對。

私領域，要感恩我的significant others。雋山財富管理陳宣仲創辦人、熱熱、Susse、宮地敦子女士、德國柏林的Loeber先生、萬國事務所的好同學謝祥揚合夥人、熱線小杜、所有AIESEC、T大法律、荷蘭幫的好朋友、教練Mars和波波，還有淡江的好同學、學弟妹；弘文學長、雅芬、文金、穩盛、學寬、世成、聖越、以恩、允婷、柏儒、侑熹、聖堯，以及逢甲RMIT與淡江外交DDIR的學生，you folks make me feel teaching is indeed a precious experience that one could have in life。

　　機構場所方面，要感恩很多默默付出的圖書館工作人員；淡江覺生（特別是採購組的同仁）總館、台北分館、台大總圖、法圖、Bibliothek des Max-Planck-Instituts für ausländisches und internationales Privatrecht、國圖，還有最厲害的資策會科法所圖書室。咖啡店的部分，從大安搬到松江南京的窩著、曾經的H*ours Café、台中默契、Simone Café、淡水的去年在馬倫巴、空兩格和台電大樓曾經的參差餘波未了。

　　最後，彪豪想感恩慈悲接納我的　師父：妙禪師父。感恩　師父慈悲引領，一路牽著我，走過許多一般世間認為的不可能，包括陪伴父親從2019年8月到2021年4月的抗癌。感恩　師父！讚歎　師父！隨著這本書的完成，彪豪也想再次發願，用此生繼續追隨　明師，活用自己的專業，直至見性、利益十方眾生！

4U29
歐盟被遺忘權發展及其影響

作　　者	徐彪豪	
出 版 者	徐彪豪	
電子郵件	bobby-hsu@yahoo.com.tw	

總 經 銷	五南圖書出版股份有限公司	
地　　址	10670臺北市大安區和平東路二段339號4樓	
電　　話	(02)2705-5066	
傳　　真	(02)2706-6100	
網　　址	https://www.wunan.com.tw	

出版日期	2022年9月初版一刷	
定　　價	新臺幣420元	

國家圖書館出版品預行編目資料

歐盟被遺忘權發展及其影響／徐彪豪著． --
初版．　-- 臺北市：五南圖書出版股份有
限公司, 2022.09
　　面；　公分
ISBN 978-626-343-136-2（平裝）

1.CST: 網路隱私權　2.CST: 歐洲聯盟
3.CST: 個案研究

584.111　　　　　　　　　　　111011847